论语明义

邸永强 著

九州出版社
JIUZHOUPRESS

图书在版编目（CIP）数据

论语明义 / 邸永强著．—北京：九州出版社，2014.8

ISBN 978-7-5108-3215-4

Ⅰ．①论… Ⅱ．①邸… Ⅲ．①儒家 ②《论语》-研究

Ⅳ．①B222.25

中国版本图书馆 CIP 数据核字（2014）第 197656 号

论语明义

作　　者　邸永强　著

出版发行　九州出版社

出 版 人　黄宪华

地　　址　北京市西城区阜外大街甲 35 号（100037）

发行电话　（010）68992190/3/5/6

网　　址　www.jiuzhoupress.com

电子信箱　jiuzhou@jiuzhoupress.com

印　　刷　三河市九洲财鑫印刷有限公司

开　　本　787 毫米×1092 毫米　16 开

印　　张　19

字　　数　252 千字

版　　次　2014 年 10 月第 1 版

印　　次　2014 年 10 月第 1 次印刷

书　　号　ISBN 978-7-5108-3215-4

定　　价　37.00 元

"朝闻道夕死可矣!"

——孔丘

“莫春者，春服既成，冠者五六人，童子六七人，浴乎沂，风乎舞雩，咏而归。”

——曾点

前　言

《易》与《论语》乃传播最广泛的儒学经典，但要发明其中真义今天必须从训诂、考据入手。故笔者历时三年对《易》、《论语》中每一个重要文字依据《说文解字》、《尔雅》等古代典籍反复考定，以求其正解。对于有争议之教义则依据人情事理、典籍记载进行推敲考定，以求其正义。此项工作颇为繁难，错误亦在所难免，希望指正。对于笔者所阐发之观点愿与同志者讨论。同时笔者对于不合儒学正义之论点所进行之抨击亦出"不利为寇，利御寇"之心，应体察。

儒教作为三千年来中国文化之主体当今仍然有着深厚而广泛的影响，今日欲有所作为必以此国情为基础以融合时代新义，舍此别无他途。

中华民族的复兴任重而道远，希望以此工作为实现"中国梦"而奉献自己的一份力量。

邸永强

2014 年 9 月 28 日于北京昌平

目　录

第一章　学而篇

1.1　子曰“学而时习之，不亦说乎？有朋自远方来，不亦乐乎？人不知而不愠，不亦君子乎？”

注释

（1）学（古音 xiao），《说文》：觉悟，觉悟所不知也。

（2）习，《说文》：鸟数飞也，引申为练习、实习。《尔雅》释“娴、惯”为“习”，推知“习”指反复、多次练。《孔子家语·子路初见》“学焉得习，是学不得明也。”

（3）说，《说文》：说释，即悦怿、愉悦之意，即今之“悦”。怿《尔雅》：乐也，欢喜之意。

（4）朋，《说文》：辅也，相辅助之人。友，《说文》：同志为友，志趣相同为友。

（5）知，《说文》：识也。古代“知”与“智”通用。此处解作知道、明白。

（6）愠，《说文》：怒也，有怨愤之意。

解释

孔子说：“学到了新知识要不断练习、实践，这样才会真正掌握，有得于心方能愉悦。可以相互帮助的人从远方来亲近于我，这让人高兴。与人交往，其人有不明白事理之处，不要怨责之，这才是君子的风范。”

“学而时习之”是修养德行的方法。“有朋自远方来”是君子广大道义的途径。“不知而不愠”是君子教人的一条原则。

1.2　有子曰："其为人也孝悌，而好犯上者，鲜矣。不好犯上，而好作乱者，未之有也。君子务本，本立而道生。孝悌也者，其为仁之本与！"

注释

（1）有子，孔子的学生。姓有，名若。

（2）孝，《说文》：善事父母者。

（3）悌，《说文》与《尔雅》皆无此字。余以为此字当为"愓"，愓，《说文》：敬也，恭敬之意。

（4）犯，《说文》：侵也，侵犯之意。

（5）鲜，《尔雅》：寡也，即少。

（6）生，《说文》：进也，像草木生出土上。"道生"即道进，即进长于其道。

（7）仁，《说文》：亲也，亲爱之意。亲，《说文》：至也，亲密至极。爱，《说文》：惠也。惠，《说文》：仁也。惠，《尔雅》：爱也。仁有亲爱、惠爱之意，此处"仁"为亲亲而爱人之意。

解释

有子说："如果一个人在家敬养父母，在外敬重尊长，那么喜欢触犯上级的会很少见了。不愿意触犯上级而喜欢作乱的人根本就不会有。君子做事情一定要从根本上营求，把握了根本则能进长于其道。孝与愓应该是'仁'的根本，把握'孝悌'则可以进长于'仁道'。"

1.3　子曰："巧言令色，鲜矣仁！"

注释

（1）巧，《说文》：技也，技能之意。巧言，此处指虚浮不实的语言。《诗·小雅·雨无正》"巧言如流"。

（2）令，《尔雅》：善也，引申美好之意。令色，态度和悦，此处指伪善、谄媚的神态。

解释

孔子说："一个人言语虚浮不实，神态颜色假意谄媚，那么很少是有仁德的人。"

1.4　曾子曰："吾日三省吾身：为人谋而不忠乎？与朋友交而不信乎？传不习乎？"

注释

（1）曾子，孔子学生，名参，字子舆。

（2）省，《说文》：视也。省《尔雅》：察也，引申有省察、反省之意。

（3）谋，《说文》：虑难曰谋，即思虑困难。

（4）忠，《说文》：敬也，恭敬从事为忠。

（5）传，《说文》：遽（ju）也，即驿马。以车而言曰传，以马而言曰遽。传与遽指驿站所备车马，引申为驿站，又由驿站中转承续之意引申为传承、传授、经传。

解释

曾子说："我每天要三次反省自身：为别人谋事是不是尽心尽力了？与朋友交往是不是做到诚信不欺了？我所学的学问是不是实践了？"

1.5　子曰："道千乘之国，敬事而信，节用而爱人，使民以时。"

注释

道，《尔雅》：直也，引申有使正直之意，即治理之意。"千乘"，乘指四匹马拉一辆兵车称一乘，有兵车千乘，称千乘之国，即大国之意。

解释

孔子说："治理千乘的国家，忠敬从事，取信于民，节俭用度，而广爱众人，使用民力要合时宜。"

“敬事而信”即忠而信；“节用”即俭；“爱人”即仁；“使民以时”即义。忠、信、俭、仁、义，君子以此治理“千乘之国”。

1.6　子曰：“弟子，入则孝，出则悌，谨而信，泛爱众而亲仁。行有余力，则以学文。”

注释

（1）弟子，指弟与子，此处泛指青少年。

（2）谨，《说文》：慎也。

（3）悌，通“愓”，敬也。

（4）泛，此处为广博之意。《荀子·成相》“泛利兼爱德施均”。

解释

孔子说：“青少年在家则孝父母，在外则敬尊长，谨言慎行以防失德，讲诚信以立身，广施友爱而能亲近仁德之人。如果以上都做得很好，就可以使其系统学习礼、乐、诗、书、射、御等文教。”

“入则孝，出则愓”，此为世人行之于社会之基础；“谨而信”，此为修德立身之准则；“泛爱众而亲仁”，此为得人、得道之方法。具备基础，遵守准则，行为正确，如此其人必能造就。

1.7　子夏曰：“贤贤易色；事父母，能竭其力；事君，能致其身；与朋友交，言而有信。虽曰未学，吾必谓之学矣。”

注释

（1）子夏，孔子学生，姓卜名商，字子夏。

（2）贤，《说文》：多才也。贤人，指德才兼备之人。贤，有崇尚之意。贤贤，即尊重有贤德的人。

（3）色，《说文》：颜气也，即脸色。色，此处指态度。“易色”即改变态度。

解释

子夏说：“尊敬贤人要改变自己的态度，孝敬父母能竭尽自身的能力，侍奉君主能全身心投入，与朋友交往说的话要有信，能做到以上几点，即使没有从学于师教，我肯定其人于道义亦有所学。”

“贤贤易色”，以谦卑的态度求教于贤者，即为敬。“事父母，事君，与朋友交”即孝、忠、信。敬、孝、忠、信为善德。其人尊贤好学则智，力行忠孝信友则仁。智仁兼有，所以夫子“必谓之学矣”。

1.8　子曰：“君子不重，则不威，学则不固。主忠信，无友不如己者，过则勿惮改。”

注释

（1）威，《说文》：姑也，今之婆婆，引申有威严、威望之意。

（2）固，《尔雅》：坚，笃也。即坚固、笃实之意。

（3）主，《说文》：灯中火主，引申为掌管、秉持，此处为秉持。

（4）无，通“毋”，即勿、不要之意。

（5）友，交友，与某某交朋友。

（6）不如，此处解作不像、不同。此处指志趣不同。

（7）过，此处解作失、有失。

（8）惮，《说文》：忌难也。因难而顾忌、忌惮之意。

解释

孔子说：“君子不自重则没有威望，学问则不笃实。秉持忠信，不要和自己志趣不同的人交友，如果交友不慎有失，不要忌惮改过。”

自重则不为非，不乱纪，言合于礼，行合于义则学养渐固，威望自生。“自重”是君子修德之基本准则。秉持忠信以交志同道合之友，损友应果断远离。

1.9　曾子曰：“慎终追远，民德归厚矣。”

注释

（1）慎终，《礼记·内则》“曾子曰：孝子之养老也，乐其心，不违其志，乐其耳目，安其寝处，以其饮食忠养之。孝之身终，终身者也，非终父母之身，终其身也。是故父母之爱亦爱之，父母所敬亦敬之，至于犬马尽然而况人乎！”这段话的意思为，孝父母要使父母精神愉悦，物质充裕，子女必须要竭尽所能，即“终尽孝子之身”以行孝。此处“终”即尽其心力，竭尽其所能之意。“慎终”小心行孝养父母之事，以防懈怠，不能尽“终身”之孝。

（2）追远，父母辞世长久的追思缅怀。

解释

曾子说：“父母在世子女要竭尽心力孝养父母。父母去世，要长久的祭祀，追思缅怀父母恩泽。父母生则尽‘终身’之孝，去世后能长久的追思，这样做百姓的道德就会归于醇厚。”

“慎终追远”是孝道中事生与事死的两部分。“慎终”被朱熹解释为“慎重得处理丧事”。首先从字义解释亦颇为牵强，其次古人对于父母之丧注重“死葬之以礼”，合礼为上善，所“慎”何在？再者仅仅注重丧事与祭祀人民道德就可以“归厚”？不合情理，没有这个逻辑。只有事生与事死皆能竭尽身心方能称之为孝。孝为仁之根本，民众能行孝为得仁道之根本，所以“民德归厚”。

1.10　子禽问于子贡曰：“夫子至于是邦也，必闻其政，求之与？抑与之与？”子贡曰：“夫子温、良、恭、俭、让以得之。夫子之求之也，其诸异乎人之求之与？”

注释

（1）子禽，孔子学生，姓陈名亢，字子禽。

（2）子贡，孔子学生，姓端木名赐，字子贡。

（3）夫子，古代敬称，此处指孔子。

（4）邦，《说文》：国也。“是邦”即任何国家。

（5）抑，表示或者、还是。

（6）其诸，表示测度语气，如大概，应该之类。

（7）闻其政，即“问其政”。“闻”通“问”，《诗·王风·葛藟》“亦我莫闻”。

解释

子禽问子贡说："孔夫子到任何国家，一定要询问当地的政事，是夫子有所求，还是想有所施予？"子贡说："孔夫子具备温和、贤善、恭敬、自律、礼让诸品德，行为端正，即便夫子有所求也应该不同于普通人之追求吧。"

子禽为人刁钻，心胸狭隘。《论语》中记载曾经怀疑孔子偏私其子，有"君子之远其子也"之语。此处子禽见孔子不断询问诸侯政事，因此子禽内心认为孔子借此谋求功名利禄。"求"即谋求利禄，"与"即给予诸侯政事之指导，以博取声名。子贡认为老师私德高尚，绝对不会以此手段博取私利，即使老师之"求"与"与"有所得，老师之目的亦在于道义，绝非子禽之所臆测。子贡之婉转回答，亦表示对子禽之不屑。

子禽"小人哉！"，以小人之心度君子之腹。

1.11　子曰："父在，观其志；父没，观其行。三年无改于父之道，可谓孝矣。"

注释

（1）志，《说文》：意，心意所向。

（2）没，此处为去世之意。

解释

孔子说："父母在世的时候，观察子女敬养的心意到没到。父母去世了，观察子女敬爱的行为到没到。如果在世敬养，倾心尽意。去世后，丧尽其礼，祭尽其哀，祭祀不辍，三年没有改变敬养父母的心意与行为就可以称之为孝子了。"

"父之道"即事养父母之道，即孝道。"观其志"，子女能力不同，能使父母精神愉悦物质充裕，固然最好；子女没有能力做到，但能尽心而为，即是孝子，不然则"寒门无孝子"，故"观其志"。"观其行"，祭祀不辍，长久追思父母的恩泽，非孝子不能做到。能"事死者如事生”，可见其孝之真诚，故“观其行”。

1.12　有子曰：“礼之用，和为贵。先王之道斯为美，小大由之。有所不行，知和而和，不以礼节之，亦不可行也。”

注释

礼，有礼节、礼仪的意思。礼的作用在于通过礼的约束使人们的行为合于道义。《礼记·礼运》“礼，义之实也。”礼是义的承载形式，通过践行礼可以达到义的目的。

解释

有子说：“运用礼，以能使道与人情和合为上善，即使人情合于道理。过去夏商周的君王治国，其礼最为嘉善，无论大节、小节皆用礼行之。当然也有不能使人情与道理结合和美的情况，如果为了求和合而和，则违背礼以节人之目的，此时必须以礼节制之，非分之和不可行。”

礼，旨在节制民行，同时要以人情为依托，不违正道又能使人情接受，如此即“和为贵”。但如果违背了节制人之宗旨，则为妄和。比如《论语》中记载，子贡爱财物欲省下祭祀所用之羊。好利乃人之常情，但不用羊祭祀则不能表明诚敬之义，利义交争，此时必须以“礼节之”，不然民众则舍义取利。

1.13　有子曰：“信近于义，言可复也。恭近于礼，远耻辱也。因不失其亲，亦可宗也。”

注释

（1）复，《说文》：往来也，即往返，此处有兑现之意。

（2）耻辱，《说文》中二字互训，有羞辱的意思。

（3）亲，此处指父母，引申为根本。

（4）亦，此处助词无意。

（5）宗，《说文》：尊，祖庙也。此处为尊崇之意。

解释

有子说：“彼此讲求的信用要合乎道义，这样所说的话才能兑现。

恭敬要合乎礼节，这样就避免有阿谀献媚的耻辱。因为不失其根本，所以可以被提倡、尊崇。”

1.14　子曰：“君子食无求饱，居无求安，敏于事而慎于言，就有道而正焉，可谓好学也已。”

注释

（1）安，《尔雅》：释“豫，康”为“安”，有安逸、安乐之意。

（2）敏，《说文》：疾也，即疾速。引申勤奋。

解释

孔子说：“君子饮食不求饱足，居处不求安逸，做事要积极勤奋，说话要谨慎，从学于有修为之人使自己得于中正，这可以称之为好学。”

“食无求饱，居无求安”寓意志于道义。“敏于事而慎于言”即勤于修习，严格自律。“就有道而正焉”即积极求教于贤者。如此为“好学”。

1.15　子贡曰：“贫而无谄，富而无骄，何如?”子曰：“可也。未若贫而乐，富而好礼者也。”子贡曰：“《诗》云：‘如切如磋，如琢如磨’，其斯之谓与?”子曰：“赐也，始可与言《诗》已矣，告诸往而知来者。”

注释

（1）贫，《说文》：财分少也，即财物少。贫，即不完备，不丰厚。

（2）富，《说文》：备也，厚也，即完备，丰厚。

（3）谄，《说文》：谄谀，用甜言蜜语奉承人。

（4）骄，骄傲、不谦逊。

（5）《尔雅》中“金谓之镂，木谓之刻，骨谓之切，象谓之磋，玉谓之琢，石谓之磨。”意思是加工金的工艺称之为镂，加工木头的工艺称之为刻，加工骨制品的工艺称之为切，加工象牙的工艺称作磋，加工玉器称作琢，加工石制品称为磨。

《礼记·大学》中“如切如磋，道学也；如琢如磨，自修也。”两句中“如切如磋，如琢如磨”出自《诗经·卫风·淇澳》。“道学”即致力于学，治学之意。“自修”自我修习。“如切如磋”即把学问分解消化。“如琢如磨”即自行磨砺修炼道德。“如切如磋”相对简易，用时较短，如学习于外。“如琢如磨”相对繁难，用时较久，如自得于内。

解释

子贡对孔子说：“贫困而不谄媚，富裕而不骄纵，您说怎样?”孔子说：“可以了，不过还有更好的，物质贫困但心里安然自乐，富裕而又好行礼义。”子贡说：“《诗》里说‘如切如磋，如琢如磨’说的是这个意思吧?”

“贫而无谄，富而无骄”只是知道不可以“谄骄”，但内心并未达到安贫乐道，富而有礼的境界。“无谄，无骄”只是止于不为非作歹，而“乐道，好礼”是进于道。前者容易做到，后者则需要长久的修行。孔子说：“赐啊，现在可以与你谈论《诗经》了，因为告诉你以前的，自己就可以知道将来的了。”

“告诸往而知来”寓意可以自行思考。

1.16　子曰：“不患人之不己知，患不知人也。”

注释

患，《说文》：忧也，即担心之意。

解释

孔子说：“不要担心别人不了解你，你要担心的是你不了解别人。”

君子之责任为弘扬道义，教化世人，要求首先了解别人，然后再因材施教。“知人”是君子治事之首要。

第二章　为政篇

2.1　子曰："为政以德，譬如北辰，居其所而众星共之。"

注释

（1）以，此处解作"用"。"以德"即"用德"，即以道德为根本，以道德为先。

（2）北辰，北极星，古人对北极星尤为尊崇，认为它固定不动，众星都围绕它而动，用来比喻帝王或尊位。

（3）共，通"拱"，此处意思为环绕、合围。

解释

孔子说："君王治国行政，能以道德为根本，那么执政者必定像北极星一样，得居尊位，人民围绕之如同众星环绕北极星。"

治国行政不可完全依赖道德，须刑德兼用。但必须以道德为根本，而以刑法为保障。君王亦只能以道德使人民信孚，而刑法、威权最终不能得民。

2.2　子曰："《诗》三百，一言以蔽之，曰：思无邪。"

注释

（1）《诗经》共有三百零五篇，"三百"是举其大数。

（2）蔽，《尔雅》：尽也，此处有归纳、概括之意。

（3）思无邪，出自《诗·鲁颂·駉（jiong）》。思，语气助词。邪，不正，引申邪恶。"思无邪"即无邪僻，指思想中于义，行为合乎常则。

解释

孔子说："《诗》有三百多篇，然而一句话来归纳就是：无邪僻。"

《诗》为古人之诗歌，用以歌咏。内容有风、雅、颂三部分。"风"的意思是土风、风谣，即地方民歌，内容多是百姓对人情世故的感情抒发。"雅"是正声雅乐，即贵族宴会或诸侯朝会的乐歌，作者多为君子。雅乐，是一种礼乐。"颂"是宗庙祭祀的音乐，用以颂神，颂祖。颂，亦是一种礼乐，其宗旨为赞颂德义。

《诗》的内容无论是讽刺、赞颂抑或是陈情、述事，都以中正德义为标准。所以孔子说其"思无邪"。

2.3　子曰："道之以政，齐之以刑，民免而无耻；道之以德，齐之以礼，有耻且格。"

注释

（1）道，此处解作治理。

（2）齐，《说文》：禾麦吐穗上平也。此处有整治、戒敕之意。《尚书·洛诰》"予齐百工"。

（3）刑，《尔雅》：法也，即刑法。

（4）格，《说文》：木长儿，树干长而直的样子。引申法则、按规则行事。

解释

孔子说："以行政手段治理国家，以刑法戒敕人民，民众往往钻政法的漏洞而免于处罚，并且没有羞耻之心。如果以德来治国，用礼使民行规范，百姓不仅有羞耻感而且主动按道德礼义的标准来要求自己。"

2.4　子曰："吾十有五而志于学，三十而立，四十而不惑，五十而知天命，六十而耳顺，七十而从心所欲，不逾矩。"

注释

矩，《尔雅》：常也，法也。常理、法则之意。

解释

孔子说："我十五岁立志于道学。到三十岁学成而可以自立。到四十岁通过实践把所学消化、修正，从而对人情世事，没有什么疑惑了。在五十岁之前经历、见识了得失成败、祸福灾殃，从而深刻认识到天命之于人事之作用。到了六十岁内心平和，无论听到什么都觉得和顺，没有逆耳、刺耳、顺耳之差别，因为这些是非根本不能扰乱我内心的平静。人到了七十岁身外之物皆不能羁绊我心，随心所欲不以其他为意。七十岁世事洞明，人情练达，无论干什么，说什么，都不会违反常法、规矩了。"

孔子被尊为圣人，从这句话中我们可以体会圣人的明通智达，不是明哲之人不会有此番言论。"随心所欲"即自我，"不逾矩"即和于世。"和而不同"君子也！

2.5 孟懿（yì）子问孝。子曰："无违。"樊迟御，子告之曰："孟孙问孝于我，我对曰：无违。"樊迟曰："何谓也？"子曰："生，事之以礼；死，葬之以礼，祭之以礼。"

注释

（1）孟懿子，姓孟孙，名何忌，鲁国大夫，"三桓"之一。"懿"为谥号。

（2）樊迟，孔子学生，名须字子迟。

（3）御，《说文》：使马也，即驱使马，此处意为驾车。

解释

孟懿子问怎样做到孝，孔子说："不要违背礼制。"樊迟正好为孔子驾车，孔子告诉他说："孟孙问我如何做到孝，我告诉他说不要违背礼制。"樊迟问："什么意思呢？"孔子说："父母在要以礼节敬养，父母去世，丧葬要不违礼制，每逢祭祀要按礼制来追思父母。"

孔子说"无违"，含蓄的提醒孟懿子，虽位高权重，但行事不要悖于礼制，不仅是孝道，事君亦然。

2.6　孟武伯问孝。子曰："父母唯其疾之忧。"

注释

（1）孟武伯，孟懿子之子，名彘。孟武伯生于贵族，骄奢淫逸之习气尤重。

（2）疾，此处为憎恶之意。忧，此处解作考虑。

解释

孟武伯问孔子何为孝。孔子说："侍奉父母，只要考虑父母对自己的不满就行了。"

父母对子女的不满，往往因子女的不良行为习惯。孟氏作为政治家庭，奉养父母，容易做到。既然孟武伯能问孝于孔子，就可以说明，孟武伯其人不是大不孝之子，而是求教对奉养父母之外的孝道。孔子告诉他还要"顺"父母的意愿，此是孔子针对孟武伯本人的教导。

2.7　子游问孝。子曰："今之孝者，是谓能养。至于犬马，皆能有养。不敬，何以别乎？"

注释

（1）子游，孔子学生，姓言名偃。

（2）养，《说文》：供养。

解释

子游问孝，孔子说："当今人们以为孝就是供养父母饮食衣服，安其寝处，就是犬马也可以享受这种待遇。如果言行不尊敬，如何区别于养犬马呢？"

2.8　子夏问孝。子曰："色难，有事弟子服其劳，有酒食先生馔（zhuan）。曾是以为孝乎！"

注释

（1）难，不好之意。色难，指脸色难看。

（2）馔，《说文》：具食也，准备饭食，此处指进食。

（3）曾，副词，相当于“竟、却、难道”。

解释

子夏问孝。孔子说：“脸色难看，不是发自内心的敬养长辈。虽然晚辈能为父母承担事务辛劳，有酒肉美食先让长辈享用，难道能以此为孝吗?”

孔子这句话说明，孝首先要发自真心，其次才是体现在行为上，有行而无心不可称之为孝。

《礼记·祭义》“孝子之有深爱必有和气，有和气必有愉色，有愉色者必有婉容。”“色难”不是“愉色”，无“愉色”则心无“和气”，无“和气”必无“深爱”，无“深爱”必非孝子。

2.9 子曰：“吾与回言终日，不违如愚。退而省其私，亦足以发，回也不愚。”

注释

（1）终日，整日。

（2）私，此处为私下。

（3）发，此处有发挥、开展、张大的意思。

解释

孔子说：“我与颜回讲了一整天，他也不反驳像是愚笨的样子，等下来我在私下考察他，教给他的东西也能完全发挥，颜回也不愚。”

2.10 子曰：“视其所以，观其所由，察其所安。人焉廋(sou)哉？人焉廋哉?”

注释

（1）以，《说文》：用也，此处为使用的意思。

（2）廋，意为隐藏、藏匿。

解释

孔子说：“看一个人行事所用的方法，再观察他为什么用这样方法，最后考察他所在的立场，其人怎么还能有隐藏呢?”

评价一个人不要只看所做的事，一定要再考察他这样做的动机与原因。这样恐怕还不能下定论，一定要究到他的立场，用今天的话来说一个人的价值观、世界观、人生观才是一个人的本质品性。现实的作为或有不得已或事出有因，然而“察其所安”则其人必无可隐匿。

2.11　子曰：“温故而知新，可以为师矣。”

注释

温，应作“蕰”，即“蕴”。蕴，《说文》：积也，即积蓄、积累，此处有吸纳之意。

解释

孔子说：“一个人吸纳、积累以前的知识，并且不断学习新的知识，就可以为人师了。”

这句话解释为“温习旧的知识而能悟出新知识”或“温习旧的知识不断学习新知识”。两种解释皆与“为人师”无关。

学生也可以温习旧的，学习新的。考“温”并无“温习”的意思。“温”本义为河水名字，即温河。今天所谓“温暖”应写作“昷(wen)暖”，“昷”本义为“仁”，引申为昷和、昷暖，后皆通假为“温”。“温、昷、蕴、蕰”古代皆通用。“温习”乃朱熹之妄言。

为人师，一定要知识丰富，道德笃厚，知往知来，所以对旧知识一定要蕴积深厚，对新知识一定要随时吸收，如此才具备“传道，授业，解惑”之师德。

《礼记·中庸》“致广大而尽精微；极高明而道中庸；温故而知新；敦厚以崇礼。”由排比推知“温故”比之于“致广大、极高明、敦厚”，显而易见其为“蕴故”之意。

2.12　子曰：“君子不器。”

注释

器，《说文》：皿也，即器皿，器具。器具一般有其固定的用途，比喻人的作用能力有局限。

解释

孔子说："君子为人不能像器皿一样，局限在一定方面或领域。"君子载道弘道，要根据时义而制宜，所以君子要与时俱进，随遇而安，故"不器"。

君子应多才多能，与时俱进。

2.13 子贡问君子。子曰："先行其言而后从之。"

注释

行，《尔雅》：言也，即用言语达成某种目的，如演讲、宣扬、传告等，此处解作阐述、宣明。

解释

子贡问何为君子。孔子说："君子先阐述自己的言论，而后能实践之。"

孔子这句话的意思是君子言行如一。言行如一，包含不自欺，不欺人的含义。言行如一即表里如一。

2.14 子曰："君子周而不比，小人比而不周。"

注释

周、比，《说文》皆作"密"，都有亲密的意思。周的意思侧重团结亲近大多数人，没有特别取向。比的意思侧重从附于某人某党，有所取向。

解释

孔子说："作为君子要团结亲近大多数人，而不是比附于某人某党，小人往往反其道而行。"

君子谋公利，而小人谋私利，所以有"周、比"之分。

2.15 子曰："学而不思则罔，思而不学则殆。"

注释

（1）罔，《尔雅》：无，此处有枉费的意思。

（2）殆，通“怠”。怠，《说文》：慢也，有懈怠、不思进取之意。

解释

孔子说：“学了知识自己不思考则相当于没有学，整天思考而不学习则是懈怠、懒惰。”

“学而不思则罔”，不把知识通过思考转成自己的学问，那么学也是徒劳。孔子十五志于学，四十方不惑，这个过程是学而思的过程。孔子还说“吾尝终日而思，无益，不如学也”。思而不学则不会有得，不会进步。“学而思”则有得，“思而学”则上进。

2.16　子曰：“攻乎异端，斯害也已。”

注释

（1）攻，《说文》：击也，攻击也。

（2）异，不同。

（3）端，《说文》：直，有正直的意思。异端，即不同于正，不同于直，即邪僻之说。

（4）已，《尔雅》：辍，卒也，即终止之意。

解释

孔子说：“攻击异端邪说，那么祸害自然就停止了。”

《论语·先进》：“季氏富于周公，而求也为之，聚敛而附益之。子曰：非吾徒也，小子鸣鼓而攻之可也。”

冉求，帮助季氏聚敛钱财，使季氏比周公还富。聚不义之财，行不义之事，还不算“异端”，还是孔子的学生，孔子都“鸣鼓而攻之”，如果是“异端”，则孔子必“率弟子起而攻之”，而不仅仅是让弟子攻之了。

2.17　子曰：“由！诲女知之乎！知之为知之，不知为不知，是知也。”

注释

（1）由，孔子的学生，姓仲名由，字子路。

（2）诲，《说文》：晓教也，即教人使明白，即教诲。

解释

孔子说："仲由，我教给你的知识明白了吗？知道就是知道，不知道就是不知道，这样才是学习的态度。"

2.18　子张学干禄。子曰："多闻阙（que）疑，慎言其余，则寡尤。多见阙殆（dai），慎行其余，则寡悔。言寡尤，行寡悔，禄在其中矣。"

注释

（1）子张，孔子的学生，姓颛（zhuan）孙，名师，字子张。

（2）干，《尔雅》：求也，谋求之意。干禄，谋求做官，学干禄，学习做官之道。

（3）阙，通"缺"。缺，《说文》：器破也，引申缺少、空缺、缺略。

（4）尤，错误、罪过。

（5）殆，《说文》：危也。

解释

子张向孔子学习为官之道，孔子说："多听，把有疑问的先放一边，谨慎地说其他没疑问的，这样就会少犯错。多看，把有危险的搁一边，先办没有危险的，这样就会少后悔。说话少犯错，办事少后悔，官禄就在这两条原则之中。"

2.19　哀公问曰："何为则民服？"孔子对曰："举直错诸枉则民服；举枉错诸直，则民不服。"

注释

（1）哀公，鲁哀公，鲁国君。

（2）服，《尔雅》：释"愉、悦"为"服"，即信服、悦服之意。

（3）举，《说文》：对举，两手相对而举，此处有行、做之意。

（4）错，应为"措"。措，《说文》：置也。此处有处置的意思。

（5）枉，《说文》：斜曲也，引申为邪佞。

解释

鲁哀公问孔子："怎么做才能使老百姓信服呀?"孔子回答说："以正直处置邪佞则民众信服，以邪佞处置正直则民众不服。"

2.20　季康子问："使民敬，忠以劝，如之何?"子曰："临之以庄，则敬；孝慈，则忠；举善而教不能，则劝。"

注释

（1）季康子，姓季孙名肥，鲁哀公时的大夫。

（2）劝，《说文》：勉也。勉，自强之意。

（3）临，《说文》：监临，临下监视之意，此处有亲临、面对的意思。

（4）庄，庄重。

解释

季康子问孔子："使民众敬重、忠诚、自强，如何能做到呢?"孔子说："君王亲临百姓要庄重，则民众就会敬重。君王孝顺父母，慈爱子民，则民众就会忠心。君王褒扬良善之人，教导未善之人，民众就会自强。"

2.21　或谓孔子曰："子奚不为政?"子曰："《书》云：'孝乎！惟孝，友于兄弟，施于有政。'是亦为政，奚其为为政?"

注释

（1）或，此处为有人之意。

（2）惟，助词无义。

（3）奚，疑问词，同"何"。

（4）有政，"有"字为助词。

（5）"孝乎！惟孝友于兄弟，施于有政"出自《尚书》中《君陈》一文，文字稍有出入。"孝乎！惟孝友于兄弟，施于有政"应写作"孝友乎！惟孝友于兄弟，施于有政"，此处遗失一"友"字。

《尔雅》释"张仲孝友"曰"善父母为孝，善兄弟为友"。故"惟孝友兄弟”为“惟孝友父母兄弟”之省。

解释

有人问孔子：“先生为何不从政?”孔子说：“《尚书》中有一句话：‘孝友为根本，能在家孝敬父母友爱兄弟，这种行为即可以推广实施于政治中去’。在家善待父母，在外则能尊敬师长。在家能善爱兄弟，在外则能亲惠朋友，所以行孝友即是从政。不然，怎么做才算从政呢?”

有人说孔子以这种说法来推托自己不被各国见用的事实。其实不然，“政亦为教”为儒学根本精义之一。政治只是可以光大教化的手段而已，所以孔子说“孝友，是亦为政”。

2.22 子曰：“人而无信，不知其可也？大车无輗（ni），小车无軏（yue），其何以行之哉?”

注释

（1）輗，《说文》：大车辕端持衡者，连接辕于衡的木榫，或叫插销。大车，多指牛车，用载重货，车前两长木称作辕，一横木缚两辕端，称衡，用一曲木缚于衡下，称为轭（e）。牛头套在曲木下，使舒适。輗则是联结辕于衡的木榫，先于两辕端凿圆孔，衡两端亦凿圆孔，与辕孔相对，輗多木制，外镶铁皮，贯穿于辕与衡之两孔中。只有輗连接了辕与衡，牛才可拉车前进。

（2）軏，《说文》：车辕端持衡者，意思同“輗”。小车，多指轻车，古代猎车、战车、乘车。轻车中央有一辕，辕头曲向上，与衡凿孔相对，軏贯其中，衡木下左右缚轭以驾马。輗与軏是关键，虽然很小的木榫，车子没有它就无法套住牲口，车子无法行走。

（3）可，有称许、认可之意，此处解作善、好。《左传·僖公二年》“阻而鼓之，不亦可乎?”

解释

孔子说：“一个人没有信用，不知道还能有什么可称善的?大车如果无輗，小车如果无軏，它凭什么行进呢?”

孔子说“人无信不立”。立身尚有问题，何况其他？

2.23　子张问：“十世可知也？”子曰：“殷因于夏礼，所损益可知也。周因于殷礼，所损益可知也。其或继周者，虽百世可知也。”

注释

（1）十世，古代以三十年为一世。

（2）因，此处作因袭、承续。

解释

子张问：“十世以后的礼制能知道什么样吗？”孔子说：“殷代承继夏代的礼制，所增加与删减是可以知道的。周代承继殷代的礼制，损益也是可以知道的。如果有继承周代的，虽然一百代也是可以知道的。”

礼制根据社会发展而演变，参照以前的变化规律，把握其变化本质，如此永远可以知道礼制的变化结果。所以孔子说“百世可知”。

今天来看孔子这段话，不免有些让人伤感。孔夫子距今 2493 年，亦即八十三世，未及“百世”，礼几乎无存。其根本原因或在于后继无人，无人“损益”之，礼唯有被遗弃。孔子彼时是否想到了“天之将丧斯文”？今天我们能不能“再造东周”？

2.24　子曰：“非其鬼而祭之，谄也。见义不为，无勇也。”

注释

谄，《说文》：谄媚，阿谀奉承。

解释

孔子说：“不是自己的先人而去祭祀，就是谄媚。见到正义的事不去做，就是没有勇气。”

祭祀自己的先人是追思先人恩泽，祭他人之鬼则无此，一定是为了现实利益，如此为谄媚。君子不趋炎附势，即不行不义。面临不义，不畏惧退缩。此两者为君子应对不义之原则。

第三章　八佾篇

3.1　孔子谓季氏："八佾（yi）舞于庭，是可忍也，孰不可忍也?"

注释

（1）季氏，鲁国的大夫季孙氏。

（2）佾，行列。一佾为八人，八佾为六十四人。周礼制，天子乐舞用八佾，诸侯六佾，大夫四佾。季氏是大夫，应用四佾，用八佾则逾制。

解释

孔子谈论季氏用八佾的规格舞于自家庭院，孔子说："如果这个都可以容忍，还有什么不能忍啊?"

社会秩序的崩溃必定始于微小，《易》"履霜，坚冰至"斯之谓也。

3.2　三家者以《雍》彻。子曰："'相维辟公，天子穆穆'，奚取于三家之堂。"

注释

（1）三家，指鲁国大夫孟孙氏、叔孙氏、季孙氏。

（2）《雍》，《诗经·周颂》中的一篇，这是古代天子祭祀宗庙之后撤除祭品时专用的乐曲。

（3）"彻"即"撤"，此处作撤除。

（4）"相维辟公，天子穆穆"此句为《雍》诗句。辟公，指诸侯。相，辅相之意。穆穆，庄重之貌。此句话的意思是：诸侯前来助祭，天子穆穆庄严。

（5）取，通“聚”，此处指朝臣聚集于三家之宗庙以献媚。

解释

三桓在祭祀完毕撤祭品之时以《雍》赞唱。孔子说：“‘相雍辟公，天子穆穆’是说诸侯为天子助祭，这些朝臣怎么可以不顾礼制聚集于三家之庙堂呢？”

3.3　子曰：“人而不仁，如礼何？人而不仁，如乐何？”

注释

（1）人，此处指人民。

（2）《礼记·乐记》“礼节民心，使相敬。乐和民声，使相亲。”礼乐的作用是使人民有敬爱之心，此为为政之根本。

（3）如礼何，《礼记·哀公问》“寡人既闻此言也，无如后罪何？”其中“无如后罪何”直译为“不能如您所言，以后有罪过该如何？”。“如”解作“像这样、如此情形”，“无如”即“不能像这样、不能如彼、不能如此”。“如礼何？”直译“像这样的情形，礼又能奈何？”换言之，礼乐对不仁之人无可奈何。

解释

孔子说：“人如果不仁，这种情况礼又能如何？人如果不仁，乐又能如何？”

孔子这句话意思是仁为教人之根本目的，礼乐是手段。

3.4　林放问礼之本。子曰：“大哉问！礼，与其奢也，宁俭；丧，与其易也，宁戚。”

注释

（1）本，此处解作“以某为本”或所遵循的原则。

（2）奢，《说文》：张也，奢侈之意。

（3）俭，《说文》：约也，节俭之意。

（4）易，此处为简单、简易。

（5）戚，忧伤。

解释

林放问行礼之所遵循的原则。孔子说："你这个问题很有意义。礼，与其奢华不若节俭。丧礼，与其简单，不若内心哀戚。"

孔子这句话先说礼要简，转而说丧礼简还不如哀戚。孔子告诉林放：简而达意，简而中义，为行礼所遵循之原则。

《礼记·檀弓上》"子路曰：吾闻诸夫子，丧礼与其哀不足而礼有余，不若礼不足而哀有余。"即"与其易也，宁戚"之意。

3.5　子曰："夷狄之有君，不如诸夏之亡也。"

注释

（1）夷狄，古代少数民族。东方称为夷，北方称为狄，西方称为戎，南方称为蛮。

（2）诸夏，居中原华夏族各诸侯国。

（3）亡，通"无"，此处为没有的意思。

解释

孔子说："夷狄之民不知礼，虽有王而无教，华夏之民知礼义，即使无王政，文教在民。"

3.6　季氏旅于泰山。子谓冉有曰："女弗能救与？"对曰："不能。"子曰："呜呼！曾谓泰山不如林放乎？"

注释

旅，祭祀上帝与山川。

《周礼·春官上》"国有大故，旅上帝即四望。""旅上帝"祭祀上帝。"四望"东西南北祭山川，望是祭山川之祭祀。

《孔子家语·礼运》"旅山川，所以傧鬼神也。"

《礼记·礼器》"大飨之礼，不足以大旅，大旅具矣，不足以飨帝。"旅是祭上帝、天神。

《梁书·元帝记》"扬銮旗以旅帝。"

可见"旅"多用于祭祀上帝、天神。

“旅于泰山”通常说法是“祭祀泰山”。我以为“旅于泰山”即“旅上帝于泰山”。分析如下：

其一，祭祀泰山乃天子、诸侯之特权，季康子若公然祭祀泰山则严重冒犯鲁国君。季康子不会冒天下之大不韪。

季康子是三桓中最有权势的一族，他本人也具领导风范，一生亦有所建树。所以政治场面上的游戏规则不可能完全不顾。“八佾舞于庭”、“以《雍》彻”等皆是私下行为，并未堂而皇之公然犯上。如果大肆祭祀泰山则无异于公开和王室对抗，试想鲁国还有孟孙氏、叔孙氏，季氏如此行为无异于授人以柄，三面树敌。季康子不至于有此低级错误。所以最有可能的是“在泰山上祭祀上帝”，既显示了自己的地位，又不是明显地逾礼制。

其二，查《礼记》均未有祭上帝的详细规定，未见对身份等级的设定，亦未见对祭祀时间的限定。《礼记·王制》“天子祭天地，诸侯祭社稷，大夫祭五祀，诸侯祭名山大川之在其地者。”其中未提及祭上帝。

《礼记·王制》“天子将出征，类乎上帝，宜乎社，造乎祢，祃于所征之地。”其中“类，宜，祃”皆祭祀名。天子出征前祭上帝，祭土地，祭祖先牌位，举行“祃”祭于出征之地以求战胜。《礼记·月令》孟春“天子乃以元日祈谷于上帝。”季秋“大飨帝”。可见祭上帝在天子出巡、出征、国家有变故、春分、秋分，都可举行。以上可见，祭上帝没有严格的规定，或者上帝作为天神，当时并未进入正统礼制序列。

其三，从文字上分析，“季氏旅于泰山”，若旅为祭山川，其措辞应为“季氏旅泰山”。

其四，从《论语》这句话分析，如果泰山是被祭祀的对象，那泰山与林放的相关性何在？一个行礼者，一个受礼者。林放，明礼之人，明义之所在，不为非义。只有泰山协助季氏为非义，那泰山就是林放之反，为非义者，协助为非义者，这样泰山就与冉有同罪了。都辅助季氏，都客观上有协助其为非义的事实。如此也就符合孔子这句话的口气了，以“泰山”比喻“冉有”，委婉地批评了学生，表达了自己的不满与无奈。

综上“旅于泰山”应解释为“旅上帝于泰山之上”。于季氏而言，既显示了地位又不明显逾礼制，符合情理。

（2）女，即汝。

（3）冉有，孔子学生，季氏家臣。

解释

季康子欲祭上帝于泰山之上，孔子问冉有：“你不能劝阻吧？”冉有回答：“不能。”孔子说：“咳，难道说泰山还不如林放吗？”

“女弗能救与”此句不说“女能救乎”表明孔子知道冉有不能阻止，也是孔子的无奈之问。

“不如林放乎？”这句话是孔子自问。含有批评冉有的意思，后面若加一句应为“冉有不言”。季氏借泰山行“旅上帝”之事，泰山不能止，喻冉有之不作为。孔子潜台词是“难道冉有你还不如林放吗”，既是责备，又是要求。

3.7　子曰：“君子无所争，必也射乎？揖让而升，下而饮。其争也君子。”

注释

（1）射，即射箭，亦为古代一种礼，有“诸侯之射”，有“卿大夫士之射”。通过射礼可以观德行，因为欲中的，要“内志正，外体直，然后持弓矢审固而后可以言中”。审固，小心而稳固。

《礼记·射义》“射者，仁之道也，射求正诸己，己正而后发，发而不中则不怨胜己者，反求诸己而已矣。”

以上说明“射”要内心平和，身体要端正，拿弓要小心稳固，如果不中的找自己的原因，不怨责他人。以此比喻君子治事，要提高内在的学养德行，行事要合乎礼义，临事要慎言慎行，如果做事无成要找这几方面的原因，不能怨客观原因，因为谋事在人。

（2）揖，《说文》：攘也，即拱手向前为揖。作揖，古人简单的礼节。

（3）让，礼让。

（4）升，此处为登上。

解释

孔子说：“君子没有什么要与人争的，如果有所争，那就是‘射’了，拱手礼让登台比赛，下来喝酒叙友，这样的竞争是君子之争。”

孔子讲的是“射”之争，言外之意，君子要比修为、德行。

3.8　子夏问曰：“‘巧笑倩兮，美目盼兮，素以为绚兮。’何谓也?”子曰：“绘事后素。”曰：“礼后乎?”子曰：“起予者商也！始可与言《诗》已矣。”

注释

（1）“巧笑倩兮，美目盼兮，素以为绚兮。”其中前两句出自《诗·卫风·硕人》，后一句现存版本未见。但从子夏所问问题来推测，此三句话为一个完整句子，或许三句话出自他处。

巧笑倩兮，“巧”有“恰好、适当”之意，“巧笑”应当为温和的笑容。“倩”《说文》：人名，其他字义不可考。根据与“美目盼兮”的对仗关系推敲“倩”的意思应为神情美好。“巧笑倩兮”即“温和的笑容多么美好”。

“美目盼兮”即“美丽的眼睛明亮清澈”。“盼”指眼睛清澈。

（2）素以为绚兮，“绚”在《说文》中亦引用此句来释“绚”，或曰“采成文曰绚”，即有文理的色彩称之为“绚”。此句话的意思是：在纯净的基础上方能成就绚丽。

（3）绘事后素，即绘画要在纯净的底色上开展。

解释

子夏问：“温和的笑容神情娇美，美丽的眼睛明亮清澈，纯净可以成就绚丽。这是什么意思呢?”孔子说：“绘画要有纯净的底色。”子夏问：“那‘礼’是‘文’的底色了吧！”孔子说：“对我有启发的是子夏啊！现在可以与你谈论《诗》了。”

“巧笑倩兮，美目盼兮，素以为绚兮”此处是在白布上画的美女。寓意人外在的文采是源于思想的精纯。

“礼后乎”，《礼记·祭义》“礼也，动于外者也，故礼主其减，礼减而进，进而为文。”意思为，礼从外部来约束人的行为，以达到中义之目的。如果民众行为能合理、中义，那么礼越少越好。在此过程中礼不断减少，则民众之德义进步，德义进步则表现为具有“温、恭、俭、让”等文采。所以礼为“素”，人之文采为“绚”。子夏言“礼后乎”即“礼在文之后乎”。礼是君子文采之底色，之基础。

君子之文采即温、良、恭、俭、让、宽、严、惠、敏、信。

3.9　子曰：“夏礼，吾能言之，杞不足征也；殷礼，吾能言之，宋不足征也。文献不足故也。足，则吾能征之矣！”

注释

（1）杞，杞国，为夏朝遗民。

（2）宋，宋国，为殷朝遗民。

（3）征，此处作征验、验证。

（4）文献，“献”此处为显现之意。“文献”即“献文”，直译为“所能看到的文化”。

解释

孔子说：“夏朝的礼我能讲，但是杞国现存的不足以验证；殷朝的礼我能讲，但是宋国现存的不足以验证。所见到的文化传承不足之故。足的话，就可以印证我说的了。”

3.10　子曰：“禘自既灌而往者，吾不欲观之矣。”

注释

禘，夏祭，又说春祭。《礼记》中也有不同的说法，大概是商周有别，以夏祭说为胜。古代春祭曰礿，夏祭曰禘，秋祭曰尝，冬祭曰烝。

最为重要的则是夏秋之祭。祭祀有三项内容：其一献祭品。其二，奏音乐。其三，献舞蹈。祭品要丰美，显示诚敬，音乐要和而不淫，显示文采，表明政治通达；舞蹈乐而不乱，显示有礼，以悦所祭者。献祭品最重要的是“灌”，灌，即以酒洒地，让受祭者享酒之香气。周人崇尚用气味来祭祀，所以以“灌”为重。

解释

孔子说：“夏季举行禘祭，自行完‘灌’礼后，剩下的我不想看了。”

“吾不欲观之”，孔子不想看，一定因为剩下的内容不得其义，要么不合礼节。祭祀的过程就是要表明敬鬼神之道，从中见到君臣之义，父子之伦，贵贱之等，亲疏之差，夫妇之别，政事的公平，长幼的次序，上下的分界，爵位班赏的法则，等等。如果孔子所见到的“禘”祭不能完全准确表达或甚至违于这些要求，那么孔子必不想看。

《礼记·礼运》“孔子曰：鲁之郊、禘非礼也，周公其衰矣!”

3.11　或问禘之说。子曰：“不知也，知其说者之于天下也，其如示诸斯乎!”指其掌。

注释

示《尔雅》：指也，用手指。

解释

有人问关于禘祭的详细知识，孔子说：“我不知道啊。知道其学说的人对于治理天下，就像自己在自己手掌上指划那样简单。”孔子指着自己的手掌。

《礼记·仲尼燕居》子曰：“明乎郊社之义，尝禘之礼，治国其如指诸掌而已乎?”明白郊社的意义，掌握禘祭、尝祭的礼仪，治国就像在自己手掌上指画那么简单。

孔子说“不知也”，是说不能掌握“禘”祭的具体形式和内容，因为无文献可观。

3.12　祭如在，祭神如神在。子曰："吾不与祭，如不祭。"

注释

不与，即不亲自参加。

解释

祭祖先如同祖先在哪里，祭神如同神在哪里，所以态度要谨慎恭敬。孔子说："我不亲自参加祭神，就如同没有祭祀。"

祭祀的两条原则，其一，要亲身来祭。其二，要诚敬。此处应当是针对当时君王减省诸多祭祀或者让臣子代行其事的时弊而发此论。

3.13　王孙贾问曰："与其媚于奥，宁媚于灶，何谓也？"子曰："不然，获罪于天，无所祷也。"

注释

（1）王孙贾，卫国大夫。

（2）灶，即灶神。

（3）奥，屋内西南角的神，地位高于灶神。古代大夫祭五祀。五祀者：门神、户神、井神、灶神、中溜（土地神亦即奥神）。五祀之中以奥神官职最大，负责管理其他四神，但奥神只是属地管理，其他四神官位都由天帝任命，都向天帝汇报工作。灶神直通天帝，决定人的饮食饥饱，关乎民生重大利益，所以民众献媚于灶神而不巴结奥神。

（4）祷，《说文》：告事求福也，向神祷告乞求福泽。

解释

王孙贾问："与其媚于奥神，不如媚于灶神，什么意思？"孔子说："如果不媚于灶神，那么就会获罪于天帝，那我们向天帝祈祷福祉就不灵了。"

这句话让我们知道孔子不仅对于道义了然，对于权术也熟谙。

3.14　子曰："周监于二代，郁郁乎文哉！吾从周。"

注释

（1）郁，通"彧（yu）"。彧，《说文》：有文章也，即有文采。

（2）监，《尔雅》：视也，鉴察之意。

解释

孔子说："周鉴察吸收了夏商两代的礼乐制度，所以周的礼制更具文采，我遵从周制。"

礼义随时而迁，所以掌天下教化者，必察时进而正礼乐刑政。礼乐只有与时俱进，方能达到"和为贵"之用，不然强以"礼节之"恐致其反。

3.15　子入太庙，每事问。或曰："孰谓鄹（zou）人之子知礼乎？入太庙，每事问。"子闻之，曰："是礼也。"

注释

（1）太庙，开国君主的庙称为太庙，此处指周公庙。

（2）鄹，鲁邑，地名。孔子之父叔梁纥（he）曾为其邑大夫。"鄹人之子"指孔子，含有轻蔑之意。

解释

孔子入于太庙，每项事都要问询主持。有人说："谁说叔梁纥的儿子知道礼呢，入于太庙，每个事项都要询问。"孔子闻之说："这样每个事项询问主持人是入于太庙的礼数。"

孔子一定知道祭拜的礼数，孔子的问询是对太庙主持人的尊重，如同客人来到主人家，凡事要征求主人的意思，即使自己明白也不可过于随便。这是对主人的尊重。孔子"每事问"是对太庙主持人的尊重，故孔子说"这是正常的礼数"。

3.16　子曰："射不主皮，为力不同科，古之道也。"

注释

（1）皮，箭靶，有皮与布之分。

（2）科，《说文》：程也，即程度、等级之意。

解释

孔子说："射礼的比赛不以射的距离远近为主要标准，而是以射中与否为根本，因为人的力量有不同，这是自古以来的准则。”

“射不主皮”传统解释为“不在于射穿箭靶”，解释甚为牵强。每个人的力气不同所以射箭的远近不同，所以古人射礼当有不同射程的比赛，如同今天的射箭比赛从三十米到九十米。因为射程不同，所以射靶有远近大小之别。故“射不主皮”的合理解释为射礼比赛不以箭靶的远近大小为主要标准。言外之意，以中的为主要准则。

孔子说这句话的深意是，每个人的能力有大小，践行礼的程度有深浅。例如普通人把交接应对的礼运用好了就可以了，而作为“师、君王”则要把丧、祭、昏、聘、射、燕、乡饮等诸多礼要掌握，君子的“皮”要远、要大。民众的“皮”要近、要小。原因是能力不同，即“力不同科”。

3.17　子贡欲去告朔之饩（xi）羊。子曰：“赐也！尔爱其羊，我爱其礼。”

注释

告朔，周制诸侯在每月初一到祖庙杀一只活羊祭祀，然后回朝听政，称之为“告朔”，告朔所用羊称之为“饩羊”。

解释

子贡想要省去告朔用的饩羊，孔子说：“赐（子贡）啊，你爱羊，我爱礼。”

礼的作用是和合人情与道义。人多爱利、爱财，如同子贡要省下一只祭祀的羊。这时候如果不以祭义为重，而以羊之利为重则是小人之为。面对利义交争，君子必须要“以礼节之”。故孔子说“我爱其礼”，是重义轻利也。

3.18　子曰：“事君尽礼，人以为谄也。”

解释

孔子说：“如今按照礼制来侍奉君主，人们以为是谄媚。”

礼乐之道渐微，此为孔子之忧。

3.19 定公问："君使臣，臣事君，如之何？"孔子对曰："君使臣以礼，臣事君以忠。"

注释

定公，鲁国君，孔子时任鲁司寇。

解释

定公问孔子："君王如何使用臣下，臣下如何服事君王呢？"孔子对答："君王使用臣下要以礼对之，臣下对于君王要以忠从事。"

君臣之义在于"以礼""以忠"，君若"不以礼"用臣，则臣不必"以忠"事君。以此类推，君不爱民，则民不必尊君，君不以民为先，民何必以君为重？

3.20 子曰："《关雎》，乐而不淫，哀而不伤。"

注释

(1)《关雎》，《诗经·周南》中的一篇诗歌。

(2)淫，此处解作庸俗、放荡。

(3)哀，《说文》：闵也，即怜悯，此处有哀愁之意。

(4)伤，《尔雅》：忧也，此处为忧伤。哀愁其情状次于忧伤。

解释

孔子说："《关雎》这首曲子，欢乐而不至于放荡，哀愁又不至于伤悲。"

孔子对这首曲子的评价，既和民声，又不乱情。位置在中，符合礼的准则。若"淫"则至于乱，"伤"则过情。

3.21 哀公问社于宰我。宰我对曰："夏后氏以松，殷人以柏，周人以栗，曰：使民战栗。"子闻之，曰："成事不说，遂事不谏，既往不咎。"

注释

(1)社，土地神，《说文》释为"地主也"。周礼，二十五家为社，各树其土所宜之木。二十五家立一个社，里面种上乡土树木。

（2）宰我，孔子的学生。

（3）“以松，以柏，以栗”是说社庙的墙壁用“松、柏、栗”树枝编织而成，再在其上涂以泥。《晏子春秋·内篇向上》“夫社束木涂之，鼠因往托焉，熏之则恐烧其木，灌之则恐败其涂。”意思是社庙的墙壁以树枝成束编织而成，然后外面涂上泥，老鼠钻入其中，人用火熏怕烧了树枝，用水灌怕把泥给冲下来。

（4）栗，《说文》：木也，即栗树，此处“战栗”即“颤慄”。

（5）谏，《说文》：证也，即以言语劝改正，多用于下劝上。

解释

鲁哀公问宰我关于建社的问题，宰我对曰：“夏用松木，商用柏木，周人以栗木。周人的目的使百姓战栗害怕。”孔子听到了有人议论宰我的妄言说：“已经了结的事不要再议论了，既成事实的不用再去劝说，已过去的事不要再责备了。”

这段话的意思是说，宰我不懂建社为何用栗树的原因而穿凿附会，以至于使人笑话，流为笑谈。孔子听见了，表明了“三不”的态度，既批评了妄议者，又对犯错的学生给予了保护、包容。

“以松，以柏，以栗”颇多歧义。其一，以松、柏、栗制作社神牌位，这种说法最广，然而据记载三代“社主”即社神牌位“或立石为主，或立木为主”。牌位有石头制的，有木制的，可见牌位说不确。其二，在社庙种植松、柏、栗，似乎合理。周礼“以二十五家为里，里立社，各树其土相宜之木”。明确说明种植乡土树种于社庙之内，如此则无松、柏、栗之说。再有如果为种植树木，宰我措辞应该为“夏后氏树松，殷人树柏，周人树栗”更为合适。“以松，以柏，以栗”即是用“松、柏、栗”作某某之意，故推知应以“松柏栗”为材料建社庙。

3.22　子曰：“管仲之器小哉！”或曰：“管仲俭乎？”曰：“管氏有三归，官事不摄，焉得俭？”“然则管仲知礼乎？”曰：“邦君树塞门，管氏亦树塞门。邦君为两君之好，有反坫（dian），

管氏亦有反坫。管氏而知礼，孰不知礼?”

注释

（1）管仲，齐国上卿（即丞相），颇有建树，使齐国强盛，以至于齐桓公尊称为“仲父”。管仲提出“尊王攘夷”，联合北方邻国，抵抗少数民族南侵，后来孔子感叹说“微管仲，吾披发左衽已。”

（2）器，器量。

（3）摄，整治，此处为处理。

（4）三归，歧义颇多，其一，娶三房妻子。其二，有三处家宅。其三，百姓上缴税租。其四，三归之楼台。

管仲有三处宅第之说，与“不理官务”语意无涉。

“三归”为税租之说出自清人，据管子《山至数》其中有一句话“则民之三有归于上矣”。管子的意思是指，天下之粮三分之二在国家，三分之一在百姓手里。“三归”即把百姓手里的三分之一粮收到国家。与清人郭嵩焘所说的“市租”风马牛不相及，此说最为低级可笑。

“三归之台”出自汉刘向《说苑·善说》，被朱熹取之，大概“三归”之楼台耗费巨大，然也于“不治官务”语意无涉。

我以为“三归”应为娶了三房妻室，留恋美色故“不务官事”。孔子说他不检点，并非说他不节俭。原因如下：

其一，管仲为上卿，功高至伟，权倾朝野，故应当更为检点自律，以为众臣表率，故人有“俭”与“不俭”之问。

其二，管仲据孔子一百五十余年，问管仲节俭与否意义何在，其次节俭与否与“摄官事”有何关联性？再有先问节俭后问“知礼”，一个小节，一个大德，两者没有顺承递进关系，而发问的人用“然则管仲知礼乎?”明显有逻辑递进之意。所以“三归”是三房媳妇，“俭”是“行为自律、检点、不放纵、不张狂”。

（5）塞门，国君门前的照壁。“反坫”放置空酒杯的台子。这两个东西只有诸侯才设置，管仲用则逾礼制。

解释

孔子说："管仲的器量小啊！"有人问："管仲行为检点自律吗？"孔子说："管仲娶了三房媳妇，就不务政事了，这叫检点？""那么管仲知礼吗？"孔子说："国君树立塞门，管仲也有。国君为了两国交际有反坫，管仲也有，这两样都逾礼制，如果管仲知礼，还有谁不知礼？"

孔子说管仲器量小，应该是管仲治国多务于利而未能谋于礼义。《荀子·王制》"管仲为政者也，未及修礼也。"

孔子说管仲不检点，或有待商榷。管仲之"官事不摄"或有意为之。管仲曾助周天子平定王室之争，周王以上卿之礼招待，管仲坚辞，而受下卿之礼。周之上卿爵位相当于"伯"，仅次于齐桓公之侯位，故管仲忌而不受，可见管仲深知君心，或有意为之"官事不摄"，亦未可知啊！

3.23　子语鲁大师乐，曰："乐其可知也：始作，翕（xi）如也；从之，纯如也，皦（jiao）如也，绎如也，以成。"

注释

（1）大师，即太师，掌管音乐的官员。

（2）翕，《说文》：起也，鸟起飞之意。

（3）纯，《说文》：丝也，蚕丝。

（4）皦，《说文》：玉石之白也，此处有纯和的意思。

（5）绎，《说文》：抽丝也。

（6）翕如也，音乐开始的旋律像小鸟起飞般渐行渐高。

（7）纯如也，音乐到中间部分节奏从容不迫，声音高低平缓，犹如蚕丝般纯粹不杂。

（8）皦如也，音乐的声调温润纯和如白玉。

（9）绎如也，音乐结尾节奏舒缓，声音轻盈，如同抽蚕丝到最后般轻快。

孔子从三个阶段论述古代的雅乐，用"中和温顺"来形容雅乐的韵味。雅乐的这种特征正是君子应该具备的，可见孔子论乐和论人是一致的，相通的，亦可知孔子对音乐的痴迷即是对君子之道的热爱。

解释

孔子对鲁国的太师说音乐的见解，孔子说："我由君子之道可以推知音乐之道。音乐刚开始如小鸟起飞，渐行渐高，到了中间部分，节奏要从容不迫，声音要平缓，犹如蚕丝般纯粹不杂，还要如白玉般温和，音乐到了最后，节奏舒缓声音轻盈，如同抽丝到了最后般轻快，这样一首曲子就成了。"

3.24　仪封人请见，曰："君子之至于斯也，吾未尝不得见也。"从者见之。出曰："二三子何患于丧乎，天下之无道也久矣，天将以夫子为木铎（duo）。"

注释

（1）仪，地名。

（2）封，边界。封人，管理边界的官。

（3）木铎，有木舌的铜铃，古代宣布政令时摇木铎召集众人，此处比喻孔子德行高尚足可以使天下人响应。

解释

仪这个地方的封人请见孔子，对孔子弟子们说："有德行的君子到我这个地方，我没有不见的。"弟子于是引见于孔子。封人见完孔子出来说："你们几个弟子不用担心道义不存，天下无道久了，从今以后天下将以夫子为木铎而响应之。"

3.25　子谓《韶》："尽美矣，又尽善也。"谓《武》："尽美矣，未尽善也。"

注释

（1）《韶》，乐曲，相传为舜时作。

（2）《武》，乐曲，传周武王时作。

解释

孔子说《韶》这首乐曲，“音乐优美，并且合于‘中和温顺’的礼乐标准，可谓完美。”《武》这首曲子，“音乐优美，但未尽和于礼乐之义，所以不能说是完美。”

孔子对音乐造诣很深，亦要求完美。

3.26　子曰：“居上不宽，为礼不敬，临丧不哀，吾何以观之哉？”

注释

观，通“劝”，劝导、劝教之意。《管子·七法》“立少而观多，则天下怀之矣。”

解释

孔子说：“在上位的人不能对下位的宽厚，只用礼的形式而内心不诚敬，参加丧事心里不能由衷的哀伤，我如何劝教啊？”

孔子感慨人失去礼义之本，难以劝教。君子忧教化之难行也，夫子忧道也！

第四章　里仁篇

4.1　子曰："里仁为美。择不处仁，焉得知？"

注释

（1）里，《说文》：居也，人所居住之所称之为里。如同今之村。

（2）择，《说文》：拣选也，即选择。

（3）知，即智，智慧之意。

解释

孔子说："居住的地方仁德盛行是一件美好的事，如果我们不选择以有仁德的人为伍，不选择讲求仁德的居所，那怎么能得到智慧呢？"

孔子肯定了人文环境对一个人的影响。

4.2　子曰："不仁者不可以久处约，不可以长处乐。仁者安仁，知者利仁。"

注释

（1）约，此处有穷困的意思。

（2）仁者，指具备仁德者，以德行而言。知者即智者，指聪慧善治，明通善行者。"仁者"据守道义。"知者"善治道义。观孔子，以其"知其不可为而为之"，又欲居于九夷之地，其为仁者。以其"六十而耳顺、七十不逾矩"，其为智者。孔子仁智兼得。

解释

孔子说："不仁之人不可以久处穷困，因为久困必有暴乱。不仁之人不可以久处安乐，因为久处安乐必生淫乱。仁者，不论穷困、顺通都能安守仁义。智者无论逆顺都能行载道弘道之使命，以利道义。"

孔子此句话说明不仁之人没有道德操守，无论穷困安逸都会生邪佞。反之有道德的操守的人则会安贫乐道。

4.3 子曰："唯仁者能好人，能恶人。"

解释

孔子说："只有仁者能喜爱人且能憎恶人。"

"仁者"所好之人必有可爱之处，其所厌恶之人必有可恨之处。"仁者"取人以德，爱憎分明。

《礼记·曲礼》"爱而知其恶，憎而知其善。"这里仁者的好恶。"人莫知其子之恶，莫知其苗之硕"，这是凡夫的好恶，爱其子故不知其恶，好利故羡他人之苗硕。君子以仁为准则，衡量一人，则一人之美恶尽现。衡量一国则一国之善恶皆分。君子爱其德，恶其不仁，故唯仁者能好恶。

《礼记·缁衣》"子曰：唯君子能好其正，小人毒其正，故君子之朋友有向，其恶有方，是故迩者不惑，而远者不疑也，《诗》云：君子好仇。"概括讲君子有明确的是非观，立场鲜明，爱憎分明，以此聚合同志者。

《论语》中"君子不匿怨而友于人"亦是此意。

4.4 子曰："苟志于仁矣，无恶也。"

解释

孔子说："如果立志向仁，就不会沾染坏毛病了。"

一个人一心向仁，或不能尽善，远于恶也。

4.5 子曰："富与贵，是人之所欲也。不以其道得之，不处也。贫与贱，是人之所恶也。不以其道得之，不去也。君子去仁，恶乎成名？君子无终食之间违仁，造次必于是，颠沛必于是。"

注释

(1) 终食之间，一顿饭的时间。

（2）造，有到、至的意思。次，为临时居所。造次，行止不安，流离的意思。

（3）颠沛，即蹎（dian）跋（ba），意思为跌倒，引申为穷困。

解释

孔子说："富贵是人们都想得到的，如果不是以合情理的方法取得，不苟安于富贵；贫贱是人们都厌恶的，如果不是用正当的手段摆脱，宁可安于贫贱。君子远于仁德，怎么能成就其声名呢？君子哪怕一顿饭的时间也不能离于仁德，流离不安之间要安于仁德，穷困艰难之时要安于仁德。"

孔子这句话是指仁者、智者须臾不离仁道，取舍之间不离，行止之间不离。君子行于仁，取于仁。不仁不行，不仁不取。

4.6　子曰："我未见好仁者恶不仁者。好仁者无以尚之，恶不仁者其为仁矣！——不使不仁者加乎其身。有能一日用其力于仁矣乎？我未见力不足者。盖有之矣，我未之见也。"

注释

（1）好仁者，即爱仁义之道者。

（2）尚，此处解作承奉、遵从。

（3）"好仁者恶不仁者"应为"好仁者不恶不仁者"，中间缺失一"不"字。

解释

孔子说："我没有见过好仁之人不憎恶不仁的。好仁者以仁德为唯一奉行准则。憎恶不仁本身就是仁的行为——目的是不让不仁的东西沾染到自己身上。有能在一天内尽力行仁的吗？可惜没有啊。每个人都有这样的能力，只不过心不在仁而已。我没有见到能力不足的人，大概有吧！我反正没见过。"

这句话岐解颇多，皆都意思不通，不一一列举。

"我未见好仁者不恶不仁者"中间遗失一"不"字，不然与"仁者能好人，能恶人”矛盾，且与孔子行为冲突。孔子曾对冉有发起“小子鸣鼓而攻之可也”，曾对始作俑者骂“其无后乎”，曾说“攻乎异端斯害也已”，以上种种都是孔子对不仁的抨击讨伐。

《礼记·表记》“子曰：无欲而好仁者，无畏而恶不仁者，天下一人而已矣。”这句话说明，好仁者即是恶不仁者。

“恶不仁者，其为仁矣——不使不仁者加乎其身”中间应加注破折号。“不使不仁加乎其身”解释“其为仁矣”。

“有能一日用其力于仁矣乎?”这是孔子的反问，意思是没有人在一天内用心尽力于仁道。

“我未见力不足者”孔子认为如果你发自内心的爱仁，则行仁是很容易的。譬如父母之爱子女，虽无限付出亦无父母退却、舍弃。此时孔子的感叹是大多数人对待仁道不像对待自己孩子那样尽心。如果当自己的孩子来对待，天下哪有不尽心的父母？如果有也很少见吧？

孔子说“仁远乎哉？我欲仁，斯仁至矣！”因为心不在仁，并非力不足也。

孔子这段话应该是教导学生而发，首先要求学生作为好仁者应当严格自我要求，以远不仁，如此方能立德。其次告诫学生修仁之道在于用心，诚心在仁则无不能得。告诫学生要端正态度。

4.7　子曰：“人之过也，各于其党。观过，斯知仁矣。”

注释

（1）人，此处指人民。党，此处有亲近、比附的意思。

（2）知，此处解作管理、主持。

解释

孔子说：“民众的过失，都是缘于其所信从的观念或行为遵循的准则。观察民众的过失，这样就可以有的放矢的治理仁政了。”

4.8　子曰："朝闻道，夕死可矣。"

解释

孔子说："早上明白了大道的真谛，晚上死可以无憾了。"

孔子认为，人生的价值与意义在于明道。儒教的目标亦为"明"。"明"即是对人生和世界的明慧通达。自明而明人为儒教之根本追求。儒学之"格物，致知，诚意，正心，修身，齐家，治国，平天下"即为"明"之终始。

我亦曾徘徊于释氏门墙之外，终觉其义理未善而未入其门。假若欲自求圆满，安贫乐道，独行可也。假若欲劝善教民，为官为师，率众可也。以出世之名而有入世之实，为人、为己皆不得"中行"，故不能大用并且其流弊甚多。

4.9　子曰："士志于道，而耻恶衣恶食者，未足与议也。"

注释

（1）"恶衣恶食"，粗衣淡饭。

（2）议，《说文》：语也，此处有探讨之意。

解释

孔子说："读书人立志于道，而以粗衣淡饭为耻，这样的人不值得与他探讨学问。"

"志于道"的人应关注"礼义"，而不是"物利"。若重于"物利"则轻于礼义，故孔子不与之谈论。

4.10　子曰："君子之于天下也，无适也，无莫也，义之与比。"

注释

（1）适，此处作适宜。

（2）莫，此处为"莫适"之省略，适之反也。

解释

孔子说："君子行之于天下，无论顺利也好，无论不顺也好，时刻行于义。"

"君子之于天下"，君子的责任为载道弘道，所以道义不明，君子弘道。道义昌明，君子载道。

"无适，无莫"歧解颇多，不举例。于君子行教化而言天下无非否泰，即"适"与"莫适"。

"义之义比"即"比之于义"。

4.11　子曰："君子怀德，小人怀土；君子怀刑，小人怀惠。"

注释

(1) 怀，《说文》：念思也，此处为关心。

(2) 君子，私德高尚，谋求公利、公德者。

(3) 小人，私德未善，谋求私利，不计公德者。

解释

孔子说："君子关心道德礼义，小人关心乡土生计，君子关心刑政法制，小人关心便宜实惠。"

4.12　子曰："放于利而行，多怨。"

注释

放，《说文》：逐也。追逐之意。

解释

孔子说："只顾追逐利益做事，不顾道义往往多生怨恨。"

孔子的意思凡事利义兼顾，谋于利一定要讲道义，这样谋利才会得人心，才会长久。

4.13　子曰："能以礼让，为国乎何有？不能以礼让，为国如礼何？"

注释

让，即敬让、谦让之意。使人敬让是礼的主要功用。《左传·襄公十三年》"让，礼之主也。"

解释

孔子说："能以礼兴让，那么治国有什么呢？不能以礼兴让，治国有礼又能如何呢？"

若礼能使人敬让，治国亦不难。礼不能使人敬让，那治国虽然讲礼亦无益。治国在治人，治人在治德，故德为治国之根本。

"何有"即俗语"有啥"，亦即没什么之意，表示容易。"如礼何"即礼又如何？

4.14 子曰："不患无位，患所以立。不患莫己知，求为可知也。"

注释

位，此处为地位，不一定为现实的权位，亦可以是声望的高低。

解释

孔子说："不要担忧自己没有地位，要考虑的是自己如何立身。不要担心别人不了解你，应主动谋求让别人了解。"

孔子说"立忠信"即以"忠信"立身，君子德昭何患无位？谋求别人先了解自己是君子行事的一个原则，如此可得人，可弘道。

4.15 子曰："参乎！吾道一以贯之。"曾子曰："唯。"子出，门人问曰："何谓也？"曾子曰："夫子之道，忠恕而已矣。"

注释

（1）参，人名，曾参。

（2）贯，贯通。

（3）忠，《说文》：敬也。此处所谓"忠"指敬道，内心诚敬于道，亦可以说是修己。

（4）恕，《说文》：仁也，此处为爱人之意。此处所谓"恕"，指要推己及人，亦可以说是爱人。

（5）忠恕，简单讲即"自明而明人"，亦即修己爱人。

解释

孔子说："曾参啊，我的学问用一个根本的宗旨贯穿始终。"曾参说："明白。"孔子出门而去，别的弟子问曾参："老师的话什么意思？"曾参说："老师的学问宗旨是自我诚敬于道且能帮助别人明道，这样就可以使道义大明于天下了。"

忠恕之道，乃君子之始终。《礼记·中庸》"自诚明谓之性；自明诚谓之教。诚则明矣，明则诚矣！"通过自我诚敬而能明达，称之为性。通过老师教导而能诚敬于道，称之为教，诚敬则可以明达，明达则心诚敬。

"诚则明矣，明则诚矣！"此即孔子之"一"，乃君子之始终。

4.16　子曰："君子喻于义，小人喻于利。"

注释

喻，《说文》、《尔雅》皆无此字，或为"谕"。谕《说文》：告也，以言语告知使明白。

解释

孔子说："君子要告之以义，小人要告之以利。"

凡事必有义有利，小人逐利而舍义，君子好义而远利，故小人治事必以利动之，君子治事必以义动之。

4.17　子曰："见贤思齐焉，见不贤而内自省也。"

注释

(1) 省，《说文》：视也，此处为自察，反省。

(2) 齐，此处有同一、相等之意。

解释

孔子说："见到有贤德的人要想着向人学习，使自己的学识能追上贤者。见到不贤的人要自我内省，看看自己有没有类似的毛病，要及时改正。"

4.18 子曰："事父母几谏，见志不从，又敬不违，劳而不怨。"

注释

（1）几，《说文》：微也，此处有逐渐、慢慢的意思。

（2）劳，此处有苦闷、忧心的意思。

解释

孔子说："服侍父母之道，父母要是有过失要小心委婉的劝说，如果父母执意不听，子女要尊敬，不要违背父母的意思，忧心但不怨恨。"

"又敬不违，劳而不怨"，这句话是重点所在，父母有过失，不能改正，子女要同父母一起承担一切后果，因为父子之伦是五伦的大本，即使君臣之义也要服从父子之义，更遑论朋友、兄弟。

《论语》中有父偷羊子举报的事例，其事有违父子之伦。孔子说"子为父隐，父为子隐"为正义，即君臣之义要服从父子之义。以上可推知朋友之义要服从于兄弟之义。夫妇乃是天地大义，为其他四伦基础。

4.19 子曰："父母在，不远游，游必有方。"

注释

方，此处指地域、区域。

解释

孔子说："父母在世，子女不要远游，如果要远游，必须要有一定区域。"这样可以使父母能联系到。这是子女孝顺父母的表现。

孔子说的远游对于今人来说已经不是大事了，但孔子这句话今天仍有意义。

4.20 子曰："三年无改于父之道，可谓孝矣！"

解释

孔子说："三年不改变侍奉父母之道，可以称之为孝了。"

4.21 子曰："父母之年，不可不知也。一则以喜，一则以惧。"

解释

孔子说："父母的年龄不可以不清楚，一则因为父母身健而高兴，一则因为父母越来越老而为之担心。"

4.22 子曰："古者言之不出，耻躬之不逮也。"

注释

（1）躬，此处为身行。

（2）逮，此处有践行、实现的意思。

解释

孔子说："古人不轻易说话，以不能践行所言为耻。"

孔子认为君子要言行如一，表里如一，言必信，行必果。

4.23 子曰："以约失之者鲜矣。"

注释

约，《说文》：缠束也，此处为自我约束。

解释

孔子说："自我节制行事而有过失者很少啊！"

4.24 子曰："君子欲讷（ne）于言而敏于行。"

注释

（1）讷，《说文》：言难，言辞迟钝。

（2）敏，《说文》：疾也，快速。

解释

言与行是君子治事的根本途径。而言与行相较，君子在行动上要快，在言辞上要慢。孔子的做事准则，多干少说，快干慢说，不干不说。言行如一，行重于言。胡适先生称国人为"标语党"、"口号党"，只要口号一喊，标语上墙，目标就实现了。只说不干，自己说让别人干，说的多干的少，说的与干的相反。执政者一定戒慎于此。不树立求真务实的作风，社会进步就很难。习主席提出“实干兴邦，空谈误国”。李克强总理说“喊破嗓子，不如甩开膀子”。每一个有责任感的中国人要切实行动起来，从一句文明用语开始，从开车不按喇叭开始……干实事是进步的开始。

4.25　子曰：“德不孤，必有邻。”

注释

（1）孤，此处为孤独之意。

（2）邻，同行者之意。

解释

孔子说：“有德者不会孤单，一定有好德、有德的同行者。”

无论外部环境如何颓败，道德不会完全沦落。

4.26　子游曰：“事君数（shu），斯辱矣；朋友数，斯疏矣！”

注释

数，责备，列举罪过。我老家方言“数諣（hua）”，也是指出过失，责备的意思。“諣”《说文》：疾言，憎恶的言词。

解释

子游说：“从事于君王直陈其罪过，就是侮辱君王。朋友如此，必定导致朋友疏远。”

《颜渊》“子曰：忠告而善道之，不可则止，毋自辱也。”这是孔子告诉子贡对待朋友的态度。

《礼记·曲礼下》当中明确的记载劝谏君王“为人臣之礼，不显谏，三谏不听则逃之。子之事亲，三谏不听则号泣而随之。”其中“不显谏”同于“几谏”，即委婉的劝说。“显谏”即“数”，有违臣礼。委婉劝君王，不听则自己远离之可也，劝父母不听则要“号泣而随之”，可见择君主是天经地义，后世死谏君王者，乃愚昧者。

第五章　公冶长篇

5.1　子谓公冶长："可妻也。虽在缧（lei）绁（xie）之中，非其罪也。"以其子妻之。

注释

（1）公冶长，姓公冶，名长，字子长。孔子学生，传说他懂鸟语。"可妻也"可以把女儿嫁给他。

（2）缧，《说文》：大索也，即大绳索。绁《说文》：系也。"缧绁"指捆绑犯人的绳子，此处代指牢狱。

解释

孔子评价公冶长："可以把女儿嫁给他，虽然在牢狱之中，但不是他的过错。"于是孔子把女儿嫁给了他。

孔子看一个人的本质，看一件事情的道义之所在，而不看一时的结果，于今天亦属不易。

5.2　子谓南容："邦有道，不废；邦无道，免于刑戮。"以其兄之子妻之。

注释

（1）南容，姓南宫，名适，字子容，孔子学生。

（2）废，《尔雅》：舍也，有废弃，舍弃的意思。

（3）戮，《说文》：杀也，刑戮，此处为刑罚之意。

解释

孔子评价南容："国家有道，他不会被废弃不用；国家无道，他也能免受刑罚。"所以孔子把自己的侄女嫁给了他。

善于存身是智者的做派，杀身成仁是仁者的做派。人力之于天命有不可违者，勉强行事，鲜有不伤身者。智者必先全身，而后用事。孔子认为人立于世要人品好，要有智慧。人品好，可以托六尺之孤，可以托付终身。曾子曰："可以托六尺之孤，可以寄百里之命。"可以把孤儿托付给他，可以把国家委托给他。有智慧者"好谋而成"，可以与之共事。

5.3　子谓子贱："君子哉若人！鲁无君子者，斯焉取斯？"

注释

（1）子贱，孔子学生，姓宓（fu），名不齐。

（2）若人，即这个人。"君子哉若人"这个人真是君子啊！

（3）取，此处意为学到。"斯焉取斯"，他从哪里学到这种君子品德呢？第一个"斯"指子贱，第二个"斯"指君子之品德。

解释

孔子评价子贱："这个人真是君子啊！如果鲁国没有君子，子贱从何学到君子的品德的呢？"

孔子的言外之意是鲁国有君子之风。

《孔子家语·子路初见》"孔子不悦，往过子贱，问如孔篾。对曰：'自来仕者，无所亡，其有所得者三。始诵之，今得而行之，是学益明也；俸禄所供，被及亲戚，是骨肉益亲也；虽有公事，而兼以吊死问疾，是朋友笃也。'孔子喟然谓子贱曰：'君子哉若人，鲁国无君子者，则子贱焉取此。'"

5.4　子贡问曰："赐也何如？"子曰："女，器也。"曰："何器也？"曰："瑚琏也。"

注释

瑚琏，宗庙祭祀礼器，盛装祭品，华丽贵重。

解释

子贡问孔子："我怎么样呢？"孔子说："你啊，如同一件器物。"

子贡问："什么器物？"孔子说："瑚琏啊！"

孔子评价子贡说他是"瑚琏"，是一件高贵的礼器，人借瑚琏盛祭品以交接神鬼。子贡善交际，常为两国使节，其作用如同"瑚琏"。孔子说"君子不器"，这也是对子贡的褒奖与激励吧！

5.5　或曰："雍也仁而不佞（ning）。"子曰："焉用佞？御人以口给（ji），屡憎于人。不知其仁，焉用佞？"

注释

（1）雍，姓冉名雍字仲弓，孔子的学生。

（2）佞，《说文》：巧谄高才。巧，技也。谄（chan），谀也。此处意为巧言善辞。

（3）御，《说文》：使马也，驱使车马，此处指使唤。"御人"即使唤人，有哄骗的意思。

（4）给，作口齿伶俐解。口给，即说好听的话。

解释

有人说："冉雍有仁德但不善言辞。"孔子说："用巧言善辞干什么？以好听的话来使唤别人，屡屡招人憎恶，我不知道冉雍有没有仁德，但何必要巧言善辞呢？"

孔子说过"巧言令色鲜矣仁"，又说"敏于行，讷于言"。孔子重行重本。

5.6　子使漆雕开仕。对曰："吾斯之未能信。"子说。

注释

（1）漆雕开，人名，孔子的学生。

（2）斯之未能信，即"未能信斯"之倒装。"斯"指做官这件事。

解释

孔子使漆雕开去做官，漆雕开回答："我对于为官这件事还没有信心。"孔子听他这么说很高兴。

孔子说"知之为知之，不知为不知，是知也。"漆雕开态度谦逊，是学习的好态度，所以孔子高兴。

5.7　子曰："道不行，乘桴（fu）浮于海。从我者，其由与?"子路闻之喜。子曰："由也好勇过我，无所取材。"

注释

（1）桴，小竹筏，大的称筏，小的叫桴。

（2）"无所取材"歧解颇多，其一，"材"做"哉"，"哉"作为语气词，用在此不合惯例，如果"材"为语气词，也应为"无所取也"，而不是"无所取哉"，纯粹是生硬捏造。其二，"材"作"裁"，意思为"子路不知自我裁制"，与上下文意思不通，亦是穿凿附会。其三，"材"作"材料"指作木筏的材料，多数人以为这种说法正确，包括钱穆。

钱穆甚至为这句话为孔子与子路设置了一个轻松的对话氛围，说"无所取材"是孔子带调侃的语言，是对"桴浮于海"的委婉否定，推托之词，是师生间幽默的对话。引用如下：孔子说，我们的政治主张不能推行，就坐木筏到海上漂流吧，跟随我的，应该是子路吧？子路听说后很高兴。孔子说：仲由啊，你在勇敢方面超过我，可惜没有地方获取制造木筏的材料啊！以上解释似乎合情理，仔细分析实则牵强。

笔者分析如下：

"由也好勇过我"，此处孔子说"由也"，表明子路不在场，孔子说给其他学生听的，不然不合乎语言习惯。如果说给子路本人听，应该为"由"或者"尔、汝"。若孔子与子路当面对话"由也好勇过我"，应对表述为"由也，尔好勇过我"。

"子路闻之喜"，从措辞看应当是子路之后才听到孔子这番言论的。如果子路当时在场而"喜"则不合人情。

"无所取材"其中"材"应是人才之"才"。没什么其他才能可选取。孔子所谓"无所取材"只是就"浮于海"这一件事而言。

解释

孔子说："我主张的道在当今不能推行，我要乘木筏去海上漂流，随从我的应该是子路吧？"子路听到了很高兴。孔子说"子路这个人好勇超过我，这件事需要胆量、勇气，这是子路在这件事上最大的长处，其他的才能并没有考虑。"

孔子说"浮于海"是不忍见道德沦丧而又无可奈何，发出的感叹之词。孔子的"浮于海"，应该是说给别的学生听的，于无奈中提及自己这个好勇憨直的学生。结果听了孔子这番话的学生把赏识子路的话传到了子路的耳朵里，子路高兴。然后孔子又给会错意的学生解释，为什么子路会从我而去，因为子路"好勇"。我并非说子路还有其他才能比大家要强！不是器重子路而轻视大家，也没有表扬子路的意思，你们不要误传，误信。简单地说，孔子只是看到了子路的勇气胆量，断定子路会追随他，并没有从其他的才能方面考量。孔子说"无所取材"，是给别的学生解释，没有轻视他们的意思。钱穆所言，不仅文字不通顺，感情色彩亦不和谐，前一句忧愁无奈，后一句戏谑轻佻，不似孔子与学生口吻。

5.8　孟武伯问："子路仁乎？"子曰："不知也。"又问，子曰："由也，千乘之国，可使治其赋也，不知其仁也。""求也何如？"子曰："求也，千室之邑，百乘之家，可使为之宰也，不知其仁也。""赤也何如？"子曰："赤也，束带立于朝，可使与宾客言也，不知其仁也。"

注释

（1）赋，此处作兵、军队解。"治其赋"即管理军队。

（2）千室之邑，有一千户人家的城邑。

（3）宰，采邑的长官或卿大夫家臣。

解释

孟武伯问孔子："子路是仁者吗？"孔子说："不知道。"又问，孔子说："子路，千乘大国，可以让子路管理其军队，不知道子路是不是仁者?”“冉求这个人如何呢?”孔子说:“冉求,千户之邑百乘采邑的人家,可以让冉求作宰,不知道冉求是不是仁者?”“公西赤怎么样呢?”孔子说:“赤,穿戴好礼服在朝廷之上,可以让他与宾客交接应答,不知道是否是仁者。”

“不知其仁”有作“不知道他是否有仁德”。有作“不知道他能否做到仁”。

孔子的学生身上一定会有仁德的表现,但孔子一连说了三个学生“不知其仁”。“仁”此处应该是唯心的一个概念。《述而》“仁远乎哉?我欲仁,斯仁至矣。”解释为“仁道远吗?我真心要做一个仁者,想得仁道那么仁道就可马上到达。”具体到“不知其仁”这句话,准确的解释应为:不知道他是否得到仁道,即“不知他是不是仁者”。

孔子认为“仁”与“不仁”全在于心,从行为很难断定仁与不仁。《阳货》记载孔子投奔叛臣佛肸(bi xi)。佛肸是不善者、不仁者,孔子去投奔他,是“仕不义”,非仁者之作为。但孔子志在“再造东周”,为仁者之志。可见仁与不仁根本在于心。

5.9　子谓子贡曰:“女与回也孰愈?”对曰:“赐也何敢望回?回也闻一以知十,赐也闻一以知二。”子曰:“弗如也,吾与女弗如也。”

注释

(1)愈,有更加、胜过的意思。

(2)望,比较的意思。《礼记·表记》“以人望人则贤者可知矣。”

解释

孔子问子贡:“你与颜回谁胜过谁呀?”子贡说“我怎么能和颜回比较呢?颜回可以以一而知十,我也就是以一知二。”孔子说:“不如啊,我与你都不如他啊!”

“以一知十,以一知二”形容颜回与子贡善学的程度。

这段话仔细推敲有几个问题,如下:

第一，孔子并没有明确设定子贡在哪方面与颜回比。

第二，如果孔子的意思是问谁更好学多思，那孔子说“吾与汝弗如也”，则有试探子贡有没有自知之明的意思。因为孔子心里对他俩在这个问题上早有定论了。这样做似乎不是孔子的风格，不符合老师的身份。在《先进》中子贡问子张与子夏谁更贤，孔子直接答复有过有不及，二者半斤八两。可见孔子直言不讳的作风。这段话的前提是孔子认为颜回在德行上要优于子贡，颜回近乎仁者。子贡在致用上要优于颜回，子贡近乎智者。孔子问子贡与颜回谁胜过谁的潜在意思是问智者与仁者哪个更胜一筹。这个问题应该是孔子内心的疑问。而子贡回答的是在学业上不如颜回，也许子贡没有明白老师的深意，也许子贡故意以己之短比于颜回之长，谦虚地回应了老师。而孔子也明白，任何人若遇到这个问题肯定是要如同子贡一样，以谦虚的言辞来回答的，故孔子也心有所思的回应子贡：“不如啊，你我都不如他啊！”

孔子知道自己都疑惑的问题，学生怎么会明白呢。所以问子贡他也不明白，而子贡回答的也没毛病，只是不知道老师的用心，所以孔子连说了两个“弗如也”。并不是深为颜回的好学感叹，而是别有所思。如果我是子贡，心里一定想，老师知道我不如颜回还问我，那老师是什么意思呢？在此可以提出一个有意思的设想，如果孔子同样的问题来问颜回，试想颜回会怎么回答呢？以颜回之纯良，我猜颜回会说：回不知也。孔子此时也应该说：弗知也，我亦弗知也！

这段话可以说是孔子自己的仁智之问。

5.10　宰予昼寝。子曰：“朽木不可雕也，粪土之墙不可圬（wu）也。于予与何诛？”子曰：“始吾于人也，听其言而信其行；今吾于人也，听其言而观其行。于予与改是。”

注释

（1）圬，《说文》：所以涂也，即泥瓦匠抹墙的抹子，此处有涂饰的意思。

（2）诛，《说文》：讨也，声讨，责骂。

（3）粪，《说文》：弃除，引申为秽、污秽。粪土即是秽土，不干净的土，非粪便与土。《左传·襄公十四年》“其言，粪土也。”

解释

宰予白天睡觉。孔子说：“朽木不能雕刻，秽土作的墙不能粉饰，对于宰予骂他什么好呢？”孔子说：“开始我与人交往，听他说就相信他会做到，现在我与人交往，听他说还要观察他的行动。于宰予身上改变了我的态度。”

“于予”即“于宰予”，“与”即“欤”助词，无义。

5.11　子曰：“吾未见刚者。”或对曰：“申枨（cheng）。”子曰：“枨也欲，焉得刚？”

注释

（1）刚，意志刚强、坚定。

（2）申枨，孔子的学生。

解释

孔子说：“我没见到过意志刚强的人”。有人说：“申枨。”孔子说：“申枨也有好多欲望，怎能说是刚强呢？”

“无欲则刚”应当据此出。孔子说有欲望则不能刚强，世人皆有欲望，如此则无“刚者”。但如果“尽灭人欲”则不能称之为人，人若不存则何谈刚柔？可见“无欲则刚”存在内在逻辑问题，为悖论。

此处孔子所谓“刚”指绝对的刚强，孔子说绝对的刚强是不存在的。相对的刚强才有意义。

“儒”字之本义为“柔”，儒学提倡“中”，在天理与人欲之中为“义”。只有“柔者”方能在中，方能行义。所以刚柔兼具为君子。

5.12　子贡曰：“我不欲人之加诸我也，吾亦欲无加诸人。”子曰：“赐也，非尔所及也。”

解释

子贡说：“我不想让别人强加给我的东西，我也不想强加在别人身上。”孔子说：“赐啊，不是你所能及的呀！”

“己所不欲勿施于人”是恕的一条行为准则。在这段话中孔子说：“不是你能做到的”，是根据子贡的现实情况而言，告诉子贡有这样的想法很好，但现实恐怕做不到。指出子贡德行未达到“恕”的水平。

5.13　子贡曰：“夫子之文章，可得而闻也。夫子之言性与天道，不可得而闻也。”

注释

（1）文章，非指文字作品。“文章”应作“彣彰”，文采盛美的意思。《说文》释“彧（yu）”为“有文章也”。此处指礼乐文教等学问。

（2）“可得而闻”，“得”解作获得、得到之意。“而”助词，无义。“得而闻”即“得闻”，“得”强调“闻”，如得见、得遇。《礼记·孔子闲居》“民之父母，既得而闻之矣……不可得而见……倾耳听之，不可得而闻也。”

解释

子贡说：“夫子的礼乐学问可以得闻，夫子说‘性’与‘天道’，这些说教听不到。”

这段话歧解颇多。孔子以礼乐教人，而不以难以使人理解的“人性”与“天道”立教。礼乐在“人性”与“天道”之中，节人性而顺天道。孔子以礼乐教人，最终使“性”与“道”和合，为大道。如果阐发“性与道”则流于玄学而远人，如老庄。

有人过于发挥“性”与“天道”，其实“性”就是“人性”，“天道”就是“大道”。“人性”即七情六欲，“大道”即阴阳刚柔之常。礼乐立足于人性而宗法于大道，为教化世人之唯一正途。不传扬礼乐而言性道之学为邪僻，宋明之人尤甚于此，皆失儒学正义。

5.14　子路有闻，未之能行，唯恐有闻。

注释

有，同“又”。

解释

子路知道了一个道理，一定要马上付诸行动。如果还未能践行学习的道理，就担心再听老师讲新的道理。这样的话，前面未能实施，新的又要践行，对于子路这种急率性格，会让他着急不安。

此句话描绘了子路表里如一，直率好学的鲜活形象。这句话也反映出孔子教育学生重在行，子路急于“学而时习之”，所以“唯恐有闻”。

传统解释“子路听到一个道理，还不能去做，唯恐又听到新的道理。”逻辑不清，语意不明。

5.15　子贡问曰：“孔文子何以谓之‘文’也？”子曰：“敏而好学，不耻下问，是以谓之‘文’也。”

注释

（1）孔文子，卫国大夫。

（2）“孔文子何以谓之‘文’也”，孔文子的谥号为什么称“文”呢？

（3）敏，此处为勤奋之意。

解释

子贡问：“孔文子为何谥号‘文’呢？”孔子说：“勤奋而好学，不耻向不如他的人请教，所以称之为‘文’啊！”

“敏而好学”者多识。“不耻下问”者行逊。多识而行逊，君子之风也，故曰“文”。

5.16　子谓子产：“有君子之道四焉：其行（hang）己也恭，其事上也敬，其养民也惠，其使民也义。”

注释

（1）子产，姓公孙，名侨，字子产。郑国大夫，著名贤相。

（2）“行己也恭”，“行”此处解作规范、要求。要求自己言行恭敬。

解释

孔子评价子产："子产具备君子的四种德行。其一，自己要求言行恭敬。其二，事奉尊长态度尊敬。其三，劝养百姓心怀仁爱。其四，役使百姓合理而适当。"

子产之四德即忠、敬、仁、义。

5.17　子曰："晏平仲善与人交，久而敬之。"

注释

晏平仲，即晏婴，齐国大夫。

解释

孔子说："晏平仲这个人善与人交往，久而久之，交往的人都会对其尊敬。"

孔子说这句话的意思是说，晏婴用自己的言行来感化人，而这正是孔子教学所看重的，而不是重说教。

5.18　子曰："臧文仲居蔡，山节藻棁（zhuo），何如其知也？"

注释

（1）臧文仲，鲁国大夫。

（2）居，此处意为储存、积蓄。

（3）蔡，占卜用的大龟。

（4）节，应为"楶（jie）"，柱头斗拱。

（5）棁，梁上短柱。

（6）山节，应该是多个斗拱拼成山的形状。亦指比较讲究的斗拱，此处指精致斗拱。

（7）藻棁，在短柱上画上水草图案，此处指比较华丽的短柱。

（8）山节藻棁，此处代指精致华丽的房屋。

解释

孔子说："臧文仲储藏占卜用的大龟壳，放置在山节藻棁的华丽房子里，怎么算得上明智呢？"

大龟壳用以占卜可以知天意，故古人认为其有灵气，可通神灵。臧文仲以奢华的房子来储存龟壳，其行为是以物利媚于神物，这是小人的行为。以"物利"为先而不是以诚意为本，所以孔子说他"不智"。君子储存神龟应该置于庙堂之上，表示我之诚敬可矣，何必媚以奢侈之物利。孔子没有骂他为小人，想必臧文仲为人定有其他称颂之处。

5.19 子张问曰："令尹子文三仕为令尹，无喜色。三已之，无愠色。旧令尹之政，必以告新令尹。何如？"子曰："忠矣。"曰："仁矣乎？"曰："未知，焉得仁？"

"崔子弑齐君，陈文子有马十乘，弃而违之。至于他邦，则曰：'犹吾大夫崔子也。'违之。之一邦，则又曰：'犹吾大夫崔子也。'违之。何如？"子曰："清矣。"曰："仁矣乎？"曰："未知，焉得仁？"

注释

令尹，楚国官职，相当于宰相

解释

子张问："令尹子文多次出任令尹之职，没有喜悦的神色，多次被免职，亦没有怨怒的容色，前一任推行的政策一定要告知新任的令尹，这人怎么样？"孔子说："可以说是忠于职守。""他是仁者吗？""不知道其内心，怎么能称其为其仁者呢？"

子张又问："崔杼（zhu）杀了齐国国君，陈文子是有十辆马车的人物，抛弃了财产而离开齐国。到了一个国家，说'这里执政者和我国崔杼差不多呀'，于是又离开。又到了另一个国家，又说：'还是和我国崔杼一样啊'，于是又离开。这人怎样？"孔子说："可以算是为人清正。""他是仁者吗？"孔子说："不知道其内心，怎么称其为仁者呢?”

《史记·孔子家语》:“定公十四年,孔子年五十六,由大司寇行摄相事,有喜色,门人曰:‘闻君子祸至不惧,福至不喜。’孔子曰:‘有是言也。’不曰:‘乐其以贵下人乎?’。”孔子当官而喜,但孔子是仁者。

陈文子不与崔杼为伍,孔子曾要投奔佛肸,曾于南子谋事,可见孔子可谓“不清”,但孔子是仁者。

令尹文子不喜不愠,或为德或为不德。陈文子之清,或为德或为不德,皆不可知。孔子认为苟利于道,生死可以,而不以好恶趋避之。仁与不仁以道为准则,存乎心间。

5.20　季文子三思而后行。子闻之,曰:“再,斯可矣。”

解释

季文子做事反复考虑后才行动。孔子听说了,说:“考虑两次就可以了。”

任何一件事无外乎义与不义。义则行,不义则不行,这是首先要考虑的。其次要“好谋而成”,这是第二步要考虑的。第一步是考虑取舍,第二步考虑是方法。

孔子不排斥“好谋而成”。这里的“再”是从宏观上讲,治事的两个阶段,并非不斟酌行事。

5.21　子曰:“宁武子,邦有道,则知;邦无道,则愚。其知可及也,其愚不可及也。”

注释

宁武子,卫国的大夫。

解释

孔子说:“宁武子这个人,国家昌明他就聪明智慧,国家昏昧他就糊涂愚拙。他的聪明智慧可以做到,但他适时地糊涂,别人做不到。”

孔子未对宁武子本人做评价,善于全身不为过,但宁武子一定不是孔子欣赏的君子。君子“不使不仁者加乎其身”，君子“恶不仁者”。孔子说“道不行，乘桴浮于海”即是不与“不德、不义”者周旋，不似宁武子装愚卖傻。孔子亦赞扬颜回“用之则行，舍之则藏。”孔子亦赞扬蘧伯玉“君子哉蘧伯玉，邦有道则仕，邦无道，则可卷而怀之。”但对宁武子未称其为君子。

孔子不苟且，后世有人以“难得糊涂”为雅，实乃不知美丑。

5.22　子在陈，曰：“归与！归与！吾党之小子狂简，斐然成章，不知所以裁之。”

注释

（1）陈，陈国。

（2）狂，《说文》释为疯狗，引申狂妄。

（3）简，《尔雅》：大也，此处作自大。

（4）狂简，此处指思想自由，志向远大。

（5）斐，《说文》：分别文也，有分别的文采。斐然成章，言行条理而富有文采。

（6）裁，此处为裁节之意。

解释

孔子在陈国被困，感叹：“回去啦，回去啦，我家乡的青年思想自由，志向远大，行事条理而有文采，只是不知道往什么人生目标塑造自己。”

“不知所以裁之”有人以为应为“吾不知所以裁之”，即孔子不知道如何教导他们。不合逻辑，孔子知礼知义，知人知世，如何不能教育几个“狂简”小子？再者若孔子说“不知所以裁之”，那还回去干吗？孔子了解他们“狂简、斐然成章”，夫子一定可以“裁”他们，所以要“归与”。

5.23　子曰：“伯夷、叔齐不念旧恶，怨是用希。”

注释

（1）伯夷、叔齐，殷朝末年，孤竹国的两位王子。父亲死后，二人曾相互让位，后二人不满商君暴政而投奔周文王。到达周国，周文王已死，武王起兵伐纣，二人极力劝谏说“臣弑君，不仁也”。后来周统一天下，二人以为周以暴易暴，发誓不吃周粮，遂饿死在首阳山。孔子称赞二人为贤者。

（2）不念旧恶，指二人不念商纣王之罪恶而阻止周武王伐商。

（3）希，同“稀”，稀《说文》：疏也，此处有少的意思。

解释

孔子说：“伯夷叔齐不念旧恶，所以心里的怨恨就少。”

“怨是用希”有不同的解释。孔子在《述而》中说：“求仁而得仁，又何怨”，指伯夷叔齐二人追求仁道，以身践行，所以不会心有怨恨。可见仁者所求在道，得与不得，不怨天尤人。

5.24 子曰：“孰谓微生高直？或乞醯（xi）焉，乞诸其邻而与之。”

注释

（1）微生高，鲁国人，以率直、守信著称。

（2）醯，《说文》：酸也，即今之醋。

解释

孔子说：“谁说微生高这个人爽直呢，有人向他要点醋，他家没有不直说没有，去邻居家借了些给那人。”

孔子称扬的“直”为：有则与之，无则告之无。孔子重在阐发“直”的要义，在于以诚待人。此人借邻居之醋给人亦属“不诚实”。从此一节我们可以得知纵是助人行好事，一定要量己之力，过与不及皆不值得称扬。此处微生高为“过”。

当今有许多过头的宣传口号，比如“毫不利己，专门利人”、“大公无私”、“舍己为人”，请问有多少人能这样做？既然大多数人做不到的，那就是一句空话。不切实的宣传口号只会降低宣传者的可信度。推己及人、私不忘公才是可以长久践行的准则。

5.25　子曰："巧言、令色、足恭，左丘明耻之，丘亦耻之。匿怨而友其人，左丘明耻之，丘亦耻之。"

注释

左丘明，鲁国人，相传为《左传》作者。

解释

孔子说："花言巧语，一脸媚态，行为过分卑顺，左丘明以为可耻，我也以为可耻。隐藏自己对别人的怨恨，表面上装的一副友好的样子，左丘明以这种行为为耻，我也以为耻。"

孔子认为待人之道要以诚，与人交往要合于礼。

5.26　颜渊、季路侍。子曰："盍各言尔志?"子路曰："愿车马衣轻裘与朋友共，敝之而无憾。"颜渊曰："愿无伐善，无施劳。"子路曰："愿闻子之志。"子曰："老者安之，朋友信之，少者怀之。"

注释

（1）侍，侍立，陪同站在尊长身旁。

（2）盍，即曷，曷《说文》：何也，表示反问、疑问，相当于"何不"。

（3）裘，《说文》：皮衣也。

（4）敝，破败之意。

（5）伐，《说文》：击也，此处为损害、败坏的意思。《诗经·小雅·宾之初筵》"醉而不出是谓伐德"，败坏道德。

（6）施，施加。

（7）劳，忧苦。

（8）伐善，败坏道德，损害善良。施劳，施加暴虐，增添忧苦。伐善与施劳相对，损善而添恶。

解释

颜渊与季路在孔子身旁侍立。孔子说："何不各自说说你们的愿望?”子路说：“我愿意把我的车马、高贵皮衣和朋友共同使用，用坏了也不遗憾。”颜回说：“我愿天下道义昌明，没有败损道德，损害善良的行为，也没有施加暴虐，增添忧苦的行为。”子路说：“愿听听老师的愿望。”孔子说：“老人家可以安享晚年，朋友交往讲求信用，青少年可以得到关怀。”

这段话显示了子路慷慨的侠勇气概，表现了颜回对道德与民生的关怀。孔子“天下一家”的社会期望。

“伐善与施劳”传统解释“不考虑自己的长处，不考虑自己的功劳”。这是朱熹之流的说法，这怎么能是颜回的愿望呢？所谓愿望是期待能实现的东西，按朱熹的翻译，只不过是行为准则。孔子告诫不可“不知而作”，要“慎言其余”，朱熹之流则反是。孔子说“攻乎异端”，应用于朱熹之流。今天我们对于古代、当代等伪儒当“鼓而攻之”，拨乱反正，发明儒学真义，此为时下复兴我中华之当务之急。

5.27　子曰：“已矣乎！吾未见能见其过而内自讼者也。”

注释

讼，《说文》：争也，即争辩。自讼，作自我责备、自我辩解讲”。《汉书·东方朔》“因自讼不得做大臣”其中“自讼”作自我辩解讲。

解释

孔子说：“罢了，我没有见到能发现自己过错而内心自责的人。”

以上为传统解释。但曾子“一日三省吾身”，颜回“不贰过”，不都是在犯错之后及时认识到自己的过失而改正的吗？二者能改正前非，难道内心没有自责？所以这句话不合常理。这句话应该如下：

子曰：“已矣乎，吾未见能见其过而内不自讼者也。”

孔子说：“罢了，我没有见到过能看到自己过错而内心不自我申辩，为自己找理由开脱的人。”

如果按传统写法，何必说“能见其过”？直接说：“吾未见见其过而内自讼者也。”语句更顺畅，意思更明确。之所以说“能”，重在强调“见其过”这个事实，为“不自讼”转折铺垫，所以孔子原话应该遗失了一个“不”字。这样“自讼”作“自我申辩”，为自己找理由。这样解释符合人的心理。

孔子的意思很明确，人们往往为自己的过失找外界的理由，而不是首先反省自己本身的问题。孔子说“见不贤而内自省”，见别人的错还要自己反省，何况自己的过失不自责的人会没有吗？一定有的，但不为自己找理由，不为自己开脱，诚恳自省的人就少了。

5.28　子曰：“十室之邑，必有忠信如丘者焉，不如丘之好学也。”

解释

孔子说：“十户人家的小城邑，一定有忠信像我的人，但好学则不一定如我。”

好学方能多识，多识方能善治。有良好的道德本质，如果不能学习进步，亦不能致大用。君子欲载道弘道，必须德智兼备，故君子应“敏而好学，学而不厌”。

第六章　雍也篇

6.1　子曰：“雍也可使南面。”

注释

南面，面向南面。古时以坐北向南为尊位，此处意为做官。

解释

孔子说：“冉雍这个人可以让他做官。”

儒教认为政亦教，冉雍可以做官，说明冉雍具备在教民劝善方面的能力，是孔子对他的肯定。

6.2　仲弓问子桑伯子，子曰：“可也，简。”仲弓曰：“居敬而行简，以临其民，不亦可乎？居简而行简，无乃大简乎？”子曰：“雍之言然。”

注释

（1）子桑伯子，人名。

（2）简，简单、简易，又有简慢、轻视之意。

（3）居，此处为安守、遵守。

解释

仲弓问子桑伯子这个人怎么样。孔子说：“不错，他做事简单而不失其要。”仲弓说：“内心安守诚敬而行事简单，这样来治理百姓，不是也行吗？如果内心简慢，行为又简单，岂不是太轻慢了？”孔子说：“你说得对。”

简单可以，但一定要用心。“敬其事”是“简其事”的根本，根本把握了，繁简都是其次。不把握根本，虽繁盛无益。既不得根本，又简略其事，则为无知。孔子说“能以礼让，为国乎何有”即把握了根本，所以其他都是次要。“不以礼让”虽礼繁无益。“臧文仲居蔡，山节藻棁”亦是不把握根本，虽奢华无益。对于百姓而言，不得其义，粗略其事则是“太简”，“太简”即无知。

6.3　哀公问：“弟子孰为好学?”孔子对曰：“有颜回者好学，不迁怒，不贰过。不幸短命死矣。今也则亡，未闻好学者也。”

注释

（1）迁怒，把怨气转到别人身上。

（2）贰过，重复犯错。

解释

鲁哀公问孔子：“弟子当中谁好学?”孔子回答：“有个叫颜回的好学，有问题不迁怒于人，不犯同样的错，不幸短命死了，现在没有好学的了，还没有听到有好学的人呢!”

“不迁怒”则是“不自讼”、“君子求诸己”、“自省”。“不贰过”是善改过。孔子说好学的颜回有两种品质：第一，善于找自己的原因，这是上进的根本。第二，能够改正前非，不蹈覆辙，这是上进的保障。

6.4　子华使于齐，冉子为其母请粟。子曰：“与之釜。”请益。曰：“与之庾。”冉子与之粟五秉。子曰：“赤之适齐也，乘肥马，衣轻裘。吾闻之也‘君子周急不继富’。”

注释

（1）釜，古代容量单位，一釜为六斗四升。一斗为十升。

（2）庾，一庾为二斗四升。

（3）秉，一秉为一百六十斗。

解释

公西赤出使齐国，冉子为公西赤的母亲申请些小米。孔子说“给她六十四升。”冉子再请求多给点。孔子说：“再给二十四升。”结果冉子给了八千升。孔子说："公西赤出使齐国，乘坐肥壮的马，穿轻暖的皮衣，我听说君子应该周济急需救助的人，而不可以接济富有的人。"

"釜、庾、秉"具体容量关系，很难考定，但冉子所给"五秉"与孔子"一釜，一庾"差距过于悬殊，或者"秉"为"斛（十斗）"，"五秉"为五百升，如此倒合情理。孔子管家一年九千升，一个月合七百多升。公西赤出使齐国，一个多月可以往返，补助五百升较合理。

不过有几个问题，公西赤出使齐国，奉孔子之命，还是以鲁国使节身份去的？冉有私自给了五百升，他哪来的米，又怎敢违抗师命？如果出公差，那鲁国应该给米。如果孔子有权决定给多少，那冉有不经过孔子的五百升米从哪里出的？

公西赤与冉有同为孔子的学生，冉有一定知道公西赤家里富有，冉有为何要为他"请粟"呢？为何是冉有，不是别人呢？再者孔子知道多给了，但并未责备冉有不听话，而是给冉有讲少给的原因和道理。

以上问题有一个合理的解释，孔子比公西赤大四十二岁，孔子五十一到五十六在鲁国为官，公西赤才十四五岁，不可能出使齐国。那么这件事发生在孔子回鲁国之后，时年孔子六十八岁，公西赤二十六岁，风华正茂，此时冉有为季氏宰，大权在握。公西赤比冉有小十三岁，为小师弟，师弟奉公出差，应该也是师兄冉有的安排。公西赤喜好交接往来，师兄一定了解，所以安排他出使齐国。

冉有请粟是向国家请，关于给多少粟的问题来征求老师的意见，孔子说了一个数，当然比较苛刻，冉有说太少了，老师又稍微加了一点，之后冉有向国君禀报申请或是向季康子申请，至于冉有申报了多少，那不得而知，最后批了五百升。冉有肯定没说"给多了，我老师说给八十八升就可以了。"但要是孔子肯定会说"给多了"。孔子知道是国君的安排，所以不责备冉有而是给他讲明其中的道理。给是道义，一定要给，但多少要有分寸。

由此可见孔子道德高尚不因自己学生而偏私，时刻以义为原则，冉有等则不能。

6.5　原思为之宰，与之粟九百，辞。子曰："毋！以与尔邻里乡党乎！"

注释

原思，孔子学生。

解释

原思为孔子家的管家，孔子给他九百斗米。原思推辞不受，孔子说："不要推辞，分给你的邻里乡亲吧。"

可以推测，孔子给的"九百"应该是比正常的多了很多。可能因原思家贫而给予的照顾吧。但孔子没说"你不富裕，留着用吧。"而是说"多了分给乡亲们。"孔子是在教育原思，有能力的人要照顾没有能力的人。条件优越的人要帮助条件差的人。"达则兼济天下"是儒者应有的情怀，同时这句话也说明孔子确实"周急不继富"。

6.6　子谓仲弓曰："犁牛之子骍（xing）且角，虽欲勿用，山川其舍诸？"

注释

（1）犁，《说文》：耕也。犁牛，作耕地之牛。

（2）骍，《礼记·檀弓上》"周人尚赤，牲用骍。"即周朝人崇尚赤色，牺牲用的动物毛色为赤色。

（3）角，指牛角周正。古人祭祀颇为严格，所选用的牛羊，都必先占卜吉凶，才能用。毛色、体态、牛角都有严格要求。《礼记·祭义》中记载，天子诸侯必须有自己蓄养祭祀用的牛羊豕的专门场所，所用牺牲必须用专养的牲畜，所用的牛羊豕，天子诸侯亲自选察，从小养到能用，养的过程每月要巡视两次，这样才能表示敬意。

解释

孔子对仲弓说："耕牛生的小牛，毛色棕红，且牛角周正，人虽不想用来祭祀神鬼，受祭的山川之神都舍不得呀！"

"犁牛"朱熹等作"杂色的牛"，比喻仲弓的父亲品行恶劣，为谬论。“犁牛”此处应该是“普通劳力者”的意思。如果说仲弓父亲品行不端，而以“杂毛牛”来比喻，则有贬低、侮辱仲弓之父的意思。在孔子的价值观里父子之伦为人伦之大本，“父子”是荣辱与共的共同体。所以孔子不可能当着仲弓的面贬低他父亲。“犁牛”在田，而“骍且角”为上等的牺牲，君王可祭天地鬼神，可列于庙堂之上。显然“犁牛”与“骍且角”是高下的对比。

“骍且角”比喻仲弓道德高尚、品行端正，是栋梁之材，可以居庙堂之上。

“虽欲勿用，山川其舍诸”，即便执政者不想用仲弓之材，但天意不舍。

孔子对仲弓出身卑微却品德高尚给予了赞赏，称赞其可以居庙堂之上。

6.7　子曰：“回也，其心三月不违仁，其余则日月至焉而已矣。”

注释

违，离也。

解释

孔子说：“颜回，他的心思三个月之久专心在仁，而其他的弟子呢，偶尔一时的心思在仁。”

“仁”即“仁道”，并非什么神秘的心理状态。所谓宋明理学把“寻孔颜乐处”搞成了玄学。颜回的乐趣就在于发自内心的喜爱仁道。所以其乐无穷，所以不怕“一箪食一瓢饮”，和今天小孩沉迷游戏是一样的道理，亦孔子所说的“好仁者”而已。其他弟子也好仁，但更好利，不愿为仁道而舍弃拥有的人情物利而已。如果诚心爱仁，则“吾欲仁，仁斯至矣!”，难的是言行不可离仁德。

仁的根本为敬爱人。礼是把仁道广大的一套体系，义是践行仁道的准则。如果内心诚敬、诚爱，言行合乎礼义，矢志不移以行此，则为仁者。

孔子说颜回“三月”不背离仁道，其他弟子则“日月至焉”。“三月”此处指时间不长，“日月”则指偶尔。孔子的意思是说仁道之难难在诚与恒。诚可得仁，恒可成仁。“日月至焉”者心未诚于道，根本有失。“三月不违”者未能恒于道，待修习可也。

6.8　季康子问：“仲由可使从政也与?”子曰：“由也果，于从政乎何有?”曰：“赐也可使从政也与?”曰：“赐也达，于从政乎何有?”曰：“求也可使从政也与?”曰：“求也艺，于从政乎何有?”

解释

季康子问孔子：“仲由可以使从事政事吧?”孔子说：“他做事果断，从政有什么不行的?”又问：“子贡可以使从政吧?”孔子说：“他通达事理，这对于从政还有什么困难呢?”又问：“冉求可以从政吧?”孔子说：“他多才多艺，去从政有什么不行呢?”

孔子以三个反问句来回答季康子的提问，反问句的语气表示孔子认为从政是很容易的一件事情，何况弟子们都有一定的优点。孔子曾说过，孝于父母，友于兄弟，推之于外就可以从政了。孔子所说的“政”即是以一国为一家，正身修德，推爱及人，所以孔子认为容易。季康子所说的“政”与孔子说的则不尽相同。季康子的政掺杂了权谋，目的为自利而非公利。所以季康子问的慎重，而孔子回答的轻松，此乃孔子故意为之。

6.9　季氏使闵（min）子骞为费宰。闵子骞曰：“善为我辞焉！如有复我者，则吾必在汶上矣。”

注释

闵子骞，孔子弟子，姓闵，名损。为人恭敬正直，其人不主张做官。

解释

季氏欲使闵损去费邑为宰。闵损说：“好生为我推辞掉吧，如果再来找我，我一定逃往汶水之上了（逃往齐国）。”

闵损以德行著称，一定是看不上季氏为人，所以不愿与他共事。这句话说明闵损能洁身自好。

6.10　伯牛有疾，子问之，自牖（you）执其手，曰："亡之命矣夫？斯人也而有斯疾也！斯人也而有斯疾也！"

注释

（1）牖，窗也。

（2）伯牛，冉耕，字伯牛。

解释

冉伯牛生病，孔子去探问，从窗户握着伯牛的手感叹："难道这是命？这样的人也得这种病啊！这样的人也得这种病啊！"

《淮南子·精神训》"冉伯牛染厉"，厉即疠，或为麻风病，由皮肤空气传播。所以孔子去探望不能进入房间，而是由窗户握着伯牛的手安慰。这是孔子爱惜人才的表现，尽到了为人师的情分。

"亡之命矣夫？"此句话传统句读"亡之，命矣夫！"翻译"死了，这是命啊！"，不合人情。任何人去看望病人不会说"快死了，这是命啊！"何况孔子通晓人情世故，绝不会说这样的话。此处"亡之"为连词，意思为"还是、难道是"。

资料中没有查到"亡之"的用法。《吕氏春秋·审为》"君将攫之手？亡其不与？"其中"亡其"作"还是"解。"亡其不与？"即"还是不与呢？"。所以此处"亡之命矣夫？"是设问句，"亡之"与"命矣夫"连读，意思为"难道是命啊？"加上后面"斯人也而有斯疾，是命啊！"表现了孔子对命运的感叹以及对人才的爱惜之情。"亡之"与"亡其"相同。

6.11　子曰："贤哉回也！一箪（dan）食，一瓢饮，在陋巷，人不堪其忧，回也不改其乐。贤哉，回也！"

注释

箪，指盛饭与盛衣的竹器。

解释

孔子说："真是贤良啊颜回，一箪食一瓢饮，居在陋巷，别人不堪其忧苦，颜回自觉其乐无穷，颜回有贤德呀!"

这句话是孔子对颜回醉心道义学问的褒奖。颜回真心向学，沉迷于研究，所以其乐无穷。对于真心搞学术的人来说是很平常的一件事，如同儿童沉迷游戏，其他什么都不在乎。但宋明诸多人士把"寻孔颜乐处"上升到玄学的地步，已经违背孔子的原旨了。孔子听音乐也达到三月不知肉味的地步。兴趣所在，兴致所致，浑然忘我，实属正常的不能再正常的事了。孔子表扬颜回真心向学，"不以恶衣恶食为耻"，于当时礼义崩坏的时代实属不多，故称赞其"贤"。

6.12　冉求曰："非不说子之道，力不足也。"子曰："力不足者中道而废。今女画。"

注释

(1) 废，《尔雅》：止也、舍也。停止、舍弃之意。

(2) 画，此处有限定、截止的意思。

解释

冉求说："不是不喜欢您的学说，是我的能力不足。"孔子说："说自己能力不足的人，德业都会半途而废。现今你说能力不足，其实是自行放弃、终止德业。"

孔子说过对于仁道"未见力不足者"，只有"心不在者"。若一心向道，没有"力不足者"，所以说"力不足者中道而废"是因为心不在道而前功尽弃，并非"力量不足，停在半路"。

6.13　子谓子夏曰："女为君子儒，无为小人儒。"

注释

(1) 君子儒，《礼记·儒行》记载君子儒特征：

一、博学强识，怀忠信，行仁义。

二、仪容得体，进退合宜。恭敬，信让，守义不违。

三、见利不失义，虽死不变节，不畏难，不惧威。

四、安贫乐道，心忧天下。

五、举贤不避亲仇，志在国家，不求富贵。

六、安分守己，行有所尚。

七、亲贤轻利，朋友相帮。

（2）“小人儒”与“君子儒”相反，也可以说是官僚文人。

解释

孔子对子夏说：“你要做君子儒，不要做小人儒。”

在孔子的时代，礼乐崩坏，仁义道德不行。子夏在诸弟子中岁数较小，学业突出，所以孔子特意嘱咐子夏要做“君子儒”。

6.14　子游为武城宰。子曰：“女得人焉耳乎?”曰：“有澹（tan）台灭明者，行不由径，非公事，未尝至于偃之室也。”

注释

（1）澹台灭明，姓澹台，名灭明，字子羽，孔子学生。

（2）径，《说文》：步道，即人行道，此处为小路。

（3）焉耳，意思为“于此地”。

解释

子游为武城宰，孔子说：“你有没有在这个地方得到人才?”子游说：“有一个叫澹台灭明的人，走路不走小路，行必中正，非公事，未曾到我的办公室。”

澹台灭明的举止即君子儒的标准，子游以他的行止判断其为人才。

6.15　子曰：“孟之反不伐。奔而殿，将入门，策其马，曰：‘非敢后也，马不进也。’”

注释

（1）孟之反，鲁国大夫。

（2）不伐，不自夸功劳。

（3）奔，《说文》：走也，指快跑。此处有败走的意思。

（4）殿，军队行进时处在最后，殿后。

（5）策，《说文》：马鞭，此处为策马。

解释

孔子说："孟之反不夸耀自己。军队败退的时候他在后面断后，将攻入城门，用鞭子打着自己的马慢走，说：'不是我愿落后，是马不往前走'。"

孟之反不避险难，不贪功劳，所以孔子赞之。

6.16　子曰："不有祝鮀（tuo）之佞，而有宋朝之美，难乎免于今之世矣！"

注释

（1）祝鮀，卫国大夫，善机巧言辞，其人受宠于卫灵公。

（2）宋朝，宋国的公子朝，以美貌著称，见爱于南子。

解释

孔子说："如果没有祝鮀的巧言善辩，没有宋朝那样的美貌，在当今世上是难免受欺压的。"

孔子在卫国不被见用，是道义不被尊崇。而"巧言令色"被宠爱。孔子叹世风不古，邪佞流行。

6.17　子曰："谁能出不由户？何莫由斯道也？"

注释

户，房门。

解释

孔子说："谁能不通过房门走到门外去呢？为何没有人走礼义这条路呢？"

《礼记·礼器》"经礼三百，曲礼三千，其政一也，未有入室而不由户者。"礼的种类很多，但作用都一样，像是房屋的门，是人们进出内外的关键。孔子以门喻礼，是人进出之所必由。关于"为何没人走礼义这条路”，我认为主要原因在于社会上层的管理，如果社会管理层严格遵守礼义道德等行为准则，则普通群众必然随从。相反社会上层礼义道德败坏，必然会上行下效。

孔子还有一句话“唯上智下愚不移”，基层的人永远处在被引导的地位。可见百姓走什么“门”是由社会管理者决定的，上层开礼义之门，下层走礼义之门。上层开利欲之门，下层走利欲之门。执政者为开风气者，正风气者，不可不慎！

6.18　子曰：“质胜文则野，文胜质则史。文质彬彬，然后君子。”

注释

（1）质，质朴，即本质，此处指内在修养。

（2）文，文采。

（3）史，文饰繁多。

（4）彬彬，《说文》中为“份份”，释为“文质备也”。有人说为“斌”，文武相兼。

解释

孔子说：“质朴胜过文采则显得粗野，文采胜过质朴则显得文饰繁多，文与质兼顾，这才是君子的风范。”

朱熹说“宁野勿史”，可见朱先生根本不得孔子之正义。儒者，肩负载道弘道之职责。载道者“蕴故知新”，弘道者“嘉善而教不能”，如果如朱先生所言，则“泯然众人欤”。孔子说“中庸其至德矣”，“文质彬彬”是“在中”，朱熹先生之“宁野勿史”应该是“过”了。“一言以为智，一言以为不智”，对伪学术、伪学者“鸣鼓攻之可也”。

6.19　子曰：“人之生也直，罔之生也幸而免。”

注释

罔，《尔雅》：无也，与前面的动词、形容词连用表示否定。此处为“不直”解。如“学而不思则罔”中的“罔”作“白学、没学”解。

解释

孔子说：“按道理来讲，人生存于社会应该秉持正直而行，有不正直的人生存于社会也属于侥幸而免于祸患。”

孔子这句话应该还有下半句，“今之世直则难乎免矣！惟祝鮀、宋朝可免乎哉!”。孔子说的“罔之生也幸而免”是治世。孔子说的“不有祝鮀之佞，而有宋朝之美，难免乎今之世”指的是乱世。

孔子对“当智则智，当愚则愚”的宁武子不置褒贬，对南容“能免于刑戮”亦是此种态度。可见孔子的价值体系极富包容性。孔子表扬“舍生取义”，也不反对宁武子与南容。孔子对不作恶，不逆于道的都不反对。作恶，逆于道义则必“鸣鼓而攻之”。

6.20　子曰：“知之者不如好之者，好之者不如乐之者。”

解释

孔子说：“任何事物，懂得它的人不如喜好它的人热爱，喜好它的人又不如以它为快乐的人热爱。”

学问做到内心愉悦、乐此不疲才是最高境界。

6.21　子曰：“中人以上，可以语上也；中人以下，不可以语上也。”

解释

孔子说：“中等水平以上的人，可以给他讲上等的道理，中等水平以下的人，不可以给他讲上等的道理。”

因人用事，因材施教，不然劳而无功，费而无用。此处所谓上中下三等，根据学习程度而言，并非指人群而言。

6.22　樊迟问知，子曰：“务民之义，敬鬼神而远之，可谓知矣。”问仁，曰：“仁者先难而后获，可谓仁矣。”

注释

樊迟三次问孔子“仁”的问题，孔子都以浅显的话来给他解说，也许樊迟天资不敏，也是夫子因材施教。

解释

樊迟问何为“智”，孔子说：“努力教化使百姓行于义，尊敬鬼神而远离鬼神，就可以称之为‘智’了。”又问“仁”，孔子说：“仁者坚守道义，言行不逾礼，知难而进，临危不惧，仁者以德服人，如此可以称之为仁。”

智者积极行其义，遵守准则。仁者恒其德，虽艰难，终有获。

6.23　子曰：“知者乐水，仁者乐山。知者动，仁者静。知者乐，仁者寿。”

注释

寿，《说文》：久也，即长寿。

解释

孔子说：“智者悦情于水，仁者悦情于山。智者动，仁者静。智者常乐，仁者长寿。”

水德润下，山德为止。润下利养万物，止而有所守。水因势而动，智者因时而用事。山止而不动，仁者不因时世而变节。水润万物主于动，智者“务民之义”主于行。山有其高主于静，仁者高尚其德主于守。智者缝合天理人欲，“举善而教不能”，多功德，故乐。仁者笃守敬慎，修心养性，多精神，故寿。

6.24　子曰：“齐一变，至于鲁，鲁一变，至于道。”

解释

孔子说：“齐国的政治改变一下礼义道德就赶上鲁国了。鲁国在此基础上再改变一下就合于道义了。”

鲁国是周公的后代，礼制保留比其他国家多，风俗习惯也较完整，礼制的基础较其他国家好。有人说孔子的这种主张是开历史的倒车，为妄论。孔子的意思不是要重复过时的礼，而是要恢复、发展以礼治国。

6.25　子曰："觚（gu）不觚，觚哉！觚哉！"

注释

觚，古代酒器，原为上圆下方，后改为圆筒形。孔子借觚的改变表达对礼随意更改、废弃的不满。孔子见微而知著，知礼之沦丧，故于心伤感。

解释

孔子说："觚不像觚，觚啊，觚啊！"

礼制是一套严谨完善的系统，任何事都包纳其中，纵是底层的百姓目不识丁，也可以因由礼这套系统，达到明理、向善的目的。社会因此也易于管理。礼像是一位无处不在的老师，对人约束之，教导之。当然礼也应该随社会的进步而不断变化发展，但有一个原则，即所有人的行为活动都应该有礼，讲礼。这样很快使社会道德盛明，反之无礼，不讲礼，社会道德很快丧失。

《礼记·礼运》"唯圣人为知礼之不可以已也，故坏国，丧家，亡人，必先去其礼。"

6.26　宰我问曰："仁者，虽告之曰：'井有仁焉。'其从之也？"子曰："何为其然也？君子可逝也，不可陷也；可欺也，不可罔也。"

注释

（1）逝，《说文》：往也。

（2）欺，欺诈、欺骗。

（3）罔，愚弄、欺骗。

（4）井有仁焉，这是出自《左传·宣公二年》的一个典故：有一个宋国大夫名叫狂狡。在战场上与一个郑国人争斗，结果郑国士兵不小心掉进井里。狂狡把自己的戟倒过来，用戟柄把郑国士兵从井里拉了上来。结果郑国士兵一上来立马把狂狡制服了，俘获了狂狡。狂狡认为虽然是战争，但对手掉井里还是要讲仁德，把他救上来，并且仁爱到把戟倒过来，"授人以柄"以不伤害对手。可见狂狡是深有仁爱之心的人。

狂狡的这种作为必是受已故去三十年的宋襄公影响。仁爱亦有“义”与“不义”，“合礼”、“不合礼”之分别。比如在战场上的义与礼，即是发扬果敢刚毅的作战精神，听从命令，服从指挥，杀死敌人为果敢。士兵能做到果敢杀敌则称之为刚毅，若不能如此则是不中于战争之义，不合于战争之礼，还要丧命于他人之手。

宰我问老师：仁者，虽然知道“井有仁焉”这个故事，还会这么做吗？宰我的意思，这对仁者是一个两难的事。救人是仁爱之事，可是救敌人会丧自己的命，面对这种情况，仁者怎么做呢？

孔子告诉他仁者可以去干任何事，但不能使自己陷于不义之地，作茧自缚。仁者可能被别人的小伎俩欺骗了，但是在关乎道义的事上君子不可能被欺骗愚弄。言外之意，我明白什么是正义，你宰我说的是歪理。

对于“井有仁焉”这个事，君子明白“义”之所在，不会干亲者恨、仇者快的事。所以孔子告诉宰我，他所说的是关乎大义的事，君子怎么会糊涂呢？

这件事说明宰我自以为聪明，而实际层次远未达到能明辨义与不义的高度。

解释

宰我问孔子：“仁者，虽然知道‘井有仁焉’这个典故，还会做那样的事吗？”孔子说：“为什么那么做呢？君子可以去，但一定不能使自己陷于不义之地。君子可能被一些小伎俩一时欺骗，但不可能在关乎大义的事上被愚弄。”

“可欺也，不可罔。”《孟子·万章上》“君子可欺以其方，难罔以非其道。”君子可以被小伎俩欺骗，但难以被不道义的歪理邪说蒙蔽。言外之意君子识大节，明大义。

6.27　子曰：“君子博学于文，约之以礼，亦可以弗畔矣夫！”

注释

畔，通“叛”。叛《说文》：半也，即分离，此处意思为违背。

解释

孔子说："君子广泛的学习义理，言行再以礼约束之，这样就可以不违于君子之道了。"

6.28　子见南子，子路不说。夫子矢之曰："予所否者，天厌之！天厌之！"

注释

（1）南子，卫灵公夫人，卫国的实际掌权者，名声不佳。

（2）矢，通"誓"，此处为发誓。

解释

孔子见南子，子路不高兴，孔子发誓说："我要有什么非分的事，让老天厌弃我吧，让老天厌弃我吧！"

孔子见南子，不合于男女礼制，再者孔子不与卫灵公谈而与掌实权的南子谋划也属"不义"。然而孔子认为此举有助于推行自己的主张，目的正义，行为则位于其下，故往见之。但这种事与旁人很难说清楚，即便是孔子也只能对天发誓了。

6.29　子曰："中庸之为德也，其至矣乎！民鲜久矣。"

注释

庸《尔雅》：常也，即法则、常规。《礼记·中庸》"喜怒哀乐之未发谓之中，发而皆中节谓之和，中也者，天下之大本也，和也者，天下之达道。致中和，天地位焉，万物育焉。"仲尼曰："君子中庸，小人反中庸，君子之中庸也，君子而时中也，小人之中庸也，小人而无忌惮也。"子曰："中庸其至矣乎！民鲜能久矣！"

中为本，和为用，中则和，法于"中和"为"中庸"。"中庸"即"庸中"，即"法于中"，即言行以中为则，所以孔子盛赞"中庸"之德。

解释

孔子说："中庸之作为人的修养品德是最高了吧，普通人很少能长久持守。”

“民鲜久矣”传统翻译“人民失去中庸之德已经很久了”。中庸作为至德，非一般人所能到达。中庸为君子之德，本不在民，何谈“久”？《礼记·中庸》“择乎中庸而不能期月守也”，既然君子都很难持守“期月”，所以“民鲜久矣”应该解释为“民众很少能长久持守”。

孔子言外之意，执政者要加强管教，如此方能使更多人行在中道。如果执政者疏于管教，则民众必定违离礼义而失于中道。

6.30 子贡曰：“如有博施于民而能济众，何如？可谓仁乎？”子曰：“何事于仁？必也圣乎！尧舜其犹病诸！夫仁者，已欲立而立人，已欲达而达人。能近取譬，可谓仁之方也已。”

注释

（1）济，此处为济化、济育，教化之意。

（2）病，此处意思为“为难、困乏”。

（3）譬，《说文》：谕也，即明示，引申比喻、比方。取譬，此处为发扬，推广之意。“能近取譬”，能由近及远，有小到达，推己及人。此处指推广美善与人。

（4）方，法度、准则。

解释

子贡说：“如果广泛的给予人民好处，又能教化民众，怎么样？这样可以称得上仁者吗？”孔子说：“怎么是仁者呢？一定可以称作圣人了。恐怕尧舜都难以做到这样。作为仁者自己想要立身，要想到别人也要立身，自己想有所得，一定也要想到别人也想有所得。能由近及远，由小到大，推己及人，以此推广美善与人，可谓是施行仁政之准则。”

“博施于民而能济众”即“达人”。君子修己而爱人可谓“能近取譬”。

第七章　述而篇

7.1　子曰："述而不作，信而好古，窃比于我老彭。"

注释

（1）作，《尔雅》：为也，此处为创作。

（2）述，《说文》：循也，即因循、遵循之意，有言"循其旧而申明之曰述"。

（3）窃，谦词，私自、私下。

（4）老彭，人名，不详，或为殷之贤人。

解释

孔子说："我遵循前人的学说，而不创作。我信奉，喜欢古人的学问，我私下把自己比作老彭。"

"述而不作"，孔子认为先人的文化已经很完善，不需要画蛇添足。

7.2　子曰："默而识之，学而不厌，诲人不倦，何有于我哉?"

注释

（1）默，《说文》：犬潜逐人也，即狗偷偷追人，引申为沉默。

（2）识，此处通"志"，记住的意思。

（3）诲，《说文》：晓教也，即教导使明白。

（4）默而识之，在心里记住知识。即是"蕴故而知新"之中的"蕴故"，积蓄知识。

（5）学而不厌，勤奋学习不满足。即是"蕴故而知新"中的"知新"，学习新的知识。做到"默而识之，学而不厌"即是"蕴故而知新"。

（6）诲人不倦，教育学生不辞辛苦，不知疲倦。

（7）何有于我哉，即“于我哉何有”，如果做到了这些，对于我来说还有什么呢？言外之意，孔子作为人师就满足了。

解释

孔子说：“学问默记在心里，学习新的知识而不知足，教诲学生不觉疲倦，做到了这些对于我来说还有什么呢？”

这句话应该是孔子晚年对自己一生的定位与自我评价，传承前人文化，教授后人，孔子把自己的身份最终定为了老师。或许有些无奈之感吧。

7.3　子曰：“德之不修，学之不讲，闻义不能徙，不善不能改，是吾忧也。”

注释

徙，《说文》：移也，此处为力行、实践之意。

解释

孔子说：“品德不修养，学问不探求，知道了正义而不能力行，不善的不能改正，这是让我担忧的呀。”

“德之不修”则难以立身。“学之不讲”则义理不明。“闻义不徙”则修习无成。“不善不能改”则德业毁坏。孔子讲的这些大概是孔子所见到的现实，孔子之“忧道”。

7.4　子之燕居，申申如也，夭夭如也。

注释

（1）燕，通“宴”，安闲之意。“燕居”即闲居。

（2）申，有约束的意思。《淮南子·道应训》“约车申辕”。《汉书·石奋传》“子孙胜冠者在侧，虽燕必冠，申申如也。”以之推知“申申如也”指衣冠整齐的样子。孙胜在有戴冠的人在场，他也要戴上冠带，衣着整齐，以示对人恭敬，也是自我时刻约束。孔子“燕居”在家，有众弟子来讲习、请教学问，所以孔子应该是衣冠整齐以示人。

有人把“申申如也”解释为“容貌舒和”，首先与“申”本意不相关。再者与“夭夭如也”意思重复，为谬论。

（3）夭夭如也，《诗·桃夭》“桃之夭夭”，“夭夭”美丽盛大的样子。此处指人颜色和悦，精神矍铄。

解释

孔子闲居在家，衣冠整齐，但颜色和悦，举止从容。

孔子虽“燕居”，但衣冠整齐，即是君子时刻要处中正。《礼记·中庸》“君子之中庸也，君子而时中，小人之中庸，小人而无忌惮也。”孔子衣冠整齐，颜色和悦、从容，符合“君子时中”的标准。小人若燕居则居简行简，以至于太简，以至于“无忌惮”。从孔子燕居可以知道得道之人无时、无处、无事不合于义。孔子乃至人也！

7.5　子曰：“甚矣，吾衰也！久矣，吾不复梦见周公。”

注释

周公，周文王的儿子，传说周公制定了西周礼制，为孔子所崇尚。

解释

孔子说：“我越来越老了，好长时间我不再梦见周公了。”

“甚矣，吾衰也！久矣，吾不复梦见周公。”为倒装句，可写作“吾衰也，甚矣！吾不复梦见周公，久矣！”

孔子崇尚周公的礼义之道，一直致力于恢复礼制，为此孔子不避险难，竭心尽力，然而终不能行。虽矢志不渝，然“岁不我与”，故孔子自叹“甚矣，吾衰也”，感时而伤也。

7.6　子曰：“志于道，据于德，依于仁，游于艺。”

注释

（1）志，《说文》：意也，即意向、志向。

（2）据，《说文》：杖持也，即凭据之意。

（3）依，《说文》：倚也，倚靠。

（4）游，有行走之意，引申从事、研修。

(5) 艺，技能。《礼记·坊记》“尚技而贱车，则民兴艺。”

解释

孔子说：“立志向道，以道德为凭借，行为不离仁，研修技能。”

以道为方向，以德为根本，以仁为准则，以艺为基础。

7.7　子曰：“自行束脩（xiu）以上，吾未尝无诲焉。”

注释

脩，《说文》：干肉。古人以脩为进见尊长的礼物。《礼记·曲礼下》“凡贽，天子鬯（chang 酒），诸侯圭，卿羔，大夫雁，士雉，庶人之贽鳴（pi 鸭子），童子委贽而退。野外军中无贽，以缨、拾、矢可也。妇人之贽：椇（ju 枳）、榛、脯、脩、枣、栗。”

古人凡进见尊长或与人交接见面，要以“贽”为见面礼，不同身份的人所用“贽”不同。天子用香酒，诸侯用圭玉，卿用羔羊，大夫用大雁，士用山鸡，普通百姓用鸭子。野外军队中相见没有“贽”，以马缨、套袖、箭也可以。妇女们的礼物有枳枯、榛子、肉、干肉、枣、栗子。男人们的礼物要根据自己的身份而有区别，妇女们的礼物只是用来表明诚意，没有区别。根据孔子这句话推测，师礼之贽当依从妇女之贽，表明诚意即可。

解释

孔子说：“只要自己愿意学习，自行束脩而进者，我没有不教导的。”

孔子说“自行束脩”，并非意在礼物，也不是说要收学费，实在是“束脩”在当时是很正常的与人见面的礼节，如同当今春节走亲戚一定要带礼品。“自行”即自愿，自己有学习的要求。

7.8　子曰：“不愤不启，不悱不发。举一隅不以三隅反，则不复也。”

注释

(1) 愤，郁结于心，心中有疑惑。思考才会有疑惑。

(2) 启，《说文》：教也，繁体为“啟”。启《说文》：开也。“启与啟”为两个不同的字，此处为啟，教导之意。

（3）悱，应为“惟”之误，惟《说文》：凡思也，思考的总称。

（4）隅，《说文》：陬也，即山之一角，此处有一端、一方面的意思。

（5）复，此处解作又、再度、回转。此处指再开始新的学习。

解释

孔子说：“教育学生不到他苦思不得其解的地步不要去教导他，学生不主动思考不要进一步再去给他阐发，告诉他事物的一方面，不能由此推知其他更多方面，则不要再去教新的学问了。”

“则不复也”传统解释“不再教导”，不合师德。学生不能举一反三，说明未融会贯通，需要再消化再思考。即便是聪慧如颜回也有不能一时贯通的问题，难道孔子就因此舍弃颜回，不再教育他了吗？一定不会。只是在解决这个问题之前，不再教授新的学问而已。

7.9 子食于有丧者之侧，未尝饱也。

解释

孔子在有丧事的人旁边吃饭，未曾吃饱过。

古代有丧事的人在服丧期间饮食会有节制，以稀粥，蔬菜，粗饭为主，表示丧事心痛不思滋味。孔子不吃饱饭，意在说孔子有恻隐之心，见别人丧失亲人，亦同情之。

7.10 子于是日哭，则不歌。

注释

哭，吊唁。《淮南子·说林训》“桀辜谏者，汤使人哭之。”

解释

孔子在这一天吊丧哭过，就不再唱歌。

孔子吊丧而哭，发自内心伤感，所以回家不再唱歌。可见孔子为人表里如一，真实诚挚。这应该为我辈待人处事之道。

7.11 子谓颜渊曰："用之则行，舍之则藏，惟我与尔有是夫!"子路曰："子行三军，则谁与?"子曰："暴虎冯（ping）河，死而无悔者，吾不与也。必也临事而惧，好谋而成者也。"

注释

暴虎冯河，赤手空拳与老虎搏斗，空手徒步蹚水过河。《诗·小雅·小旻（min）》"不敢暴虎，不敢冯河"。

解释

孔子对颜渊说："国家用我们，那么我们就尽心施为，不用我们就隐退。这一点只有你和我能够做到。"子路在一旁说："如果统帅三军去作战，您要和谁在一起呢?"孔子说："暴虎冯河，死了都不后悔的人，我不会和他在一起。我要共事的人必须遇事小心谨慎，善于谋划而能争取成功的人。"

7.12 子曰："富而可求也，虽执鞭之士，吾亦为之。如不可求，从吾所好。"

注释

执鞭之士，手持皮鞭的下等差役。

解释

孔子说："财富可以通过正当途径求得的话，即使是当一名拿皮鞭的下等差役，我也去做。如果不是正当途径，我还是做我所爱好的事情。"

孔子言外之意，不发不义之财，不做不义之事，自强不息，安贫乐道。

7.13 子之所慎：齐、战、疾。

注释

（1）齐，同"斋"，斋戒。

（2）战，战争。

（3）疾，疾病。

解释

孔子所慎重的是：斋戒，战争，疾病。

“齐”关乎人心诚敬，诚敬是修德的基础。“战”关乎国家种族的存亡。“疾病”关乎人的生命健康。孔子所慎重以待的都是根本性的大问题。关乎国家、民生与道德精神。

7.14　子在齐闻《韶》，三月不知肉味。曰：“不图为乐之至于斯也。”

注释

（1）《韶》，乐曲，相传由舜作。

（2）不图，不料、未想到。

解释

孔子在齐国听演奏《韶》乐，陶醉其中，好长时间觉得吃肉都没有滋味，孔子说：“未想到音乐能使人陶醉到如此地步。”

孔子在齐一段时间内欣赏《韶》，被音乐的美所感染以至于在这段时间内吃肉也没有滋味。可见孔子对音乐的爱好之深。孔子经常自己歌唱，演奏乐曲，《论语》中有多处记载。

美的音乐可以使人的心灵共鸣，可以调节人的性情。《韶》乐一定是一首可以抒发心声且合于礼对人性要求的乐曲。符合“中”的标准。

7.15　冉有曰：“夫子为卫君乎？”子贡曰：“诺。吾将问之。”入曰：“伯夷、叔齐何人也？”曰：“古之贤人也。”曰：“怨乎？”曰：“求仁而得仁，又何怨？”出，曰：“夫子不为也。”

注释

“为卫君乎”，卫灵公死，太子与太子的儿子争夺王位。此处的“卫君”指太子的儿子卫出公。太子逃亡在晋国，结果卫灵公死，立卫出公为国君。于是太子借晋国之兵回国争夺王位，父子争位。卫出公以子拒父，周武王伐商纣，是臣伐君。伯夷、叔齐劝周武王不伐商纣，武王不听，二者发誓不食周粟，死在首阳山下。二者死而无怨，不与不义为伍是“恶不仁”，虽死是“求仁”，孔子说“求仁而得仁又何怨?”

解释

冉有说：“老师会支持卫出公争夺他的王位吗?”子贡说：“好，我去问问吧。”子贡进来问孔子说：“伯夷、叔齐是什么样的人呢?”孔子说：“他们是古代的贤人。”子贡说：“那他们劝武王不成饿死首阳山下，他们怨恨吗?”孔子说：“追求仁德而得到了仁德，又有什么怨恨呢?”子贡出来对冉有说：“老师不会支持卫出公争取王位的。”

孔子认为“臣伐君”是不仁、不义，同样认为“子拒父”也是不仁、不义。孔子认可伯夷叔齐的“求仁”行为，所以孔子不会帮卫出公干“子拒父”的大不义之事。

孔子说这番话的背景应该在卫灵公初亡，卫出公刚继位，父子争夺王位之际。卫出公第一次执政十二年，孔子在其执政之初离开卫国，在卫出公执政四年后返卫，直至返鲁，五年未曾离卫，其时皆在卫出公时期。

子贡通过问“伯夷叔齐”，从而推知老师对卫出公拒父持不赞同的态度。在孔子的价值观体系里，父子之情大于君臣之义，君臣服从父子，所以当时孔子选择离开了卫国，如同“伯夷叔齐”。但孔子又是理智的，待到卫出公政权稳定，孔子又回到卫国。孔子一来一回，行为皆“在中”。也许有人会说这种行为近于圆滑世故，我认为这是智者在理想与现实中的平衡。

这个问题由冉有发起，由子贡来提问。冉有是孔子学生中以政事位列第一者。冉有的目的是看到卫国国内两派相争，冉有也想进行政治投机，但拿不定老师的态度，所以让子贡去探消息。子贡最善言语，如果直接问老师“为卫君乎”，显得自己也没水平，于是借一个典故探测老师的态度。

这件事同时说明孔子不是政治投机家，更不是革命家，而是改良主义者。

7.16　子曰："饭疏食，饮水，曲肱（gōng）而枕之，乐亦在其中矣。不义而富且贵，于我如浮云。"

注释

曲肱，弯曲胳膊。

解释

孔子说："吃粗食喝凉水，弯曲胳膊当枕头，其中也能感受到快乐。不合道义取得的富贵，在我看来犹如浮云一般。"

虽简陋贫困，守义而自处仍自得其乐，这是仁者的风范。

7.17　子曰："加我数年，五十以学《易》，可以无大过矣。"

注释

以，通"已"，"五十以学《易》"即"五十已经学《易》"。

解释

孔子说："若在之前多给我几年学习的时间，到五十岁已经学习了《易》，可以在以后的从政过程中，不犯违背道义的大过了。"

孔子五十岁之后开始从政，《易》当中讲述了诸多如何治事的方法道理。孔子说这句话应该在晚年自卫国返回鲁国之后，研读《易》，深为《易》理所折服。所以感叹若早些时候在从政之初研究，把《易》理弄明白，就不会再有过失了。

7.18　子所雅言，《诗》、《书》、执礼皆雅言也。

注释

雅，合乎规范、正确之意。《荀子·儒效》"法二后王谓之不雅。""雅言"应该是规范用语，别于口语。

解释

孔子讲读《诗》、《书》，执行礼都用雅言。

7.19 叶公问孔子于子路，子路不对。子曰："女奚不曰：'其为人也，发愤忘食，乐以忘忧，不知老之将至'云尔。"

注释

叶公，楚国大夫，治理叶地政绩卓著。

解释

叶公问子路孔子的为人，子路不知如何回答。孔子说："你怎么不这样回答：'他为人发愤图强，以至于忘记吃饭；乐观通达，以至于忘记忧愁；一心弘道，不知道衰老将要到来。'如此等等。"

叶公与孔子年龄相仿，叶公治理叶地竭心尽力，功绩卓著。孔子见叶公时年六十三岁，孔子把自己描述为一个自强不息，乐天知命的形象，意在说明人虽老志未衰，仍有志做一番功业。言语中似乎有对叶公能主政一方，建功立业的向往之情。

7.20 子曰："我非生而知之者，好古，敏以求之者也。"

注释

敏，此处为勤奋。

解释

孔子说："我并非生来就什么都知道的人，而是爱好古人的文化，勤奋学习的人。"

7.21 子不语：怪、力、乱、神。

注释

怪，《说文》：异也。

解释

孔子不讲：怪异、权势、悖乱、鬼神之类的事情。

怪异之事往往惑众。君子以德为本，权势为末技。"君子隐恶而扬善"，故悖乱之事不宜宣扬。鬼神之不可知，能使民众存敬即可，多言即为妄。

7.22　子曰："三人行，必有我师焉。择其善者而从之，其不善者而改之。"

注释

"三人行"，指很少的人在一起。

解释

孔子说："即使三个人一起共事，他们身上一定有我可以学习的地方。选择好的方面跟着学习，其不好的方面自己要自省，有则改之。"

7.23　子曰："天生德于予，桓魋（tui）其如予何？"

注释

桓魋，宋国司马向魋，曾想谋害孔子。为宋桓公后代，故称桓魋。《史记》记载：孔子过宋，与弟子习礼大树之下，孔子去之，桓魋伐其树。彼时弟子曰："可以速矣。"子曰："天生德于予，桓魋其如予何？"遂之郑。

解释

孔子说："上天给予我厚德以载道，桓魋能奈我何？"

孔子有一种使命感。但凡有所成就的人都有一种道义的使命感，也是境界的一种标志吧。

7.24　子曰："二三子以我为隐乎？吾无隐乎尔。吾无行而不与二三子者，是丘也。"

解释

孔子说："你们几个以为我对你们有什么隐瞒吗？我没有什么隐瞒，我没有什么行为不让你们知道的，如此才是我的为人。"

孔子表里如一，诚以待人。

7.25　子以四教：文、行（hang）、忠、信。

注释

行，规则、规律之意。

解释

孔子从四个方面教育学生：使学生具备文化知识，如六艺；使学生养成遵守规则的习惯；使学生具备忠敬治事的态度；树立讲求信用的作风。

7.26　子曰：“圣人，吾不得而见之矣，得见君子者，斯可矣。”子曰：“善人，吾不得而见之矣，得见有恒者，斯可矣。亡而为有，虚而为盈，约而为泰，难乎有恒矣。”

注释

（1）泰，此处意为宽裕。

（2）难乎有恒矣，指“从无到有，从虚空到满盈，从少到多”是可以实现的，但难在“有恒”。换言之“有恒”即可以做到。

解释

孔子说：“圣人，我不能得见了，能够得见君子也可以了。”又说：“完美的人我不能得见，能够得见有恒心的人就可以了。从无到有，从虚空到满盈，从少到多，难在有恒心，有恒就可以做到。”

君子距圣人，凡人到完人，只要有恒心坚持进步，就可以达到。此为孔子鼓励学生的话。

7.27　子钓而不纲，弋（yi）不射宿。

注释

（1）纲，应为“网”，用网网鱼。

（2）弋，用带绳的箭射鸟。

（3）宿，栖息在树窝。

解释

孔子钓鱼而不网鱼，弋不射在巢的鸟。

“钓而不网”取物而有节制。“弋不射宿”取之有道。鸟巢或有幼鸟，或有鸟蛋。孔子不妄杀滥捕，凡事都要有节制，此为人之于自然之义。

7.28　子曰：“盖有不知而作之者，我无是也。多闻，择其善者而从之。多见，而识之。知之次也。”

解释

孔子说：“大概有不明白而妄自造作的，我没有这样的行为。多听，选择好的学习。多见，而后记在心里。这是明白事理的次序。”

多听多见，然后自己谨慎分辨善与不善，用心思考事物之所以然的道理。这是明白事物、道理的正确次序。

7.29　互乡难与言，童子见，门人惑。子曰：“与其进也，不与其退也，唯何甚？人洁已以进，与其洁也，不保其往也。”

注释

（1）互乡，地名。

（2）童子，少年。

（3）与，赞成、赞许之意。

（4）保，此处有固守、固执的意思。“不保其往”不要总计较以往的过失。

（5）甚，此处为什么，怎么。

解释

互乡这个地方的人很难交流，有一个少年求见了孔子，弟子们有点迷惑。孔子说：“赞成他的上进，不赞成他的后退，难道这有什么问题吗？人若诚心洁身以求上进，那就赞成他洁身的行为，不要计较他过去的不是。”

此为孔子有教无类，既往不咎的育人方针，也是儒教的宽容精神的体现。

7.30　子曰：“仁远乎哉？我欲仁，斯仁至矣。”

解释

孔子说：“仁远吗？我想要仁，仁就到了。”

7.31　陈司败问：“昭公知礼乎？”孔子曰：“知礼。”孔子退，揖巫马期而进之，曰：“吾闻君子不党，君子亦党乎？君取于吴，为同姓，谓之吴孟子。君而知礼，孰不知礼？”巫马期以告。子曰：“丘也幸。苟有过，人必知之。”

注释

巫马期，孔子是学生。

解释

陈司败问孔子：“鲁昭公懂得礼吗？”孔子说：“他懂礼。”孔子出来后，陈司败向巫马期作揖道：“我听说君子不结党营私，难道君子不是这样的？鲁昭公娶了吴国女子，吴与鲁同姓，为了避嫌改叫吴孟子。如果这样鲁君算知礼，那还有谁不知礼呢？”巫马期把这番话转告孔子，孔子说：“我很幸运，把过错给我指出来。如果有过错，别人一定会知道，所以一定要闻过善改。”

此孔子不察而妄言之过。

7.32　子与人歌而善，必使反之，而后和之。

注释

（1）反，此处意为再次，重复。

（2）和，随声附和。

解释

孔子与别人一起唱歌，如果别人唱得好，就一定让他再唱一遍，然后自己随声附和。

我曾思考古人的情感表现丰富而真切，而今人的情感表达匮乏而少深意。孔子伤心会呼天抢地，他去看伯牛说：“难道是命吗？这样的人也得这样的病……”其无奈与伤心表现得深切而诚挚，今天去看病人没有人这样说了。

孔子当年在家与弟子们歌声相和的情景，完全的身心放松，自然的真情抒发。而今如此情景何在？

如此以往，现代人要去往何方……

7.33　子曰："文，莫吾犹人也。躬行君子，则吾未之有得。"

注释

莫，大约、大概、也许之意。

解释

孔子说："文采大概我与别人差不多，如果说要身体力行的君子，那我还没有做到。"

君子之文采风范，是外在表现，践行德义是君子内在要求。"躬行君子"是孔子对自己的要求。

7.34　子曰："若圣与仁，则吾岂敢？抑为之不厌，诲人不倦，则可谓云尔已矣。"公西华曰："正唯弟子不能学也。"

解释

孔子说："若说我是圣人或仁者，我岂敢当，不过是不停地寻求而不满足，教导弟子不知疲倦，即可说的仅是如此而已吧。"公西华说："这正是我们学生学不到的。"

7.35　子疾病，子路请祷。子曰："有诸?"子路对曰："有之。诔（lei）曰：'祷尔于上下神祇（qi）。'"子曰："丘之祷久矣。"

注释

（1）祷，《说文》：告事求福也，向神祷告祈求福报。

（2）诔，此处为祷文，祭词。

（3）神祇，天神与地神。祇，地神。

解释

孔子得病，子路请求向鬼神祈祷，孔子说："有用吗?"子路说："有吧，祷文上说：'为你向天地神灵祈祷。'"孔子说："我已经祈祷很久了。"

这段话很有意思，子路祈祷鬼神，孔子怀疑没用，子路说有用，孔子说我都试过了没用。孔子是相信鬼神存在的，故说“敬鬼神而远之”。孔子亦相信冥冥之中天命有常，但孔子的行事原则一定以尽人事为前提，天命佑与不佑则听任之。孔子并非不信天命而是认为鬼神不会助人，尽人事听天命可也。孔子所说的“祷之久矣”并非为疾病而祈祷，而是为自己“弘道”祈祷，祈祷道义行于天下，然而道义终究难行，所以问子路“有用吗?”憨拙的子路哪里明白老师的心思呢?

7.36　子曰:“奢则不孙，俭则固。与其不孙也，宁固。”

注释

(1) 孙，即逊，谦逊、恭顺。

(2) 固，固执。

(3) 奢，《说文》:张也，放侈，张扬。

(4) 俭，《说文》:约也，约有缠束之意，不放侈，节制。现在我们说“奢、俭”多指在物质用度上，而“奢、俭”原意不仅在物质上，在行为、态度上都有低调与张扬的区别，亦可以用“奢，俭”来形容。

解释

孔子说:“放侈则失于谦逊，刻板则失于固执，与其不谦逊宁可固执。”

“俭”不至于有失，“奢”则易招致祸害，故舍奢而用俭。

7.37　子曰:“君子坦荡荡，小人长戚戚。”

注释

(1) 戚，应为“慽”。慽《说文》:忧也。

(2) 坦，《说文》:安也，此处有平和之意。

(3) 荡荡，广大的意思。《书·洪范》“无偏无党，王道荡荡。”

解释

孔子说:“君子心态平和，心胸广大。小人则经常忧愁。”

君子明哲故心态平和，志向高远故心胸广大。小人愚昧故多迷惑，目光浅近，患得患失，故多忧愁。

7.38　子温而厉，威而不猛，恭而安。

注释

（1）温，应为“昷”，昷《尔雅》：柔也，态度柔和。

（2）厉，严厉，此处有严肃的意思。

（3）威，威严。

（4）猛，凶暴。

解释

孔子温和而且严肃，威严但不凶暴，恭敬而安详。

孔子待人宽严相济，故“温而厉”。言行谨慎，自重其德，故“威而不猛”。内心诚敬，中心平和，故“恭而安”。

第八章　泰伯篇

8.1　子曰："泰伯，其可谓至德也已矣。三以天下让，民无得而称焉。"

注释

（1）泰伯，周朝祖先古公亶（dan）父的长子，古公亶父有三个儿子：泰伯、仲雍、季历。季历即周文王之父。季历与其子姬昌以贤明著称，所以古公亶父想把王位传给季历。泰伯顺从父愿多次让王位给季历，季历不受，泰伯与仲雍便逃到南方，即使古公亶父去世都未奔丧，以表示不归周的决心。泰伯让位于有能力的季历来治理国家，在孔子看来为"让贤之德"。让贤者居其位，是谦虚的态度，是以天下百姓的利益为根本，是爱民的表现。孔子称其为"至德"，并非指"让天下"，而是以爱民为本的品德。

（2）无得，未能得以。

解释

孔子说："泰伯可以称得上道德至高者了，多次把天下让给贤能的季历，天下百姓受益，百姓未能得以称赞泰伯之至德。"

至高无上得大德，民众是不能明知的。孔子赞扬以天下百姓福祉为先的爱民品德，是对现实争权逐利，贪图一人享受的利己主义的抨击。儒教以政为教，政亦是教，政教皆以养民教民为本。

8.2 子曰：“恭而无礼则劳，慎而无礼则葸（xi），勇而无礼则乱，直而无礼则绞。君子笃于亲，则民兴于仁；故旧不遗，则民不偷。”

注释

（1）劳，此处有劳累之意。

（2）葸，当为“諰（xi）”，諰《说文》：思之意也，一边说一边思考，引申畏缩之意。

（3）绞，《说文》：缢也，此处指言行无条理。

（4）偷，《尔雅》：佻也，引申有苟且、淡薄的意思。

（5）笃，《尔雅》：固也，厚也。此处为深厚之意。

解释

孔子说：“内心恭敬但不能依从礼节行事则会让人心劳；谨慎但不能依从礼节行事则显得畏缩；勇敢但不能依从礼节行事则导致违乱。直率但不能依从礼节行事则言行不条理。君子深爱自己的亲人，那么民众就兴起仁爱之风。不遗弃老部署、老同事、老朋友则人民亦不会淡薄人情。”

礼的作用就是“节”而“和”。以恭敬而言，存在于内心不可见，但可以通过一定的礼仪表现出来。一旦这种恭敬凭借礼仪得以有效传达，则当事人在交往应答中便自觉轻松。不然内心时时处处小心，则行为拘束，自感劳累。

小心谨慎但没有章法可循则会显得畏畏缩缩。如果按礼制行事，则有君子“恭而安”的气象。

直率如果不循礼则会有混乱，循礼则条理、顺畅。

“君子笃于亲则民兴仁。故旧不遗，则民不偷。”孔子主张以身作则，上行下效，由小渐大，由近及远。

8.3　曾子有疾，召门弟子曰："启予足！启予手！《诗》云：'战战兢兢，如临深渊，如履薄冰。'而今而后，吾知免夫小子！"

注释

（1）召，《说文》：呼也，以言曰召，以手曰招。

（2）战战，《尔雅》：动也，恐惧发抖的样子。

（3）兢兢，《尔雅》：戒也，小心戒慎，担心之状。

（4）启，应为"啓（qi）"。啓《说文》：省视也，仔细察看之意。

（5）免，脱离，《说文》释"挽"为"生子免身"即分娩之意。可见"免"用于本来一体而后分离为二的情况。

解释

曾子病了，把他的学生召集过来。曾子说："看看我的手，看看我的足，你们是我的手足啊。《诗》里说：'战战兢兢，如临深渊，如履薄冰'，从今以后我就要与你们分离了，想到这儿让我紧张害怕。"

这段话传统解释是曾子为孝甚笃，担心身体发肤有伤，而有违孝道。这么解释意思不通，如果是这样的意思，身体发肤皆在其列，为何单独说手足，说"启予身"不是更好？再者，曾子自己尽孝道，有必要在临死之前向众弟子说明什么吗？如果要表明身体发肤无损，也应该是向父母的在天之灵申明，故不合逻辑。

从文字上如果要表明手足无损的意思，写作"启予手足"即可，为何要说"启予手，启予足"，感慨有加呢？显然不符合临死之人要见众弟子的心情。临死见面一定是说离别之情，所以不合人情。如果说身体发肤无损，那与"战战兢兢"这种紧张害怕的心情有什么联系呢？曾子若无伤身体，向弟子说自己尽到孝道了，临死心情应该满足才对。"求仁而得仁"又何怕哉？上下语句意思冲突，纯粹捏造。

传统句读"而今而后，吾知免夫，小子"，"小子"单独后置，难道曾子临死还有庆幸自得的心情？"从今而后我不会再受伤害了，学生们"，这种口气不合人性。后世的文人大多用"启体"、"启手足"形容善终，甚为荒谬。

汉唐以来的诸多伪学者“不知而作”，世人盲目信从，致使真义长久湮灭。我辈当为复兴中华文明而“立命”，以“为往圣继绝学”为己任，为实现中国梦而奋力。

曾子这个人按孔子的说法本性有点拙，行事风格“简则固”，今天的话说有点刻板。他曾经因为媳妇一碗菜饭没做太熟把媳妇给休了，且终生未再娶。我想孔子不会欣赏他的，但曾子死守正义亦无可非议。不善权变比善权变要好，孔子说“与其奢宁俭”。但孔子也说他有点鲁。

这段话是说曾子临死与弟子的不舍之情，曾子视弟子如手足，弟子视老师为心腹。曾子要死了，曾子害怕担心手足心腹随时要分离，所以动情地说“看看我的手，看看我的足。”“从今以后我知道要离开小子们了”，言语中有不舍有爱惜，浓浓的师生情表露无遗。

《孟子·章句下》“君之视臣如手足，则臣视君为心腹”，君臣之义比于父子，师徒之义亦可比于父子。手足心腹，一体之身也。曾子深爱其弟子，用情甚深，由一“免”字可知矣。

《孔子家语·王言解第三》“孔子语曾子曰：上之亲下也，如手足之于腹心。下之亲上也，如幼子之于慈母。”

我以为“高手、高足”两词都由此引申而来。

8.4　曾子有疾，孟敬子问之。曾子言曰：“鸟之将死，其鸣也哀。人之将死，其言也善。君子所贵乎道者三：动容貌，斯远暴慢矣；正颜色，斯近信矣；出辞气，斯远鄙倍矣。笾豆之事，则有司存。”

注释

（1）孟敬子，鲁国大夫孟武伯的儿子，敬为其谥号。

（2）鄙，此处意为粗野、庸俗。

（3）存《尔雅》：察也，此处有管理之意。

（4）倍，通“悖”，为乖戾、不驯之意。

（5）笾豆之事，礼仪方面的事，笾为竹制礼器。豆，木制礼器。

解释

曾子病重，孟敬子去探望他，曾子说了好多话，其中有几句说："鸟将要死的时候，它鸣叫的声音是悲哀的。人将要死的时候，他说的话是善意的。君子应该在三个方面注重：使容貌谦和、严肃就远离了粗暴、轻慢；使神色庄敬就近于诚信；说话注意言辞和口气，就避免粗俗、乖戾。至于礼节仪式，有主管的官吏去办理。"

"曾子言曰"与"曾子言""曾子曰"不同。"言曰"就是从曾子说的诸多话里节选了几句，并非曾子整番话。孟敬子一定问了很多，其中有关于礼节的事，曾子说君子立身之本"动容貌，正颜色，出辞气"。言外之意"本立而道生"，至于礼仪的具体操作则是等而下之的小事了，交由具体官吏办理即可。

8.5　曾子曰："以能问于不能，以多问于寡。有若无，实若虚，犯而不校。昔者吾友尝从事于斯矣。"

注释

（1）校，计算，此处有计较的意思。

（2）曾子比孔子小四十六岁，孔子七十三岁而终，彼时曾子年二十六岁，而颜回、子贡比曾子大约十五六岁，曾子在孔门当属小师弟。又曾子终年七十岁，属长寿者。在孔子去世后，曾子与子夏讲学时间最长，对儒学的继承和发扬起到了重要作用。曾子说这句话的背景应该是在晚年，怀念与众师兄弟一起学习而发的感慨。

解释

曾子说："有才能的人向才能低的人请教，知识丰富的人向知识少的人请教，有才能显得像没有一样，学问深厚却虚怀若谷，别人的冒犯不与之计较，以前我的师兄弟都是这样做的啊！"

8.6 曾子曰：“可以托六尺之孤，可以寄百里之命，临大节而不可夺也。君子人与君子人也。”

注释

（1）六尺之孤，尚未成年而登基接位的君主。六尺约合今天的137厘米。

（2）百里之命，国家的命运。百里，方圆百里的诸侯国。

（3）人，此处作人才、杰出之人解。“君子人与君子人也”，“与”语气助词，置于居中，表示停顿。“君子人与君子人也”即“君子是人才，君子确为人才”。“与……也”句式表示强调肯定。《礼记·仲尼燕居》“古之人与古之人也”即“古代的人才，确实为古代的人才”。

解释

曾子说：“可以把年幼的孤君托付给他，可以把国家的命运托付给他，面临义与不义的抉择，不会改变自己的操守。君子是杰出之人，君子确为杰出之人。”

说这句话曾子颇有感叹，《礼记·儒行》言君子“忠信以为宝，见死不更其守”。

8.7 曾子曰“士不可以不弘毅，任重而道远。仁以为己任，不亦重乎？死而后已，不亦远乎？”

注释

（1）弘，《尔雅》：大也，含容之大也。

（2）毅，《说文》：有决也，即有决心。此处指坚韧、有毅力。

解释

曾子说：“作为士不可以不心胸宽广而有毅力，因为责任重大，历经长远。以仁作为自己的责任，不是很重吗？为之奋斗终生，不是很长远吗？”

君子载道弘道一定要心胸宽广，意志刚强，这话由曾子来说，可以想象彼时曾子之修为应该较孔子在世时有极大提高。在孔子眼里曾子

“鲁”，虽不至于到樊迟的“小人哉”，但并没有显著才能被孔子称扬。曾子之“鲁”以晚年的成就来看，应为“大智若愚”。

8.8　子曰：“兴于诗，立于礼，成于乐。”

注释

（1）兴，《尔雅》：起也。

（2）兴于诗，教化先从学文开始。立于礼，行于礼方能立身于社会。成于乐，音乐熏陶其性情，成就其品德。

解释

孔子说：“弘道化民从学文开始，而后以礼使立身，以音乐来熏陶其性情，成就其品德。”

文是基础，礼乐是手段。学文可以丰富知识，知礼可以与人交接应对，音乐可以安利身心。

礼乐的作用在《礼记·乐记》中有详尽的说明，礼主要节人之行为。乐主要节人之心性。《礼记·仲尼燕居》子曰：“礼也者，理也；乐也者，节也。不能诗，于礼缪（mou）；不能乐，于礼素。”礼即理，乐即节。不懂诗文，于礼则错乱；不懂音乐，于礼单调。

8.9　子曰：“民可使由之，不可使知之。”

注释

由，《尔雅》：从也，遵从。

解释

孔子说：“老百姓能够被引导，按执政者的要求去做，但老百姓不能够理解为什么这么去做。”

《礼记·表记》“子曰：虽有庇民之大德，不敢有君民之心，是以上不渎于民，下不亵于上。”君对民曰“渎”，民对君曰“亵”，可见君民应平等，相互敬重。高贵在于为公众谋利益，高贵在于道德，而非指地位、官位高贵。孟子提出“民为贵，社稷次之，君为轻”，孟子所谓“轻贵”以其重要性而言，而非地位。

儒教以民为本，养民教民为务，所以“不可使知之”并非愚民，而是“上智下愚”，民智昏昧，不能明白“所以为之”的道理，与其“使其知之”而后行，不若先“使由之”而后知。也可以说先行而后知，也是教育的一种方法吧！

《资治通鉴》：“夫民不可与虑始，而可与乐成。论至德者不和于俗，成大功者不谋于众。是以圣人苟可以强国，不法其故。……常人安于故俗，学者溺于所闻，以此两者，居官守法可也，非所与论于法之外也。智者作法，愚者制焉；贤者更礼，不肖者拘焉。”商鞅之言即“民可使由之，不可使知之。”

8.10　子曰：“好勇疾贫，乱也。人而不仁，疾之已甚，乱也。”

解释

孔子说：“生性好勇，又厌恶贫穷，这是作乱的一个动因。对不仁的人也要适度宽容，如果过于严厉，也会让其作乱。”

8.11　子曰：“如有周公之才之美，使骄且吝，其余不足观也已。”

注释

吝，《说文》：恨惜也，引申吝啬小气。

解释

孔子说：“如果有周公的才能与美好仪表，假使骄傲且吝啬，那么这个人其他的也不值得看了。”

孔子以为谦逊是为人的根本美德，在《易》中《谦》卦也以谦德为君子之至德。孔子还特意强调了“吝”，君子一定要大气，才能任重道远，才能有大成就。所以孔子说没有“谦与弘”这两点“其余不足观也”。

8.12　子曰：“三年学，不至于谷，不易得也。”

注释

（1）谷，俸禄，引申为做官。

（2）至，通“窒”。窒《说文》：塞也，阻塞之意。《管子·幼官》

“贵贱无司，事变日至。”

解释

孔子说：“几年学习之后，以所学从于政事，能应对自如，没有什么过不去的困难，这是很难得的。”

“不至于谷”，朱熹之流的文人解释为“不去做官”，如果是这个意思应该为“不谷”即可。“不至于谷”直译过来为“不到达官职”词句不通顺。再者学三年而没有做官的应该很多人，怎么会是“不易得也”呢？孔子本人五十多才从政即是例证。还有最重要的是儒家主张积极从政教民，“邦有道，贫且贱焉，耻也”是证。孔子怎么会称赞学有所成者不去行使教民的职责呢？朱熹这种所谓“清流”之论实在荒谬！

8.13　子曰：“笃信好学，守死善道。危邦不入，乱邦不居。天下有道则见，无道则隐。邦有道，贫且贱焉，耻也。邦无道，富且贵焉，耻也。”

注释

守死，即“见死不更其守”，即坚决遵守正义。善道，善于治理弘道化民之事。守死为仁，善道为智。

解释

孔子说：“坚定信念而喜爱学习，坚决遵守正义而善于治事。危险的国家不去，不居住在混乱的国家。天下太平则弘道教民，天下不太平则隐退。如果国家太平而道义昌明，自己还贫贱，这是耻辱，反之国家动荡而道义昏昧，自己还富贵，这也是耻辱。”

“笃信好学，守死善道”是立身的态度。

“危邦不入，乱邦不居，天下有道则见，无道则隐”是全身的方法。

“邦有道，贫且贱焉，耻也。邦无道，富且贵焉，耻也”是进退的原则。

这段话是孔子自己立身、处世所遵从的准则。

8.14　子曰："不在其位，不谋其政。"

解释

孔子说："不在某个职位上，就不要考虑那个职位的事情。"

"不在其位，而谋其政"就是为乱。

8.15　子曰："师挚之始，《关雎》之乱，洋洋乎盈耳哉！"

注释

(1) 师，乐师。

(2) 挚，乐师的名字。

(3) 乱，乐曲的末章。《礼记·乐记》"始奏以文，复乱以武。"

(4) 洋洋，《尔雅》：思也，沉思的样子。此处形容陶醉的样子。

解释

孔子说："从乐师挚演奏开始，到结尾演奏《关雎》，耳边一直回荡着优美的音乐，让我陶醉其中。"

8.16　子曰："狂而不直，侗（tong）而不愿，悾悾而不信，吾不知之矣。"

注释

(1) 侗，此处为苍白无知的意思。

(2) 狂，此处有放荡、不拘束的意思。

(3) 愿，质朴之意。

(4) 悾悾，《说文》、《尔雅》皆无此词。悾悾，此处应为拙讷、憨直之意。

解释

孔子说："放荡不羁但并不直率。苍白无知但并不质朴。样子看似憨直但并不诚信。我不知道拿这样的人怎么办。"

"狂而不直"者，任性且自以为是。"侗而不愿"者，愚昧而虚伪。

"悾悾而不信"者，顽劣而固陋。

8.17　子曰："学如不及，犹恐失之。"

注释

及，追及、赶上之意。

解释

孔子说："学习如同一直没有追赶上目标一样，还担心脚步一松懈就要失去目标。"

孔子说的是自己做学问的心情。

8.18　子曰："巍巍乎，舜、禹之有天下也而不与焉！"

注释

（1）巍巍，《说文》：高也，崇高的样子。

（2）不与焉，即不参与。此处指舜、禹居上位"其身正，不令而行"，"道之以德，齐之以礼，有耻且格"。寓意舜、禹治国有方，世人信从而不用其亲身参与社会事务管理。

解释

孔子说："伟大呀！舜与禹之有天下，率天下以道德礼义，世人皆能致道，而舜、禹自身不用参与社会管理。"

"不与"意在表达明君率民以德，民众自发顺从。

8.19　子曰："大哉！尧之为君也，巍巍乎！唯天为大，唯尧则之。荡荡乎！民无能名焉。巍巍乎！其有成功也。焕乎！其有文章。"

注释

（1）大哉，古人凡用"大"来形容一个人或事是最高的称誉。"大"在"至"之上，以"尧之为君"来说，尧作为君王不仅道德高尚且事功卓著，君德与师德兼备，且行法于天地，不以人治而以道治天下，故称为"大"。

（2）焕，鲜明、光亮。此处指有文采昭著。

解释

孔子说：“尧作为君王可以称之为‘大’了。唯天道最大，唯尧能效法天道，所以尧崇高啊！老百姓不知道如何来称誉尧的德行，所以尧的成就广大啊！尧的事功丰硕，尧为君王崇高啊！尧治国德政相参，刚柔兼用，文采昭著啊！”

孔子不惜用“大哉”、“荡荡乎”、“巍巍乎”、“焕乎”来称扬尧的事功道德。可见孔子对尧的推崇达到了无以复加的地步。

我思考一个问题，孔子一生经历丰富，于人情世故无所不知，难道孔夫子相信尧、舜、禹的完美禅让？人类一定是由愚昧野蛮，逐渐文明开化的。这个过程又一定是以“利”为核心逐步推进的。先是无序的利己，再能有序的利人。虽说公权的性质理论上应该是绝对利人的，但在四千年以前，没有严格完善的行政体系，缺少有力的监督制衡机制的情况下，以利为先，以义为后，以公肥私，应该是司空见惯的。如果当时公权确能利己，则禅让很难成立。

我相信孔子不会随便给尧这么高的评价，当年孔子一定也看到了什么资料。我试推测，在尧、舜、禹时代，所谓王权不过相当于当今英国女皇之于英联邦国家而已，王权的影响可能在自己的部族稍大一些，对于其他部族，只是名义罢了。也就是说当时公权力能利己的机会很小，人们对权位的欲望并不是如今天这样强烈，这是其一。其二，当时部族合议制度比较民主，比如禹治水有功，大多部族认为大禹有能力，愿意推举他做领袖，舜也不能左右。如此则为民主禅让，而非其个人之道德禅让。

孔子所推崇的正是能让贤者得其位的这种制度。孔子称赞泰伯让贤于季历，表明孔子推崇的是让贤者得其位的做法。尧可能在道德事功上确实突出，这一点今天我们不得而知。但尧开创了“尧舜禹”三代之治，空前绝后，所以孔子对尧本人给了很高评价。

孔子推崇的是“尧舜禹”时期让贤者居其位而“公天下”的政治。

8.20　舜有臣五人而天下治。武王曰："予有乱臣十人。"孔子曰："才难（nuo），不其然乎？唐、虞之际，于斯为盛。有妇人焉，九人而已。三分天下有其二，以服事殷。周之德，其可谓至德也已矣。"

注释

（1）乱，本义为治的意思。乱臣，此处指能治理国家的大臣、能臣。

（2）难，茂盛的样子，此处指人才济济。《诗·小雅·隰（xi）桑》"隰桑有阿，其叶有难。"才难，人才众多。

解释

舜有贤臣五人而天下大治。武王说："我有治臣十人。"孔子说："人才济济，不是这样吗？从尧舜到周武，至此人才最为兴盛。武王说有十人，其实应该去除武王夫人邑姜，实际不过九个人而已。但三分天下周占其二，还能顺从于殷商，周王的品德可以算是至德了。"

武王吹嘘说有十人，孔子把他夫人去掉了，说"九个人而已"。但周能"三分天下有其二，以服事殷"，也可以了，所以孔子说"周之德也算是至德了吧"。用了"也已矣"，说明孔子并不认为是最好。周若在孔子心里是完美典范，应该说："周之德，可谓至德也"。

我认为孔子说其为"至德"而非"大德"，原因在于周为"家天下"，孔子认为"公天下"方为"大德"。孔子对周朝隐微的轻视、贬抑应该缘于此。从这段话可以知道孔子追求的政治理想是"公天下"。

8.21　子曰："禹吾无间然矣。菲饮食而致孝乎鬼神，恶衣服而致美乎黻（fu）冕，卑宫室而尽力乎沟洫。禹吾无间然矣。"

注释

（1）吾，通"御"，此处解作"治理、统治"。《墨子·公孟》"厚攻则厚吾，薄攻则薄吾。"

间，缝隙、间隔。"无间"没有空隙，寓意人或事物完美、善全，无以复加。《颜氏家训·勉学》“博览机要，以济功业，必能兼美，吾无间焉。”

禹吾无间然矣，大禹治理天下可说无以复加了。亦可以说，大禹治理天下堪称完美。

（2）菲，菲薄。

（3）黼，祭祀穿的衣服。冕，大夫以上的人戴的官帽。

（4）沟洫，沟渠，此处指农田水利。

解释

孔子说：“大禹治理天下堪称完美。他的饮食菲薄，却尽量以美好的祭品敬献神鬼。平时穿衣服俭朴，而祭服一定要华美。他的居室简陋却尽力兴修农田水利。禹之治天下可说无以复加了。”

“卑己、敬神、一心在公”，故大禹之治“无间”焉。

第九章　子罕篇

9.1　子罕言利与命与仁。

注释

（1）言，《说文》：直言曰言，论难曰语，此处为谈话之意。语，《说文》：论也。

（2）罕，《尔雅》：鲜，寡也，即少的意思。

解释

孔子很少谈论“利、命、仁”，这三个问题。

《公冶长》子贡曰“夫子之言性与天道不可得而闻”，“命”属“天道”，“仁”关乎“性”。

孔子很少谈论这三个问题，因为这三个问题很难用言语说明白，只有觉悟到了一定高度，由人自己来领悟、把握。

“利益关乎道义。”孔子说宁武子“邦有道则知，邦无道则愚，其知可及，其愚不可及也”。所谓“愚”无非是见义不为，见不义不能止。其目的在于“利”己。孔子未置褒贬。伯夷、叔齐“守死”，是绝不利己，坚决守义，孔子说二者是贤人。孔子说“微管仲吾披发左衽矣”，管仲一生务于利孔子说“管仲其器小哉”，虽有微词仍给予肯定。可见“利”有利己、利他、利在当下、利在将来。宁武子当下利己，为了将来可以行义。伯夷、叔齐不利在当下，决不利己而用“守死”之大义感化后人，是利在道义。管仲利在当下，而存义于后人。以孔子本人一生行止来说，有舍义取利，也有取义舍利的行为。见南子为不义，求利在教化。投奔公山弗为不义，求可以“广义”。

由上可见“利义”可以权变，如何权变完全在于个人价值取舍，其正义与否亦在于人心，所以孔子“罕言利”。

天命关乎人事，孔子认为“尽人事听天命”，但“尽人事”的标准往往很难把握。孔子之“知其不可为而为之”，是孔子不听天命。“乘桴浮于海”是孔子听天命。孔子说“道之将行命矣夫，道之将废命矣夫”以及“亡之命矣天”，是孔子对天命的无奈。孔子一生自强不息，又能乐天知命，可见人事与天命的把握在于行事者本人，既要量力而行，又要审时度势。太过于执着可能会失于“固”，反之浅尝辄止，不坚力而行则有“中道而废”的可能。人事与天命的取舍在于当事人的考量，旁观者无法定夺，故孔子不言。

仁关乎性，仁与不仁在于人心。孟武伯问子路、冉有、公西赤是否为仁者，孔子答：“不知”。自己的学生孔子也不知道仁与不仁。子张问令尹子问“仁矣乎？”孔子说“未知焉得仁”。孔子自己说“仁远乎，吾欲仁，仁斯至矣！”又说“回也三月不违仁，其余则明至焉而改”。孔子又说“君子而不仁者有矣夫”，仁在于心，极易得又极难守。可见仁在人心，无法言说，无法考量，故孔子不说。

孔子不说“利、命、仁”，难以言说而已。孔子有一句话“中人语上”，套用这句话来解释“罕言利与命与仁”即“上人不语”。

9.2　达巷党人曰：“大哉孔子！博学而无所成名。”子闻之，谓门弟子曰：“吾何执？执御乎？执射乎？吾执御矣。”

注释

（1）党，古代以五百家为一党。

（2）射，指射箭，此处孔子以射箭比喻修身。《礼记·射义》“射者进退周旋必中礼，内志正，外体直，然后持弓矢审固，然后可以言中，此可以观德行矣。”

执射，秉持修身之道，即作自身有德者。

（3）御，指驾马车。《易》中以道为车，君子以道载民致归，君子为御马车之人，即掌教化者。

执御，秉持行教化民之道，即作教民者。《孔子家语·执辔》“闵子骞为费牢，问政于孔子。子曰：以德以法。夫德夫法，御民之具，犹御马之衔勤也。君者，人也；吏者，辔也；刑者，策也。夫人君之政，执其辔策而已。”

孔子说愿作御车马者，即孔子志在教民化民，不止于一个“善射”之有德君子。

解释

达巷地方的乡人说：“孔子德行可以称之为大啊！学问广博，并无显著借以成名之处。”孔子听说了，对弟子们说：“我要秉持什么成名呢？以一个修身而有德的君子？还是以一个教民化民，载民致道的行教者？我做行教化民者。”

“吾何执”，孔子对于这个问题应该反复思考过，这也确是他心中的疑问。当时礼乐崩坏，能“执射”独善其身亦属难得，“执御”而济施天下则尤难，然而孔子毕竟伟大，选择作“执御”者。夫子反复设问，亦有无奈的感情流露。

9.3　子曰：“麻冕，礼也。今也纯，俭，吾从众。拜下，礼也。今拜乎上，泰也。虽违众，吾从下。”

注释

(1) 麻冕，用麻布做的礼帽。

(2) 纯，蚕丝。以蚕丝织布应该比用麻简单，所以孔子说“俭”。

(3) 拜下，臣下见君上，先在堂下拜，然后君王招呼上堂，再拜一次。

(4) “泰”通“太”，此解作过分之意。孔子说的“泰”，因为省略了堂下拜的程序，使见君王的礼节简单了，孔子认为这是轻慢。

解释

孔子说：“用麻布做礼帽，符合古礼。而今用丝做礼帽比麻节俭。我赞成现在人们的做法。臣子见君王，先在堂下拜，这是古礼，而后上堂再拜，这是为了表示充分的敬意，现在省略了堂下的步骤，这样做过分了。我还是拜两次。”

孔子认为礼的改进是必然的，然而改要有原则，失去了礼的根本价值就不可以了。比如拜君王，二次即“再拜”，表示尊敬有加，一次则尊敬不足。此为君臣之正礼，不可“太简”。

礼固然不可简省，但盲目增益亦不合正义，比如三拜、九叩之类皆违背人伦、人神交接之正义。

9.4　子绝四——毋意，毋必，毋固，毋我。

注释

（1）毋，《说文》：止之也，此处解作不。

（2）意，此处有猜测的意思。《吕氏春秋·重言》“君子善谋，小人善意。”

（3）必，肯定、绝对之意。

（4）固，顽固，不开化。固执。

（5）我，自我、自以为是。

解释

孔子杜绝了四种毛病——不妄自猜测，对事不主观绝对，不固执，不自以为是。

9.5　子畏于匡，曰：“文王既没，文不在兹乎？天之将丧斯文也，后死者不得与于斯文也；天之未丧斯文也，匡人其如予何？”

注释

（1）匡，地名。

（2）畏，《说文》：恶也，厌恶之意。恶，《说文》：过也。人有过曰恶，有过而人憎之亦曰恶。“畏”原意应该是为人所厌恶。据《史记·孔子世家》记载孔子过匡地，被匡人围困是因为阳虎曾攻打匡城，故匡人恨之，孔子与阳虎长相相似，以为孔子为阳虎，所以围困孔子一行。以此推测，"畏"在此的意思应该仇恨而攻击，即报复。

（3）斯，指示代词，作此、这解。

解释

孔子在匡地被匡人仇恨而攻击，孔子说："文王已经死了，文王的文化现在不在我身上吗？倘若上天要毁灭这种文化，后人就不能得到并依从这种文化。如果上天不想灭亡这种文化，匡人能拿我怎么样呢？"

孔子有强烈的使命感。

9.6　太宰问于子贡曰："夫子圣者与？何其多能也？"子贡曰："固天纵之将圣，又多能也。"子闻之，曰："太宰知我乎！吾少也贱，故多能鄙事。君子多乎哉？不多也。"

注释

（1）太宰，周代掌管宫廷事务的官员。

（2）固，本来。

（3）"纵"与"从"古代通用。从，《尔雅》：使也。

解释

太宰问子贡："孔夫子是圣人吧，为什么会这么多技艺呢？"子贡说："本来上天就是使他成为圣人而又多才多艺。"孔子听到后说："太宰了解我吗？我少年时贫贱，所以学了很多生活的技能。""这些技艺对于君子来说算多吗？不多啊！"

"君子多乎哉？不多也"传统翻译是：上层君子技艺多吗？不多吧。有讽刺上层君子不了解人间疾苦之意。这种翻译与孔子风格不符，且上下文感情色彩不协调。孔子对"艺"是持称赞态度的，"游于艺"是证。孔子不会这么酸地说"君子多乎哉？"这种话的。太宰问"孔夫子是圣人吧？不然怎么多能呢？"，太宰是很尊敬的口吻，孔子以讽刺的口吻作答，不是孔子的为人。孔子以谦虚的口气对太宰的口气，如此合乎人情之常。

9.7 牢曰："子云：'吾不试故艺。'"

注释

（1）牢，孔子弟子，姓琴字子开。

（2）试，《说文》：用，使用之意。

（3）艺，此处解作准则。《国语·越语下》"用人无艺，往从其所。"

（4）试艺，即用标准、准则。唐朝司空署《哭苗员外呈张参军》"试艺临诸友，能文即我师。"译为"用文的准则察看诸朋友，能文者即为我师。"

解释

牢说："老师说：'我不用以前过时的准则从事。'"

孔子从事必遵从时义。

朱熹先生解释为"不被任用才学的其他谋生技能"，于字意、句意皆不通。

9.8 子曰："吾有知乎哉？无知也。有鄙夫问于我，空空如也。我叩其两端而竭焉。"

注释

（1）鄙，《说文》释为：五百家为鄙。"鄙夫"即村夫，或乡人，孔子无歧视人的态度。鄙夫，此处指见识浅薄的人。

（2）叩，应为"訽（kou）"，訽《说文》：扣也，如求妇先訽之。即探询之意。

（3）空空如也，空疏之貌。

（4）竭，此处为公开、了然的意思。《荀子·不苟》"长短不饰，以情自竭。"

解释

孔子说："我之前有了解吗？不了解。有乡人问我问题，我一无所知。但我从事情客观现实与他自身的主观意愿两方面来探询，这样就把乡人所问的问题弄明白了。”

“两端”解释繁多，不举例。

儒教之立身、行事力求“在中”。孔子探询其人所面临困惑之主观与客观情况，据此可以得出“在中”之策。以此可应无穷。

9.9　子曰：“凤鸟不至，河不出图，吾已矣夫！”

注释

（1）凤鸟，古人以为瑞鸟，只有清明之世才会出现。

（2）图，相传上古伏羲时代黄河中有龙马负图而出，人们相信这是圣明君主降临的吉兆。

（3）“凤鸟不至，河不出图”，此处比喻社会道义不彰。

解释

孔子说：“凤鸟不来，河不出图，我这一生也就这样了吧。”

孔子感叹世道昏昧，道义不彰，一腔抱负不得致用。

9.10　子见齐衰（zi cui）者、冕衣裳者与瞽（gu）者，见之，虽少必作，过之必趋。

注释

（1）齐衰，丧服。

（2）瞽者，盲人。

（3）趋，《说文》：走也，有言徐行曰步，疾行曰趋，急趋曰走。此处为快步走之意。

解释

孔子遇见穿丧服的人、戴礼帽着礼服的人和盲人，虽然他们年少，孔子也一定要站起来，从这些人面前经过，一定要快步走。

以表示对他们所失去、所尊敬的对象表示敬意和同情。这是仁者的博爱之心使然。

孔子见盲人站起来表示同情，可见孔子对弱者的怜爱之心，但今天人们对残疾人与之嘲讽，甚至以为笑料。我的家乡老百姓往往以残疾人的缺陷给他起外号，比如没手的叫“缺爪子”，哑巴直接叫哑巴，眼盲直接叫瞎子，腿有毛病的叫拐子。文艺节目中有些小品，亦以此为笑料，为恶俗。这不是我们的文化。

儒学之正义，无论在文本上还是在人文上的传承，几近于无，礼仪之邦何在？掌国家教化者要反思！

9.11 颜渊喟（kui）然叹曰：“仰之弥高，钻之弥坚。瞻之在前，忽焉在后。夫子循循然善诱人，博我以文，约我以礼，欲罢不能。既竭吾才，如有所立，卓尔。虽欲从之，末由也矣。”

注释

（1）喟，《说文》：大息也，即深深的叹息。“喟然叹曰”对老师由衷的敬佩之情，以及对老师高深的学问由衷的赞叹。

（2）仰之弥高，弥《说文》：久长，引申为更、越来越。心与老师的心越贴近，越靠近老师的灵魂，越发觉得老师的道德崇高。仰，敬仰。

（3）钻之弥坚，钻《说文》：所以穿也，钻研之意。越用力钻研学习越发觉老师的学问坚实。

（4）瞻之在前，忽焉在后，感觉真知好像在自己前面不远处，道理似乎自己可以轻易掌握，但待自己用心深入研究，力行实践的时候发现原来理解太肤浅了，自己远远在后。这是做学问的经验体会，非潜心用力于学者，不会有这种心得，颜回真学者也！

（5）如有所立，卓尔，虽欲从之，末由也已，卓《说文》：高也。尔，应为“迩”，不远、近之意。由，通“迪”，道路、途径之意。末，通“莫”，没有之意。

老师的道德与学识让我觉得高大而又触手可及，我想要得到，但不知从何处学起。这是好学者的为学内心。颜回是好学者，确确无疑。

解释

颜回对老师由衷的敬佩与赞叹而感慨说：“心越靠近老师的灵魂就

越觉得老师道德崇高，钻研老师的学问越深就越发现老师的学问坚实。学习过程中感觉真知好像就在自己面前不远处，道理似乎自己也可以轻易掌握，但待到自己用心深入研究，力行实践的时候，才发现原来自己理解的太肤浅了，自己远远在真知之后。夫子教人循循善诱，使我的学问广博，使我行中于礼，我自得其乐，欲罢不能。我已经竭尽我的才能，但夫子的道德学识在我面前矗立，既崇高又触手可及，我想要得到，但不知从何学起。”

9.12　子疾病，子路使门人为臣。病间。曰："久矣哉，由之行诈也！无臣而为有臣。吾谁欺？欺天乎？且予与其死于臣之手也，无宁死于二三子之手乎！且予纵不得大葬，予死于道路乎?"

注释

（1）臣，家臣，古制不做官的人不设家臣。

（2）间，病愈。

（3）诈，《说文》：欺也，欺诈。

（4）大葬，隆重的葬礼。

（5）死于道路，流浪者死而无家可归。

解释

孔子病重，子路派弟子以家臣的身份负责准备后事。后来孔子的病好了，知道子路这么做，说："子路做欺诈的事，他这种务虚的作风由来已久了。这次本不应该有家臣，非要用家臣，谁都知道我不做官了，我欺骗谁呢？难道能欺骗上天吗？并且我宁愿死在弟子们手里，也不愿死在家臣手里啊！我纵然不能以大夫之礼埋葬，难道会死在道路上无人过问?"

这句话批评了子路太务虚名，同时表明了孔子私而后公的逻辑。在孔子的亲疏排列次序里，父子高于君臣，师徒与君臣都本于父子，师徒为私，君臣为公，故师徒亲于君臣，所以孔子愿在“手足”弟子得照顾下死去。

9.13　子贡曰：“有美玉于斯，韫（yun）椟（du）而藏诸？求善贾（gu）而沽诸？”子曰：“沽之哉！沽之哉！我待贾者也。”

注释

（1）韫，蕴藏、包藏。

（2）椟，《说文》：匮也，即匣子。

（3）贾，《说文》：贾市也，即买卖，又指商人。

（4）沽，应为“酤”。酤《说文》：买酒也。引申为买卖。

解释

子贡说：“这里有一块美玉，把它收藏在匣子里呢，还是找个识货的商人卖掉呢？”孔子说：“卖掉吧，卖掉吧，我也在等待来买的人呢。”

子贡善言辞，很明显他是问老师愿不愿意出仕，孔子态度相当明确。

9.14　子欲居九夷。或曰：“陋，如之何？”子曰：“君子居之，何陋之有？”

注释

（1）夷，东方少数民族。蛮，南方少数民族。戎，西方少数民族。狄，北方少数民族。九夷，泛指广大东部不文明民族。

（2）陋，《说文》：狭隘也。此为不开化、落后、不文明之意。《韩非子·十过》“戎王之居，僻陋而道远，未闻中国之声。”《战国策·楚策一》“楚国僻陋，托东海之上。”

解释

孔子想去到东方少数民族地区定居。有人说：“那里的人愚昧不开化，您去了能拿他们怎么样呢？”孔子说：“君子本来就是教化人的，居住的地方哪有什么落后、不开化之说。”

孔子欲居九夷，估计是孔子一时义愤之词，但孔子说的道理是通则。夫子说：“有教无类”，对老师而言学生不分三六九等，文明都是从愚昧进步而来的。

9.15　子曰："吾自卫反鲁，然后乐正，《雅》、《颂》各得其所。"

解释

孔子说："我从卫国返回鲁国，把《诗经》的乐曲进行了整理，使《雅》和《颂》两种音乐各得其用。"

《雅》和《颂》为礼乐，言外之意鲁国之礼乐有毁败。

9.16　子曰："出则事公卿，入则事父兄，丧事不敢不勉，不为酒困，何有于我哉？"

注释

（1）勉，《说文》：强也，引申尽力。

（2）"不为酒困"，不沉迷于酒。

解释

孔子说："出外从政则忠敬以事公卿，在家则孝惕以事父兄，丧事不敢不尽心尽力，使合于礼制又俭而致哀，不被酒所诱惑而沉迷，做到了这些对于我来说还有什么呢？"

孔子这句话"事公卿，父兄，勉于丧事"即人事之大者。"丧事不敢不勉"单独说丧事，因为丧事在人事当中比较重要，亦是最难治之人事。古人有三年之丧之说。

"不为酒困"承接上几句，寓意勤勉于人事而不至于放逸。

9.17　子在川上曰："逝者如斯夫！不舍昼夜。"

解释

孔子站在河边说："消逝的时光就像这河水一样啊，昼夜不停地流走。"

孔子感叹自己老了，而自己的道不能推行。

9.18　子曰：“吾未见好德如好色者也。”

解释

孔子说：“我没有见过喜爱道德如同喜爱美色一样的人。”

孔子这句话改一下“吾鲜见好德如好利者也”，同样正确。孔子说人是自私的，“吾未见能见其过而不自讼者也”，没有人不为自己的过错找理由的。人既然兼备社会与自然双重属性，那么必须使人性与道德和合，社会才能和谐。社会规则的制定要以人性为基础，同时让人性在社会制度管理下合理、有序伸张。罔顾人性，一味拔高道德，不能长久。罔顾道德，一味张扬人性，必致混乱。

9.19　子曰：“譬如为山，未成一篑（kui），止，吾止也。譬如平地，虽覆一篑，进，吾往也。”

注释

（1）篑，《说文》：草器也，草筐。

解释

孔子说：“譬如以土堆山，差一筐土就成功了，说停止，我可以就马上停下。譬如刚开始在平地上堆山，刚倒一筐土，说继续堆，我会坚持不懈。”

“未成一篑，止”，不苟得。“虽覆一篑，进”，不畏难。

9.20　子曰：“语之而不惰者，其回也与！”

注释

惰，《说文》：不敬也，引申为懒惰、懈怠。

解释

孔子说：“告诉他该如何去做之后，而能不懈怠的人大概只有颜回吧！”

9.21　子谓颜渊曰：“惜乎！吾见其进也，未见其止也。”

解释

孔子谈到颜渊时说：“可惜啊，我从来只看见他前进，未曾见他懈怠，停止。”

“惜乎”，可惜如此好学上进的学生死了，如果不死一定是学有大成。南怀瑾老先生把“进、止”说得玄乎其玄。进就是进取于学，孔子的意思是说如果按颜回的为学态度，一定会大有作为的，可惜短命死了。

9.22　子曰：“苗而不秀者有矣夫！秀而不实者有矣夫！”

注释

秀，《尔雅》：荣而实者谓之秀，即开花结果称为秀，此处指禾苗秀花。

解释

孔子说：“禾苗有不秀花的吧！也有秀花而不结籽的吧！”

孔子这句话是说学生有不聪明，不开窍的，所以不会有成就，但也有聪明开窍的但也没有成就。

9.23　子曰：“后生可畏，焉知来者之不如今也？四十、五十而无闻焉，斯亦不足畏也已。”

注释

畏，《说文》：恶也，使人厌恶之意，引申使人敬服。古代字有兼用反义之法，如“乱”既作治平解，又作混乱解。今天的“乖”，本意为不听话、违逆，但又解作听话、顺从之意。

解释

孔子说：“年轻人可以让人敬佩，怎么能知道年轻人将来的成就不如今人呢？一个人四十五十了，没有听闻到道义，也不值得敬佩了吧。”

“无闻”并非不出名。《论语·公冶长》“子路有闻，未之能行，唯恐有闻”，此“无闻”与子路“有闻”相对。“无闻”此处指没有了解、学习道义之学。

9.24　子曰：“法语之言，能无从乎？改之为贵。巽（xun）与之言，能无说乎？绎之为贵。说而不绎，从而不改，吾末如之何也已矣。”

注释

（1）法语，即有道理的话。《中庸》中“庸言”与“庸行”都是符合规则的言行。

（2）巽，《说文》：具也，即具备，引申为顺。

（3）绎，《说文》：抽丝也，此处意思为找出头绪，推究。

（4）末，意思为无。

（5）如之何，即拿他怎样。“末如之何”，没办法，不能拿他怎样。

解释

孔子说：“有道理的话，能不遵从吗？但要从思想上改正才是宝贵。顺意的话，能不高兴吗？但还要推究其事是否合乎道义，如此方为宝贵。徒高兴而不推究其道义，行为顺从但内心不改正，我拿这种人也没有办法。”

孔子应该是说自己学生的毛病。行虽不邪，但心未安于正道，恐有失也。自我满足但不合乎道理，必不能久长。

9.25　子曰：“主忠信，毋友不如己者，过则勿惮改。”

注释

（1）毋，即勿、不要之意。

（2）友，交友，与某某交朋友。

（3）不如，此处解作不像、不同。此处指志趣不同。

（4）惮，《说文》：忌难也，一曰：难也。憎恶而认为难为，畏惧之意。

（5）过，此处解作失、有失，指交友不慎而有失。

解释

孔子说：“秉持忠信，不要和自己志趣不同的人交友，如果交友有失，不要忌惮改过。”

“主忠信”是君子的原则，交友要选择有共同志趣的人。如果不慎交到损友应及时断绝关系。孔子说“道不同不相为谋”亦此意。

《孔子家语·屈节解第三十七》中记载，孔子故旧原壤的母亲去世，孔子答应帮助原壤“沐椁”，即整治棺椁。帮助“沐椁”当时应该是关系亲密的表现。子路认为原壤一无是处，甚至违乱礼义，所以阻止孔子和这样的人交往。孔子说原壤是我的故旧，我不是要和他做朋友。

原文：

孔子之旧曰原壤，其母死，夫子将助之沐椁。子路曰：“由也昔者闻诸夫子：‘无（毋）友不如己者，过则勿惮改。’夫子惮矣，姑已若何?”孔子曰：“‘凡民有丧，匍匐救之。’况故旧乎？非友也，吾其往。”

“夫子惮矣，姑已若何?”，子路的意思说，孔子交了原壤这样的朋友应该及时断绝关系，不能忌惮人情。孔子说原壤不是友人而是故旧，所以不适用“毋友不如己者”。

“毋友不如己者”多解释为“不和不如自己的人交朋友”。如果比自己强的人也秉持此观点，则天下无朋友可交。

子夏说“君子尊贤容众”，难道孔子不能“容众”?

9.26　子曰：“三军可夺帅也，匹夫不可夺志也。”

注释

(1) 夺，《说文》：强取，强行取得。

(2) 匹夫，平民百姓。

解释

孔子说：“战场之上虽有三军保护之将帅亦可以被强取，一个普通百姓的志趣不能强行改变。”

三军与匹夫即强大与卑弱之对比。寓意改变人的志趣在于攻心，强取不行。

9.27　子曰："衣敝缊（yun）袍，与衣狐貉（he）者立，而不耻者，其由也与?"。"不忮（zhi）不求，何用不臧（zang）?"子路终身诵之。子曰："是道也，何足以臧?"

注释

（1）敝，《说文》：败衣也，破旧的衣服。

（2）缊，《说文》：绋也，即乱麻。

（3）袍，《说文》：有夹层，中装棉絮的长衣。

（4）敝缊袍，即破旧的以麻丝为里的袍子。

（5）狐貉，狐与貉的皮做的皮衣。

（6）忮，很也。很《说文》：不听从，此处为乖张。

（7）臧，《说文》：善也。

（8）不忮不求，何用不臧，出自《诗·邶风·雄雉》，即不奴颜卑骨，不乖张违逆，以这种态度来处世有何不好?

解释

孔子说："穿着破旧的麻絮袍子，与穿皮衣的站在一起，却不觉得羞耻的人大概只有子路吧。""不忮不求，何用不臧"这句诗子路终身读诵，孔子说："不耻恶衣恶食这种小节操不足以好到终身记诵。"

孔子的言外之意，小节虽然重要，注意分寸即可，沉溺于小节，不用力于大节则不能成大用。

9.28　子曰："岁寒，然后知松柏之后凋也。"

解释

孔子说："岁月寒冷，然后知道最后不凋落的是松柏。"

言外之意只有历经险难困苦而不变节者为君子。

9.29　子曰："知者不惑，仁者不忧，勇者不惧。"

解释

孔子说："智者不惑于世事；仁者不忧于世事；勇者不惧于世事。"

智者，知天理人情，明慧通达，故不迷惑。

仁者之治事，既得之则乐其成，未得之则乐其意，故无一日之忧而有终身之乐。

勇者刚毅，敢于有为，故不畏惧。

9.30　子曰："可与共学，未可与适道；可与适道，未可与立；可与立，未可与权。""唐棣之华，偏其反而。岂不尔思？室是远而。"子曰："未之思也，夫何远之有？"

注释

"唐棣之华，偏其反而。岂不尔思？室是远而。"

唐棣，《尔雅》释为"栘（yi）"。栘《说文》：棠棣，即郁李。郁李春末开花赤、白、粉三色，其果实红色，果仁可食。

华，即"花"。郁李的花簇繁盛，花萼一个挨一个把枝条包裹在里面，所以古人用"唐棣之华"来形容繁盛的情状。如子孙，学生济济一堂，人才荟萃等。

"偏其反而"，偏《说文》：周匝，即普遍，此处有遍布分散之意。这句话的意思是说，郁李花紧密的开在一起，才有繁盛的景象，如果分散开来则会失去繁盛的景象。反即相反。"偏布"与"会聚"意思相反。

"唐棣之华，偏其反而"译为"郁李的花紧密的开在一起才能有郁李的繁盛之美，如果花分散开来，那繁盛就不在了"。

"岂不尔思"，岂能不思念你。

"室是远而"，只是家离得太远了。

"岂不尔思，室是远而"，孔子说这是托辞，其实是志趣相异不愿亲比，是关系不睦不愿往来而已！

这句诗指原来繁盛的局面，因为人之志趣、利益等诸多原因而疏远从而导致强盛不再。

解释

孔子说："可与之共同学习，但不一定能志趣相同；志趣相同但不一定立身的方式与态度相同；立身的方式与态度一致，但处事是权变则不一定相同。”

人之有不同乃必然，但只要有共同的宗旨则可以齐心协力，团结一致，共赴大义。寓意求同存异乃必然之道。

唐棣的花紧密的长在枝干上，才有繁盛的郁李之美，这是花凝聚使然，花朵分散开来不紧密的在一条枝干上盛开，则繁盛不在。我不是不想你，只是家离得太远了。

孔子说：这根本就是不想，如果想在一起有什么远的呢？

这句诗寓意同心同德、齐心协力方能大成。

孔子用“共学”与“独权”与“唐棣之华，偏其反而”来说明个体之不同与组织团结一致的道理与意义。孔子主张求同存异，齐心协力、共赴大义。

今天的“中国梦”，若能求同存异，齐心协力，则“唐棣之华”又“何远之有”？

第十章　乡党篇

10.1　孔子于乡党，恂恂（xun）如也，似不能言者。其在宗庙朝廷，便便言，唯谨尔。

注释

（1）恂，应为“夋（sun）”，夋《说文》：惊辞也，表示惊惧的虚词，此处为矜持、小心拘谨的样子。

（2）便便，《尔雅》：辩也，善于辞令。

解释

孔子在家乡一副矜持的样子，好像不太善于言辞。孔子在宗庙和朝廷上一副善言的样子，只是比较谨慎。

孔子“临之以庄”，故“恂恂如也”。

10.2　朝，与下大夫言，侃侃如也。与上大夫言，誾（yin）誾如也，唯谨尔。君在，踧踖（cu ji）如也，与与如也。

注释

（1）侃，《说文》：刚直也。侃侃，从容不迫，理直气壮之意。

（2）訚訚，《说文》：和悦而诤也，和悦正直的理论。

（3）踧，《说文》：平行易也，行走平易，此处有庄敬稳重的意思。踖踖，《尔雅》：敏也。此处为精神集中小心谨慎反应迅捷之意。“踧踖如也”即庄敬而机敏的样子。

（4）与与，《诗·小雅·楚茨》“我黍与与，我稷翼翼”，与与，茂盛的样子，此处为精神奕奕之意。

解释

孔子在朝廷上与自己平级的下大夫们说话则从容不迫的样子，与比自己级别高的上大夫们说话则态度和悦，谦卑而又不失原则，只是谨慎而已。君王在场则表现的庄敬稳重而又不失机敏，精神饱满而注意力集中的样子。

孔子与人之气象。

10.3　君召使摈（bin），色勃如也，足躩（jue）如也。揖所与立左右手，衣前后襜（chan）如也。趋进，翼如也。宾退，必复命曰："宾不顾矣。"

注释

（1）摈，《说文》：导也。导引宾客。

（2）躩，《说文》：足躩如也，脚步迅速。

（3）襜，《说文》：衣蔽前，即今之围裙类的装饰布。襜如，顺直、整洁的样子。

（4）揖，《说文》：攘也，即拱手使前曰揖，见面的礼节。

（5）左右手，即辅助孔子招待宾客之助手。左手称之为"介"，主要照顾宾客。右手为"僎（zhuan）"，辅助孔子者。

（6）翼，《尔雅》：敬也。"翼如"，恭敬谨慎的样子。

解释

君王使孔子接待宾客，孔子的态度颜色马上变的恭敬起来，走路也迅捷。孔子先向和他站在一起的介与僎作揖示敬。孔子衣服前后顺直、整洁，如穿着蔽芾（fu）一样。他趋步前进，也是恭敬谨慎的样子。宾客告辞后，孔子一定要去向国君回报"客人已经走远了"。

"客不顾"，客人不回头看了，表示走远了。

10.4　入公门，鞠躬如也，如不容。立不中门，行不履阈（yu）。过位，色勃如也，足躩如也，其言似不足者。摄齐（zi）升堂，鞠躬如也，屏气似不息者。出，降一等，逞颜色，怡怡如

也。没阶，趋进，翼如也。复其位，踧踖如也。

注释

（1）鞠，应为“句”，句《说文》：曲也。“句”之曲意废由“鞠”代。

（2）阈，《说文》：门限也，即门槛。

（3）摄，《说文》：引持也，即向上提引并持有。

（4）齐，《说文》：緶（pian）也。緶，《说文》：緁（qie）衣。緁与緶互释，应该是前后衣摆缝合在一起的袍子，如满族男士袍服。

（5）逞，《说文》：通也，通达。引申有显示的意思。

（6）怡，《尔雅》：乐也，怡怡，即和悦之貌。

解释

孔子走进朝廷的大门，弯曲身体，好像不能舒展的样子。站立时不在门中间，行走时不踩门槛，经过君长的席位，脸色随而庄重起来，脚步也迅速起来，说话声音要降低。进入堂屋时提起衣服的下摆，弯腰，屏气像停止呼吸的样子。出来时，下了一级台阶，脸色便放松显出和悦的样子。下完台阶快步走，仍是恭敬谨慎的样子，回到自己的位置上时，小心利落。

10.5　执圭，鞠躬如也，如不胜。上如揖，下如授。勃如战色，足蹜蹜（su）如有循。享礼，有容色。私觌（di），愉愉如也。

注释

（1）圭，《说文》：瑞玉，用作凭证的玉，上圆下方，大夫出使他国时执圭以为信物。

（2）战，《尔雅》：惧也。敬畏之意。

（3）蹜，无此字。我以为“蹜蹜”当为“踖踖”。踖踖，《尔雅》：敏也，敏捷迅疾。

（4）循，《说文》：行顺也，顺次序行走。

（5）享礼，祭祀完毕众人享用祭品的礼仪。

（6）觌，《尔雅》：见也。

（7）容，此处为满足、自得之意。

解释

孔子出使别的国家，手执玉圭，身体微弯，如同不胜其重的样子。执圭之情形，若高一点像是在作揖，低一点像是递给别人东西。脸色庄重而敬畏，走路迅疾而有规矩。享礼的时候，脸上有满足而自得的深情。私下会面时，显出轻松愉快的样子。

10.6　君子不以绀（gan）緅（zou）饰。红紫不以为亵服。当暑，袗（zhen）絺（chi）绤（xi），必表而出之。缁（zi）衣，羔裘；素衣，麑（ni）裘；黄衣，狐裘。亵裘长，短右袂（mei）。必有寝衣，长一身有半。狐貉之厚以居。去丧，无所不佩。非帷裳，必杀之。羔裘玄冠不以吊。吉月，必朝服而朝。

注释

（1）绀，《说文》：帛深青色扬赤色，即青中泛红。

（2）緅，黑中带红。

（3）亵，《说文》：私服，即便服。

（4）袗，《说文》：玄服，即黑色的衣服。

（5）絺，《说文》：细葛，细麻布。

（6）绤，粗葛，粗麻布。

（7）缁，《说文》：帛黑色。

（8）裘，《说文》：皮衣。

（9）袂，《说文》：袖也。

（10）帷裳，帷，围在四周的帘幕，帷裳指用整块布做成的下裳，即围裙。

（11）杀，灭除、除去。

（12）吊，吊丧。

（13）吉月，应为吉日。每月初一。

解释

君子不用青红或黑红做衣服的装饰。红色与紫色不用作便服。在夏日，穿黑色的粗麻或细麻衣服，必须在里面穿一件衬衣，冬天穿羔羊皮大衣，外面配一件黑色的罩衣，穿鹿皮大衣，外面配一件白色罩衣。穿狐皮大衣，外面配一件黄色罩衣。在家穿的皮袍要长一点，右边的袖子要短一点，睡觉要有睡衣，要有一身半长，狐貉的厚毛皮可以用来坐着。去除丧服之后，什么都可以佩戴。服丧期间，不是帷裳，必须除去，不穿羔羊皮衣带黑色礼帽去吊丧，每月初一一定要穿朝服去上朝。

孔子之所以对红紫色特别慎重，因为周人崇尚赤色，以赤为尊，所以不用赤作"饰"。

10.7　齐必有明衣，布。齐必变食，居必迁坐。

注释

（1）齐，即斋戒。布，麻织物。

（2）明衣，即沐浴后穿的衣服。

（3）布，应为"衣布"，穿麻布作的衣服。"齐必有明衣，布"应为"齐必有明衣，衣布"，遗失一"衣"字。

（4）坐，《说文》：止也，引申居所。

解释

斋戒必有专用的明衣，应穿麻布衣服。斋戒必须改变平日的饮食，居住的地方也要改变。

10.8　食不厌精，脍不厌细。食饐（yi）而餲（ai），鱼馁（nei）而肉败，不食。色恶，不食。臭恶，不食。失饪，不食。不时，不食。割不正，不食。不得其酱，不食。肉虽多，不使胜食气。惟酒无量，不及乱。沽酒市脯，不食。不撤姜食，不多食。

注释

（1）脍，《说文》：细切肉也，细细切成的肉。

（2）饐，《说文》：饭伤湿也，潮湿发霉。

（3）餲，《说文》：饭餲也，饭经久而变味。

（4）馁，变质。

（5）败，腐败。

（6）饪，《说文》：大熟也，即煮得烂熟。

（7）脯，《说文》：干肉。

（8）“食气”指各种食材的配比的口味。如荤素合理，咸淡合适，浓寡适宜。

解释

饭食不满足于精致，肉不满足于切得精细。食物日久变味，鱼和肉不新鲜了都不吃。食品颜色变坏了不吃。气味变坏了不吃。饭菜未作熟或过火不吃。蔬菜不到时节不吃。肉切的不方正不吃。酱放的不合适不吃，肉虽多，不能使食气不均衡。只有酒不限量，但不要喝到神智混乱。买来的酒和干肉不吃。每顿饭都要吃姜，但不要多吃。

10.9　祭于公，不宿肉。祭肉不出三日，出三日，不食之矣。

解释

参加国家祭祀时分到的祭肉不要留到第二天才吃，家祭的祭肉不超过三天，过三天就不吃了。

10.10　食不语，寝不言。

注释

寝，《说文》：卧也，即躺卧。

解释

吃东西的时候不和别人说话，躺卧在床也不说话。

10.11　虽疏食菜羹，必祭，必齐如也。

解释

在别人家吃饭，虽然粗食菜汤也一定要对之祭拜，而且一定要像斋戒那样诚敬。

古人作客，必对主人之饮食进行礼拜，以表示对主人之感谢。此处所谓“必祭”，意思为宾客表达敬意之礼节，并非祭祀。《礼记·玉藻》“客祭，主人辞曰：不足祭也。客飧（sun，吃饱），主人辞以疏。”“食于人不饱，唯水浆不祭，若祭，为已偞（xie）卑”，在别人家作客只有水浆不祭拜，其余食物均应礼拜之。

“必祭”有作“瓜祭”，“瓜祭”亦出自《礼记·玉藻》，意思指客人吃瓜之前对之礼拜。“瓜祭上环”即“瓜祭尚环”，即把瓜切开而礼拜之。

“必祭”写作“瓜祭”，甚为荒谬，此说始于朱熹！

10.12　席不正，不坐。

解释

席子铺的不正，不在上坐。

10.13　乡人饮酒，杖者出，斯出矣。

注释

（1）杖者，即拄拐杖的人，指老者。

（2）乡人饮酒，古礼制。乡大夫饮宾于庠（xiang，乡学）序之礼，其义为尊贤养老。

解释

孔子在乡饮酒之礼中，年长者先走了，他才走。

10.14　乡人傩（nuo），朝服而立于阼（zuo）阶。

注释

（1）傩，《说文》：行有节也，又说为古代驱逐疫鬼的活动。

（2）阼，主阶也，在东侧的台阶。

解释

乡里人举行驱除疫鬼的仪式，孔子便穿上朝服在东面的台阶上侍立。

10.15　问人于他邦，再拜而送之。

解释

托人向在其他国家的亲友问候，要向受托的人拜两次，而后送别。

10.16　康子馈药，拜而受之。曰："丘未达，不敢尝。"

注释

达，以物相送，此处为回赠。

解释

季康子赠药给孔子，孔子拜而受之说："我没有回赠您礼物，所以您的药不敢先尝用。"

可见古人礼是要往来的，回赠之后才能享用对方所赠礼品，表示敬意。

10.17　厩（jiu）焚。子退朝，曰："伤人乎？"不问马。

注释

厩，马棚。

解释

马棚失火，孔子退朝回来问："伤人没有？"没有问马。

在孔子的价值序列里，爱人重于惜物。

10.18　君赐食，必正席先尝之。君赐腥，必熟而荐之。君赐生，必畜之。侍食于君，君祭，先饭。

解释

君主赐给熟食，孔子一定铺好席子坐下来先尝一口。君主赐给生肉则一定煮熟了先给祖先上供。君主赐给活的牲畜，一定要把它养起来。陪同君主一起吃饭，君主行饭前祭礼，之后孔子先尝饭食，把食物尝一遍，之后君主才开始用餐。

《礼记·玉藻》"若赐之食而君客之，则命之祭然后祭，先饭，辩尝羞，饮而俟。若有尝羞者，则俟君之食，然后食。饭，饮而俟。”

10.19　疾，君视之，东首，加朝服，拖绅（shen）。

注释

（1）拖，垂下来。

（2）绅，《说文》：大带也，束腰大带的下垂部分。

解释

孔子有病在家，君主来探视他。孔子头朝东，身上盖朝服，束腰的大带放在腰部，绅的部分垂下来。

10.20　君命召，不俟（si）驾行矣。

解释

国君召见，不等马车驾好就先步行走了，让马车来追自己。

10.21　入太庙，每事问。

解释

入太庙，每个礼仪都要询问主持。

10.22　朋友死，无所归，曰：“于我殡。”

注释

（1）归，依归，此处指没有后人负责丧事。

（2）殡，埋葬。

解释

朋友死了，没有后人安排丧事，便说：“由我来埋葬吧！”

孔子疏财，重情。

10.23　朋友之馈，虽车马，非祭肉，不拜。

解释

朋友送的礼物，虽然是车马这样的重礼，只要不是祭肉，孔子在接受的时候便不向朋友行拜礼。

孔子重义，轻利。

10.24　寝不尸，居不容。

注释

（1）尸，《说文》：陈也，此处指侧躺。《易》之《师》卦“师或舆尸”，兵车倾倒，其情形如人侧躺。

（2）居，《说文》：蹲也。

（3）容，应为“傛（yong）”，傛《说文》：不安也，此处为摇动之意。

解释

睡觉不要身体侧躺，蹲踞的时候身体不要颤动摇晃。

“尸”多歧义。“屍”为死人身体，与“尸”为分别两字。

“居不容”，举止不庄重，故不为。

10.25　见齐衰者，虽狎，必变。见冕者与瞽者，虽亵，必以貌。凶服者，式之，式负版者。有盛馔（zhuan），必变色而作。迅雷风烈必变。

注释

（1）狎，亲昵，此处指态度不庄重。

（2）亵，应为“媟（xie）”，媟《说文》：嬻（du）也。今“亵渎”应写作“媟嬻”。不庄重之貌。

（3）式，通“轼”，车前横木，供手扶之用，此处为动词，古人在车上表示敬意时就将身子向前倾俯，用手扶车轼。

（4）版，户籍与名册，此处应该指公文。古人无纸，木简沉重，故需来回搬运。

（5）馔，《说文》：具食也，陈列饭菜。“盛馔”，丰盛筵席。

解释

孔子看见穿孝服的人，虽彼时正玩笑，也马上严肃恭敬起来。看见戴礼帽的人与盲人，虽然彼时态度未庄重，亦马上以礼貌待之。如果坐在车上看见路上有穿丧服的人，就把身子向前倾俯，用手扶住车轼以表同情，遇到背负政府文件的人，也是如此表示敬意。做客时如果主人准备的饭菜十分丰盛，一定神色恭敬地站起来表示谢意。遇到迅雷烈风，孔子的神色也变得庄重敬畏。

孔子爱人，讲礼，尊重谋公利者，敬畏自然。

10.26　升车，必正立，执绥（suì）。车中，不内顾，不疾言，不亲指。

注释

绥《说文》：车中把也，车上用手把持以登车的绳索。

解释

孔子上车时一定要端正站好，然后拉着绳索上车。在车上不回头张望，不大声说话，不用手指指画画。

孔子“行由中正”。

10.27　色斯举矣，翔而后集。曰：“山梁雌雉，时哉，时哉!”子路共之，三嗅而作。

注释

（1）色，此处指雌山鸡的羽毛花纹，比喻君子之文采。

（2）翔，《说文》：回飞也，即回旋的飞。

（3）集，《尔雅》：会也。

（4）雉，即山鸡。雌山鸡，色泽灰暗，多为灰色与黑色，呈一道道环状。雄鸡毛色亮丽，红黄色与深绿相间。山鸡不善飞翔。孔子说“山梁雌雉”，意思是说不善飞翔的山鸡，如果站到了山梁上再往下飞，也可以翱翔天际。“雌雉”文采不如“雄雉”。这句话隐喻即便文采一般的君子遇到好的环境也可以大有作为，施展抱负，孔子感叹自己不逢时也。

（5）色斯举矣，举，《尔雅》：称也，称扬，崇尚。君子之文采若逢治世，应该会被推崇，就如同雌山鸡可以站在山梁上往下飞就可以高飞，让人看到自己的花纹。

（6）翔而后集，既可以展翅高飞，又可以与众山鸡相与为友。言外之意，君子既能实现自己的理想，又能与志同道合的人相与为友，这亦是孔子的愿望！

（7）子路共之，“共”同“供”。供，《说文》：供给也。此处指给山鸡吃的。

（8）三嗅而作，嗅应为“臭”，意思是用鼻子闻。作，此处为起飞的意思。嗅了几次子路扔过去的食物没吃就飞走了。

解释

山鸡从山梁上起飞，它身上的花纹就可以昭明于人了。君子要生在治世，那君子的文采声名也一定为人所称扬！山鸡飞翔后回到群体中会合，如果君子也可以实现自我的理想，又可以与志同道合者的为友，该是多么让人向往的一件事呢！孔子见到了高居山梁的雌山鸡，想到自己虽文采若雄山鸡，但没有如同山梁一样好的时世、际遇，自己的文采一样不被世人所称扬。所以孔子感叹“处在高高山梁上的雌山鸡，虽文采不是最美，然据有山梁之高的优势，依然可以高飞，使自己的文采为人所识。和此山鸡比，我的时运在哪里呢？我的时运在哪里呢？”一旁的子路听到了孔子的感物伤人，扔给山鸡一些吃的东西，山鸡嗅了几次就飞走了。

“子路共之，三嗅而作”，子路与孔子一同站在山梁上，见到雌雉，孔子表示了对雌雉的羡慕之情，子路似乎听明白了老师把自己比作不得时运的雄雉，于是掏出吃的东西来喂雌雉，雉不通人性，闻几次，警觉的飞走了。

第十一章　先进篇

11.1　子曰："先进于礼乐野人也；后进于礼乐君子也。如用之，则吾从先进。"

注释

（1）进，《说文》：登也，此处有进入、学习实践之意。"先进"即先行，此处作使动用法，使先行。

（2）野人，居住在郊野之人，多与"国人"相对。此处指平民百姓。

解释

孔子说："使先行礼乐以约束之、熏陶之以中于义者，为教化普通百姓的方法。使后行礼乐以约束之、熏陶之以中义者，为教化君子的方法。如果让我选择用这两种办法教化人，我遵从'先进'之道。"

礼乐以节人。礼，节制人之行为。乐，节制人之内心。普通人的教化通过由外而内进行，即先以礼乐节制其行为与心意，最终谋求其明义理而能自行中正。对于君子的教化可以由内而外，先使其明义理而后以礼乐约束之，最终达到知行合一。孔子认为在两种教人方法中他认为由外而内为上选。

孔子教人以"文、行、忠、信"其中"行"即规则，亦即以礼乐约束之。颜回曾说："夫子博我以文，约我以礼。"颜回为君子，孔子对颜回之教导亦先"约以礼"。由上可见，孔子教人采取使"先进于礼乐"。

儒学中有"中行（hang）"之说，"中"即中义。"行"即合常则。

"先进于礼乐"即"行而后中"。"后进于礼乐"即"中而后行"。

《易》在《家人》卦中提出齐家之道之首要即"闲有家，悔亡"，即齐家之道之首要乃树立家规。修身之道同于齐家，遵守常则乃首要，礼乐即修身之常则。

"先进、后进"歧解颇多，朱熹作"前辈、后辈"，清人作"先仕、后仕"，皆未得儒学真义者之谬论。

11.2　子曰："从我于陈、蔡者，皆不及门也。"

解释

孔子说："跟随我在陈、蔡间受难的那些弟子，现在都不在我这里了。"

孔子晚年回忆陈蔡之厄，想起了共患难的弟子，引发无限思念之情。

11.3　德行：颜渊、闵子骞、冉伯牛、仲弓。言语：宰我、子贡。政事：冉有、季路。文学：子游、子夏。

解释

孔子学生中德行好的有：颜渊、闵子骞、冉伯牛、仲弓。善言辞的有：宰我、子贡。善于政事的有：冉有、子路。文化知识深厚的有：子游、子夏。

孔子责骂学生不留情面，骂宰我"粪土之墙不可杇也"，骂冉有"非吾徒也，小子鸣鼓攻之可也"，骂樊迟"小人哉"，但弟子的才能孔子也不讳言。

11.4　子曰："回也非助我者也，于吾言无所不说。"

解释

孔子说："颜回并非是能帮助我的人，他对我说的话没有一句不喜欢的。"

颜回是孔子的追随者，孔子思想的继承人。

11.5　子曰："孝哉，闵子骞！人不间于其父母昆弟之言。"

注释

（1）昆，即兄，昆弟即兄弟。

（2）人，通"仁"，仁爱之意。

（3）间，离间之意。间言，说离间之言。"不间于父母昆弟之言"即"不间言于父母昆弟之间"

解释

孔子说："闵子骞真是孝呀！仁爱而从不说离间父母兄弟感情的话。"

孝悌为仁之本。闵子骞兄弟二人，母死，其父再娶，又有二子。后母厚亲生而薄闵子骞二人，然闵子骞为家庭周全不言其母之不善。有"母在一子单，母去四子寒"之典故。闵子骞孝悌兼有，故孔子说其有仁爱之心。

11.6　南容三复"白圭"，孔子以其兄之子妻之。

注释

白圭，白色玉器。《诗经·大雅·抑》"白圭之玷，尚可磨也，斯言之玷，不可为也。"白色圭上的瑕疵可以打磨下去，人说的话有缺陷，则不能弥补。

解释

南容反复诵读白圭的诗句，孔子便把他哥哥的女儿嫁给了南容。

南容反复诵读白圭的诗句，说明南容其人慎言行。孔子看重他谨言慎行的品格，把侄女嫁给他。

11.7　季康子问："弟子孰为好学？"孔子对曰："有颜回者好学，不幸短命死矣！今也则亡。"

解释

季康子问："学生中谁是好学者？"孔子回答："有个叫颜回的好

学，不幸短命死了，现在没有这样好学的人了。”

同样的问题孔子回答过鲁哀公，比回答季康子的要具体，口气更敬顺。

11.8　颜渊死，颜路请子之车以为之椁（guo）。子曰：“才不才，亦各言其子也。鲤也死，有棺而无椁。吾不徒行以为之椁。以吾从大夫之后，不可徒行也。”

注释

（1）椁，棺材外面的套棺。

（2）亦，只是、仅仅的意思。

（3）鲤，孔鲤，字伯鱼，孔子的儿子。

（4）颜渊死，关于颜回死于何时有多种说法。以《论语》中推测当死在孔子归鲁以后，不然孔子不会发出“天丧予”的悲伤绝叹。因为夫子老了，没有时间再培养一个道德继承人了，所以“子哭之恸”。颜回死在鲁哀公十四年，时年孔子七十一岁，颜回四十一岁。孔鲤死于鲁哀公十二年，孔子六十九岁，孔鲤五十岁。

（5）请子之车以为之椁，一般解释为请求把孔子的车卖掉，替颜渊买一副椁。甚不合理。

《礼记·檀弓上》记载孔子在卫国碰到所住馆舍主人的丧事，进去吊丧，一时悲伤地流下泪水，孔子不愿让人说自己只哭而没有表示，于是解下拉车的马送给丧家，子贡等人说礼太重了，孔子认为做人要表里如一，不要让人认为虚伪。

以上故事中孔子因为自己一时哀伤掉了眼泪就不惜以马相送，为的是让人不觉得哭的太虚假。其实孔子自己也说了是因为一时伤感，并不是因为与丧者关系亲密，但无论什么原因，自己表现了悲伤之情，就要有所行动，不然别人会认为虚伪。孔子在颜回的丧事中“哭之恸”，绝不会吝惜一切财物来办理爱徒的丧事。

《论语》中又记载，孔子门人厚葬了颜回，可知颜回是被同学厚葬的，既然厚葬绝不会缺少一副椁。孔子晚年弟子多有被重用者，冉有为季氏宰，子贡经商富足，何至于要卖掉孔子的车马为颜回置一副椁呢？再者，《礼记·王制》中记载：命服、命车，不鬻于市。即官服、官车是不能买卖的，颜路不可能有让孔子卖车的想法。

由上推知“请子之车以为之椁”不是缺少钱财卖车买椁，也不是孔子舍不得，而是另有其因。《礼记·檀弓下》记载孔子养的狗死了，使子贡去埋。孔子说：“听说车的帷幔用旧了不扔掉用来埋马，车顶盖用旧了不扔掉用来埋狗。”可见用车帷幔、车顶盖来掩埋为自己效力的牲畜是一种仁爱的行为，之所以用车，因为车在古代是身份的象征，也是一件重要的礼器，牲畜死能覆盖主人的车马配物，既是人对牲畜的感念，也是牲畜的荣耀。由这个故事推测，“请子之车以为之椁”即是用孔子命车的木材为颜回做一副椁，这是孔子给予颜回最高的褒奖，也是颜回最高的荣耀。

解释

颜渊死了，颜渊的父亲颜路请求用孔子命车的木材为颜渊做一副椁以表示孔子对颜回人才的爱惜。孔子说：“有才无才姑且不说，亲情至上，就只说各自的孩子吧。孔鲤死了也只是有棺无椁，我不能把车子为他做一副椁而我自己步行，我做过大夫的职位，是不可以步行的。”

孔子这段话把颜回的才能放在一边，而是以一个父亲身份来回答颜路。孔子说他爱孔鲤和颜回，但孔鲤死也只有棺而无椁，孔子视颜回为自己的儿子，所以丧事规格也要同孔鲤一样。孔子不会因为爱惜儿子、学生而做不必要有违礼制之事。

11.9　颜渊死。子曰：“噫！天丧予！天丧予！”

解释

颜渊死了，孔子感叹：“唉，上天要灭亡我呀！上天要灭亡我呀！”

颜回是孔子德行最好的学生，孔子说“天丧予”。

11.10　颜渊死，子哭之恸（tong）。从者曰：“子恸矣！”曰：“有恸乎？非夫人之为恸而谁为？”

注释

恸，解作非常悲伤。

解释

颜渊死了，孔子哭得十分悲伤。随从说：“您太悲伤了。”孔子说：“太悲伤了吗？不为这样的人悲伤，还能为谁如此悲伤呢？”

11.11　颜渊死，门人欲厚葬之。子曰：“不可。”门人厚葬之。子曰：“回也视予犹父也，予不得视犹子也。非我也，夫二三子也。”

解释

颜渊死了，孔子的弟子们想要厚葬颜回，孔子说：“不能这样做。”但学生们还是厚葬了颜渊。孔子说：“颜回把我看作父亲，我却不能像对待儿子那样对待他，这不是我的意思，是那些学生们要这样做呀！”

孔子葬颜回欲与孔鲤相同，门人敬颜回德行高尚而厚葬之，二者都无可厚非，然而孔子更重师生之情，而欲以子之礼葬之。

11.12　季路问事鬼神。子曰：“未能事人，焉能事鬼？”曰：“敢问死。”曰：“未知生，焉知死？”

解释

子路问如何侍奉鬼神，孔子说：“还不能侍奉人，怎么能侍奉鬼神呢？”子路又说：“那冒昧地问一句，死亡是怎么回事呢？”孔子说：“还不知道活着的意义，怎么能知道死的意义呢？”

在孔子思想中鬼神与死亡之于人的最大作用就是使人敬畏。孔子说：“逝者如斯夫不舍昼夜”，又说“敬鬼神而远之”。

11.13　闵子侍侧，誾誾（yin）如也；子路，行（hang）行如也；冉有、子贡，侃侃如也。子乐。“若由也，不得其死然。”

注释

（1）誾誾，《说文》：和悦而诤也，和悦正直的理论，即心平气和的样子。

（2）侃侃，从容不迫的样子。

（3）行行，刚直的样子。

解释

闵子骞侍立在孔子身边，心平气和又不失所守，不卑不亢的样子。子路则是一副刚直的样子。冉有、子贡则是从容不迫，信心十足的样子。孔子认为不同性格的弟子能相处一室，让他内心觉得很满足，感到高兴，但他不无担心地说：“如果像子路这样刚直，从事政治不会得到善终的。”

孔子高兴是“得天下英才”。孔子担心时世混乱，像子路耿直刚烈的性格，很难存身。孔子说“若由也”的口气，应该是深深的担忧。

11.14　鲁人为长府。闵子骞曰：“仍旧贯，如之何？何必改作？”子曰：“夫人不言，言必有中。”

注释

（1）长府，仓库，藏财货文书。府，《说文》：文书藏也，收藏文书的地方。库，《说文》：兵车藏也，收藏兵器车辆的地方。仓，《说文》：谷藏也，收藏谷物粮食的地方。此处说的长府应该是用来藏文书与财货的地方，不称府而称长府。

（2）仍，《尔雅》：因也，沿袭。

（3）贯，成例、惯例。

（4）作，《说文》：起也，有创作，制作的意思。此处为建造的意思。“改作”，另制。

解释

鲁国执政者要建造新的的长府，闵子骞知道了说：“沿用旧的样式不行吗？何必改建新的呢？”孔子说：“这个人不轻易说话，一说一定切中要害。”

孔子之所以赞同闵子骞的看法，大概新的长府，其本质功能没有变化，徒改变外观而已，如果功能扩大了齐全了，孔子是主张进步的。

11.15　子曰：“由之瑟奚为于丘之门？”门人不敬子路。子曰：“由也升堂矣，未入于室也。”

注释

（1）瑟，有弦的乐器。

（2）为，此处有学习的意思。

（3）升堂、入室，比喻做学问的两个层次。

解释

孔子说：“子路之弹瑟怎么能是从我这里学到的呢？”其他弟子听到孔子这么说，因此不尊敬子路，孔子说：“子路的学问虽未入室，但也升堂了。”

子路弹瑟的水平不高，所以孔子说“是跟我学的吗？”言外之意对其音乐水平表示不满。

孔子说：“兴于诗，立于礼，成于乐”，一个人的音乐修养可以看做得道与否的参考。在孔子看来“兴于诗”即入门，“立于礼”即升堂，“成于乐”即入室。子路的修养未到达“成于乐”的地步，所以夫子说他“升堂未入室”。

11.16　子贡问：“师与商也孰贤？”子曰：“师也过，商也不及。”曰：“然则师愈与？”子曰：“过犹不及。”

注释

师与商，即颛（zhuan）孙师（子张）和卜商（子夏）。二人年龄相仿。

解释

子贡问："子张与子夏谁的德行更好一点?"孔子说："子张的修养有余而言行未能合乎礼义，如此是为过。子夏的修养不足而言行能合乎礼义。"子贡说："那子张更胜一筹了?"孔子说："过与不及两者，不相上下。"

关于"过与不及"，歧解甚多。

《礼记·仲尼燕居》"子曰：敬而不中礼谓之野，恭而不中礼谓之给，勇而不中礼谓之逆。子曰：给夺慈仁。子曰：师，尔过，而商也不及。子产犹众人之母，能食之，不能教也。子贡越席而对曰：敢问将何以此中者也。子曰：礼乎礼，夫礼所以制中也。"

以上这段话中孔子说子张"过"而子夏"不及"。子贡问"如何避免过与不及，而能得中。"孔子说"依从礼，如此可以在中。"此处所谓"中"即"敬而中礼，恭而中礼，勇而中礼。"

孔子以子产为例解释何为"不及"。子产善于养民，但不能教化民众，如此为"不及"。对于国家而言教化民德为根本，根本不得是谓"不及"。以个人修习而言，修养德性为根本，德性未善是谓"不及"。与"不及"相对而言，德性完善而外在言行未能合乎礼义则为"过"。

孔子进一步说不合乎礼则会违背正义。"给夺慈仁"即"巧言往往侵害仁慈"，寓意不合乎礼则会乱正义。之所以"过犹不及"，"不及"者未达于正义，"过"者有害于正义，故二者一般。

最后孔子给出了如何得"中"的办法：遵循礼。"不及"者通过礼的约束可以进修其德性，从而得中。"过"者通过礼的正确运用，亦可以行在中。孔子说"礼所以制中也。"

11.17　季氏富于周公，而求也为之聚敛而附益之。子曰："非吾徒也。小子鸣鼓而攻之可也。"

注释

（1）聚敛，此处有收集，搜刮的意思。

（2）附益，即增益。

解释

季氏比周公还富有，冉求还为他搜刮更多的钱财，增益季氏的财富。孔子说：“冉求不再是我的学生了，你们可以公开攻击他。”

在孔子看来冉有助长季氏的不义行为实属作恶，孔子不主张君民，而是以民为贵，主张教民，而非愚民。冉有显然违背了孔子的根本宗旨，所以孔子十分生气，要逐他出师门。我们也可以看出孔子疾恶如仇的一面。

11.18　柴也愚，参也鲁，师也辟，由也喭（yan）。

注释

（1）愚，愚笨。

（2）鲁，迟钝。

（3）辟，同“僻”，偏激。

（4）喭，应为粗犷之意。

解释

高柴愚笨，曾参迟钝，子张偏激，子路粗犷。

11.19　子曰：“回也其庶乎？屡空。赐不受命，而货殖焉，亿则屡中。”

注释

（1）庶，平民百姓，春秋时期农民之称。

（2）空，《尔雅》：尽也，穷困之意。

（3）货，此处有买卖的意思。殖，此处有经商取利。货殖，即经营货物买卖。

（4）亿，通“臆”，有推测的意思。

（5）不受命，春秋时期商业、手工业主要由官府经营，亦有不少私营商贾。传统上士、农、工、商身份相对固定不能改变。子贡所谓“不受命”，不受政府之命令。指由“士”而“商”，由“商”而

“士”。

解释

孔子说：“颜回是个平民百姓吧？经常穷困。子贡不听政府管制，亦商亦士，买卖货物，推测市场行情，经常成功获利。”

孔子作风务实，“富贵如可求，虽执鞭之士吾亦往”。颜回一心向道的精神可嘉，若“屡空”则不能安心学问。孔子对此未置褒贬，大概是“可与适道，未可与立”吧！

11.20　子张问善人之道。子曰：“不践迹，亦不入于室。”

注释

（1）善人，指德行完美的人。孔子说：“善人，吾不得而见”。

（2）践，《说文》：履也，此处有依循的意思。

（3）迹，《说文》：步处也，行步之处、足迹。引申为故有之方法。

（4）入于室，即到达道德之至善之处。

解释

子张问德行完美的人的修省之道，孔子说：“无论任何人不按故有的修习方法来做都不能到达道德的至善之处。”

孔子所谓“践迹”当指“兴于诗，立于礼，成于乐”的修习途径。

11.21　子曰：“论笃是与，君子者乎？色庄者乎？”

注释

（1）论，通“抡”，选择之意。《管子·五辅》“论贤人，用有能。”

（2）笃，《尔雅》：厚也，敦厚。

（3）是，助词，用于前置宾语之后。

（4）与，交好、相与之意。

解释

孔子说：“选择敦厚的态度相与于人，是君子吗？是态度庄重者吗？”

君子与人交往“不匿怨而友于人”，以真性情示人。如果只是以敦厚的一面示人，这样的人不是君子，亦不是态度庄重者。这种人是虚伪之人。

“论笃是与”，歧解甚多，不举例。

11.22　子路问：“闻斯行诸?”子曰：“有父兄在，如之何其闻斯行之?”冉有问：“闻斯行诸?”子曰：“闻斯行之。”公西华曰：“由也问‘闻斯行诸’，子曰：‘有父兄在’。求也问‘闻斯行诸’，子曰：‘闻斯行之’。赤也惑，敢问。”子曰：“求也退，故进之。由也兼人，故退之。”

注释

（1）闻斯行诸，“斯”为连词，同“就、则”，即“听到了道理就行动吗?”。

（2）兼，胜过。兼人，超过一般人。

解释

子路问：“听到了道理就行动吗?”孔子说：“有父兄在，怎么能不请示就行动呢?”冉有问：“听到了道理就马上行动吗?”孔子说：“听明白了就行动吧。”公西华问孔子：“仲由问：‘听到了道理就马上行动吗?’您说：‘有父兄在’。冉求问：‘听到了道理就马上行动吗?’您说：‘听明白了就行动吧。’，我有些疑惑，冒昧的请您给解释。”孔子说：“冉求做事往往犹豫退缩，所以鼓励他勇敢。仲由做事勇敢过人，所以要他遇事斟酌。”

11.23　子畏于匡，颜渊后。子曰：“吾以女为死矣。”曰：“子在，回何敢死?”

注释

吾以女为死矣，“为”助词，使宾语前置。我以为你死了呢。

解释

孔子在匡地被困，颜渊最后才赶上孔子一行。孔子说：“我还以为你死了呢。”颜回说：“您还在，我怎么敢先死呢。”

时年颜回三十二岁，风华正茂，师徒二人半开玩笑的话，表现出对“畏于匡”的不以为然。

11.24　季子然问：“仲由、冉求可谓大臣与？”子曰：“吾以子为异之问，曾由与求之问。所谓大臣者，以道事君，不可则止。今由与求也，可谓具臣矣。”曰：“然则从之者与？”子曰：“弑父与君，亦不从也。”

注释

（1）大臣，“大”即上升到“以道事君”的层次，亦可说“协君践道”，“大臣”之根本宗旨为弘道化民而非事人。

（2）具，器具。具臣，办某项事的臣仆。

（3）曾，有竟然的意思。

解释

季子然问：“仲由、冉求可以称得上大臣了吧？”孔子说：“我以为你问什么别的呢，原来是子路与冉求。所谓“大臣”，是指秉持道义，以辅佐君子的人，君子不用道义治国，则劝止之。而今子路与冉求只不过是个具体办理某项工作的臣仆而已。”季子然又问：“那他们所从事的人德行如何呢？”孔子说：“弑父与君的大逆不道者，不会从事的。”

“弑父与君亦不从”，《论语》中记载，佛肸发动叛乱弑其君，孔子当时准备前往。孔子给子路的解释是，孔子自己可以坚守节操，可以“以道事君，不可则止”。孔子之行与对学生的要求截然相反，说明“具臣”只能跟从贤君，因为“具臣”只能以其所能事君，君为正则具臣正，君为非则具臣为非，冉有助季氏敛财是例证。孔子则是“大臣”，所事之君为正则能助之，为非则能止之，不听则去之。子路与冉求则不能。

11.25　子路使子羔为费宰。子曰：“贼夫人之子。”子路曰：“有民人焉，有社稷焉，何必读书，然后为学？”子曰：“是故恶

夫佞者。”

注释

（1）子羔，即高柴，孔子说“柴愚也”。

（2）贼，《说文》：败也，伤害之意。

解释

子路让子羔去做费城的长官，孔子说：“这是害人家的子弟。”子路说：“费城有百姓，有社神，稷神的祭祀祠庙，何必要读书，然后才算有学问呢？”孔子说：“你这样说就是我为什么讨厌能言善辩者的原因。”

子羔为人愚笨，学而未成，贸然为官反受其累。然而子路说实践也是学习，孔子也不能反驳。正规的学习是必要的，实践当中学习是一种权变，两种方法因时而用，因人而用，子路只说“实践亦是学问”，是片面之词，孔子说他是狡辩。

11.26　子路、曾皙、冉有、公西华侍坐。子曰：“以吾一日长乎尔，毋吾以也。居则曰：‘不吾知也！’如或知尔，则何以哉？”

子路率尔而对曰：“千乘之国，摄乎大国之间，加之以师旅，因之以饥馑，由也为之，比及三年，可使有勇，且知方也。”夫子哂（shen）之。

“求！尔何如？”对曰：“方六七十，如五六十，求也为之，比及三年，可使足民。如其礼乐，以俟君子。”

“赤！尔何如？”对曰：“非曰能之，愿学焉。宗庙之事，如会同，端章甫，愿为小相焉。”

“点！尔何如？”，鼓瑟希，铿（keng）尔，舍瑟而作，对曰：“异乎三子者之撰。”子曰：“何伤乎？亦各言其志也。”曰：“莫春者，春服既成，冠者五六人，童子六七人，浴乎沂（yi），风乎舞雩（yu），咏而归。”夫子喟然叹曰：“吾与点也！”

三子者出，曾皙后。曾皙曰："夫三子者之言何如？"子曰："亦各言其志也已矣。"曰："夫子何哂由也？"曰："为国以礼，其言不让，是故哂之。""唯求则非邦也与？""安见方六七十如五六十而非邦也者？""唯赤则非邦也与？""宗庙会同，非诸侯而何？赤也为之小，孰能为之大？"

注释

（1）居，此处指平常在家。

（2）率尔，同率然，轻率、急率之意。

（3）摄，有夹在其中之意。

（4）知方，懂得礼法制度。方，此处有规则的意思。

（5）哂，微笑，孔子为师不会讥笑学生，只是对子路所说的不认同，表示善意的否定而已。

（6）会同，诸侯会盟。

（7）端章甫，"端"古代礼服的名称。"章甫"，一种礼帽。

（8）相，在祭祀会盟时的司仪者。

（9）铿尔，象声词。

（10）撰，选取，此处有选择的意思。

（11）莫，同"暮"。暮春，即晚春。

（12）冠者，成年人，古代男子二十岁加冠，以示成年。

（13）沂，水名，沂河，在山东曲阜以南。

（14）舞雩，地名，在沂河南岸。舞雩，原意为夏天祈雨的祭祀活动，使童男童女各八人舞而求雨。我推测曾点说的舞雩，临近沂河，筑有高台，平日游人可在台上驻足休闲。

解释

子路、曾皙、冉有、公西华陪孔子闲坐。孔子说："我比你们年纪大一些，不要因此而有顾忌，平时说：'不了解我呀。'今天如果有人要了解你们，给你们施展抱负的机会，你们怎么做呢？"

子路急率的说：“一个有千乘兵车的国家，夹在大国中间，外面还有别国军队进犯，内有灾荒饥馑，这样的国家让我去治理，只要三年可使百姓勇敢，且懂得法度，礼制。”孔子听了微微笑了一下。

孔子又问：“冉求，你呢？”冉求回答：“一个六七十或五六十里见方的国家，让我去治理，只要三年可以使人们衣食饱暖，至于礼乐教化的事，只有等贤人君子来做了。”

孔子又问：“公西华，你呢？”公西华说：“不敢说我现在可以胜任，但我愿意学习宗庙祭祀的事，或者会盟的事。我喜欢穿上礼服，戴上礼帽，担任一个小的司礼。”

孔子又问：“曾点，你呢？”，正在弹瑟的曾点乐声渐低，然后骤然铿的一声而止，站起来说：“我的志趣与他们三位的选择不同。”孔子说：“这有什么要紧的，只不过是各自说说自己的志向而已。”曾皙说：“暮春时节，春天的服装已然不再更换了，五六个成人，六七个少年，在沂水边洗洗澡，在舞雩台上吹吹风，然后唱歌而归家。”孔子感叹道：“我与曾点的想法相同啊！”

子路、冉有、公西华三人退了出来，曾皙后走。曾皙问孔子：“他们三人说的志向怎么样啊？”孔子说：“只是各自说说志向而已吧！”曾皙问：“您为什么笑子路呢？”孔子说：“治国以礼，不然不会兴盛长久，礼的主要表现是谦让，而子路说话一点也不谦让，如何使民‘知方’呢？我笑他憨直不得治国根本，空有一腔热情，远大理想，志大才疏。”“那么冉求则不是讲的治国之事吧？”孔子说：“哪里见过方六七十或方五六十里的地方不是国家的！”曾皙又问：“那么公西赤说的不是国家大事吧？”孔子说：“宗庙祭祀，两国会盟，不是诸侯是什么呢？如果如公西赤所言只是个‘小相’，那谁能做‘大相’呢？”

这段对话中弟子们的志向多为从政。在孔子看来，做学问的根本目的在于自明而明人，即修己爱人，从政是“爱人”，但要以修己为根本。弟子们从政的目标很大，有的不切实际，不得根本，所以孔子对他们的回答担忧。曾点的志趣即“怡情”，君子明道之后，不忧，不惑，不惧，亲于自然，顺于人伦，洋洋自得。孔子乐于自得。

曾点问“唯求则非邦也与?”、“唯赤则非邦也与?”意思是说冉求与公西华之言为何孔子不置可否呢？因为孔子发现剩下的两个弟子也同子路一样志在从政，且都不切实际，孔子心情骤然严肃起来，甚至有些失落。因为他们都是孔子一手培养的得意弟子，竟然一个都没有明白做学问的根本目的。所以三人走后，曾皙再问三人所言怎样，孔子说“亦各言其志也矣”，有意淡化自己的不愉快，敷衍说“只是各自说说志向而已吧”。当曾点再一次追问，孔子则用了反问的语气作答，表达了自己的不快。曾点应该是看出了孔子的态度变化，所以三个人走后才问孔子这番话的。孔子不悦大概在反思自己的教育吧！

第十二章　颜渊篇

12.1　颜渊问仁。子曰："克己复礼为仁。一日克己复礼，天下归仁焉。为仁由己，而由人乎哉?"颜渊曰："请问其目。"子曰："非礼勿视，非礼勿听，非礼勿言，非礼勿动。"颜渊曰："回虽不敏，请事斯语矣。"

注释

克己，克制私欲，约束自己。

解释

颜渊问孔子何为仁，孔子说："克制自己，使言行都合乎礼的标准，这就是仁。有一天都这样做到了，那天下也就实现仁道了。实践仁德在于自己，难道是靠别人吗?"颜渊说："请问您具体的做法。"孔子说："不合乎礼的不看，不合乎礼的不听，不合乎礼的不说，不合乎礼的不做。"颜渊说："我虽然不聪慧，我会按您说的这几句话来做。"

礼的作用即是节人欲，使和于道义。若人人自我克制，事事情理兼顺，天下就实现仁道了。

12.2　仲弓问仁。子曰："出门如见大宾，使民如承大祭。己所不欲，勿施于人。在邦无怨，在家无怨。"仲弓曰："雍虽不敏，请事斯语矣。"

注释

（1）宾，《说文》：所敬也。大宾，即尊贵的客人。

（2）大祭，重大祭祀，如祭祀天地，四季之时祭等。

解释

仲弓问孔子如何为仁，孔子说："出门做事如同接待贵宾一样怀有恭敬之心，役使民众如同面临重大祭祀一样谨慎而敬畏。自己不想要的，不要加于别人身上，在国家工作中自己没有怨恨之心，在家庭事务中自己也没有不满之情。"仲弓说："我虽然不聪敏，我会按您说的话去做。"

"在邦无怨，在家无怨"，"无怨"指君子无怨，不怨天，不尤人。

仲弓问仁，孔子用仁的几个标准来回答他，要恭敬，谨慎，推己及人，凡事求诸己，不责于人。

12.3　司马牛问仁。子曰："仁者，其言也讱（ren）。"曰："其言也讱，斯谓之仁已乎？"子曰："为之难，言之得无讱乎？"

注释

讱，《说文》：顿也，通"钝"，迟钝、迟讷之意。

解释

司马牛问孔子何为仁。孔子说："仁者，说话慎重而迟讷。"司马牛又问："说话迟讷就可以算是仁了吗？"孔子说："仁德之事干起来很难，难道说话时能不慎重迟讷吗？"

孔子说："讷于言而敏于行"，因为"为之难"所以慎言，敏行。推测司马牛在孔子眼里是一个不稳重的学生，孔子才有此论。

12.4　司马牛问君子。子曰："君子不忧不惧。"曰："不忧不惧，斯谓之君子已乎？"子曰："内省不疚，夫何忧何惧？"

解释

司马牛问怎么做个君子，孔子说："君子不忧愁，不畏惧。"司马牛说："不忧愁，不畏惧，这样就算是君子吗？"孔子说："自我反省而内心无愧，还有什么可忧愁与畏惧的呢？"

孔子因材施教。

12.5　司马牛忧曰："人皆有兄弟，我独亡。"子夏曰："商闻之矣：'死生有命，富贵在天。'君子敬而无失，与人恭而有

礼，四海之内皆兄弟也。君子何患乎无兄弟也?”

解释

司马牛忧愁地说：“别人皆有兄弟，只有我没有。”子夏安慰他说：“我听说：‘生死由命注定，富贵上天安排好了。’君子敬慎从事不失于道义，与人交往恭敬而讲礼，四海之内都是兄弟，君子何必担心没有兄弟呢?”

子夏安慰他，首先有些事是命中注定的，人为不可改变的，然而我们可以通过自己的后天行为弥补。子夏讲的这些不仅仅是宽慰之词，在儒学的伦理次序里，朋友比之于兄弟。亲情仍是所有社会关系的基础，但一个社会到了“唯亲不行”的地步一定是可悲的。

12.6　子张问明。子曰：“浸润之谮（zen），肤受之愬（su），不行焉，可谓明也已矣。浸润之谮，肤受之愬，不行焉，可谓远也已矣。”

注释

（1）谮，《说文》：愬也。

（2）愬，《说文》：告也，告发、诬告。引申有诋毁之意。

解释

子张问什么算明通，孔子说：“如同水浸润般的诋毁，有切肤之痛的公然的诬告，这样的事你都能明察，在你这里都行不通，可以称作是明了吧。你能不让这样诋毁和诬告在你这里得逞，也可以称得上是想的深远了吧!”

12.7　子贡问政。子曰：“足食，足兵，民信之矣。”子贡曰：“必不得已而去，于斯三者何先?”曰：“去兵。”子贡曰：“必不得已而去，于斯二者何先?”曰：“去食。自古皆有死，民无信不立。”

解释

子贡问如何治理国家，孔子说：“使国人衣食充足，使国家军备充实，使人民之间，人民与国家之间相互信任。”子贡说：“如果迫不得已去掉一项，在这三项当中先去掉哪一项呢？”孔子说：“去掉军备。”子贡说：“如果要再去掉一项，在剩余的两项中去掉哪一项呢？”孔子说：“去掉粮食，自古以来人都不免一死，但人民没有信用就不能在社会立身，国家亦如此，没有信用就会灭亡。”

“民无信不立”，不讲信用就不能在社会立身，不能立身何谈发展。于国家组织而言道理亦如此，不讲信用就是自取灭亡，自寻死路。没有粮食属于“天作孽犹可恕”，没有信用属于“人作孽不可活”。一个庞大的社会，即是一个庞大的信用体系，与人之间信用丧失，那么关系会瓦解。蒙蔽欺骗不会长久，尤其在今天交通、通信如此发达的环境下。

12.8　棘子成曰：“君子质而已矣，何以文为？”子贡曰：“惜乎，夫子之说君子也！驷不及舌。文犹质也，质犹文也。虎豹之鞟（kuò）犹犬羊之鞟。”

注释

（1）驷不及舌，“驷”，四匹马驾的车。“驷不及舌”即话一出口，就是四匹马拉的车也难以追回。即一言既出驷马难追。

（2）鞟，去毛皮，去除毛的皮革。

解释

棘子成说：“君子讲究质就可以了，何必讲究文呢？”子贡说：“可惜啊，你竟然如此评说君子，一言既出驷马难追。文与质同样重要，如果去掉了皮上的毛，那虎豹的皮和犬羊的皮便难以区分了。”

12.9　哀公问于有若曰：“年饥，用不足，如之何？”有若对曰：“盍（he）彻乎？”曰：“二，吾犹不足，如之何其彻也？”对曰：“百姓足，君孰与不足？百姓不足，君孰与足？”

注释

（1）盍，《尔雅》：曷也，表示反问“何不”。

（2）彻，周代一种税制，十抽一。

解释

鲁哀公问有若："年成不好，国家财政费用不足，怎么办?"有若回答："为何不实行十抽一的税率呢?"鲁哀公说："十抽二我还不够用，如何能实行十抽一呢?"有若说："如果百姓的用度足，您怎么会不足呢?如果百姓用度不足，您怎么会足呢?"

有若的意思是说，君王应该与百姓共患难，既然"年饥"，为何君王还要维持原来的用度?《礼记》中记载遇到灾年君王的用度应从俭，可见鲁哀公不是明君。

12.10　子张问崇德辨惑。子曰："主忠信，徙义，崇德也。爱之欲其生，恶之欲其死。既欲其生，又欲其死，是惑也。'诚不以富，亦衹（qi）以异'。"

注释

（1）崇，《说文》：高也。崇德，即提高道德水平。

（2）诚不以富，亦衹以异，出自《诗经·小雅·我行其野》，这两句诗在这一章为错简。

解释

子张问如何提高道德水平，辨别各种迷惑。孔子说："秉持忠敬诚信，积极向上，这样可以提高道德水平。爱一个人希望他能死而复活，厌恶一个人恨不得他马上去死，对一个人既爱又恨，这都是迷惑。"

"爱之欲其生，恶之欲其死，既欲其生又欲其死"，孔子用人的欲望蒙蔽了理智来解释迷惑，情绪左右了理智即迷惑。

"爱之欲其生"大概是亲人吧。

"恶之欲其死"大概是仇人吧。

"既欲其生，又欲其死"大概是恋人吧。

"辨惑"，如果用佛教理论解释，禅家会说："本来无一物，何处惹尘埃"。但把有说成无，在孔子看来本身就是惑。禅家把"有无"上升到玄而又玄的境界，模糊存在与不存在的界限，但这种理论同时已失去了社会共识的这个基础。如果一种教义脱离了广泛的共识基础，一定不能致用广泛，一定不是主流。

孔子说鬼神或许存在吧，我“敬而远之”。孔子又说“不能事人，焉能事鬼”，“不知生焉知死”。儒学划定了人神、生死之间的界限。试想如果鬼神存在，我能敬之亦足已，再行其他则是妄为，必滋生诸多人事问题。今天诸多宗教问题，仔细探究那个争端没有人事的影子？

退一步讲人死后确有天堂地狱，但如果人生而能修己爱人，善修人德，多行好事，地狱奈我何？若以天堂地狱诱惑之，恐吓之，利用人之私欲以制人，不似抱薪救火？孰若以“仁义”感召之？

教化贵在“和合”，民众愿意顺从且能使之向善，以此使社会文明、和谐、兴盛，此种教化为大道。使民众在饮食交接之间受教化，教义密切和于民众，教化之大者有过于此乎？能成此功业者舍我儒教其为谁？

12.11　齐景公问政于孔子。孔子对曰：“君君，臣臣，父父，子子。”公曰：“善哉！信如君不君，臣不臣，父不父，子不子，虽有粟，吾得而食诸？”

注释

信，《说文》：诚也。信如即诚如、确如、果如之意。

解释

齐景公问孔子如何治理国家，孔子说：“臣子要以道义事君，从事能忠；君王要以礼遇臣，使臣要义；子要以孝事父，行能终其身；父要以爱待子，教子以正。”齐景公说：“说得好！确如，君王不用礼义待臣子，臣子不守道尽忠，父不慈，子不孝，虽有米，我能吃得上吗？”

12.12　子曰："片言可以折狱者，其由也与？子路无宿诺。"

注释

片，《说文》：判木也，即劈开的一半木材。片言，意思为"一半的话"，但仍有歧义，是诉讼双方把事情说一半呢，还是仅听诉讼一方把话说完呢？以审理案件的常情推测，加之子路急躁的个性，应该是以诉讼双方把事情说了一半为胜。如果只听一方之辞就定案，那另一方能服吗？应该也不符合审案的程序，再者，子路也没有如此高的水平吧！孔子说自己听诉讼也要和别人一样按程序来，子路就是再急率，身为孔子的学生，不至于鲁莽到这种程度。所以"片言可以折狱"，应为"听诉讼双方把事情讲一半。"子路就自以为明白了，就急忙结案。

解释

孔子说："诉讼双方陈辞还未结束就可以下定论而结案的，大概只有子路了吧。子路凡事太急躁，子路许诺的事不会过夜，一定当天兑现。"

这是孔子对子路的批评，不慎重，太急率，后人把"片言折狱"作为褒义词来形容英明，如同"启手足"、"慎终追远"一样都是笑话。

12.13　子曰："听讼，吾犹人也。必也使无讼乎？"

解释

孔子曰："审理案件，我同别人一样勘察实情，理清是非曲直，裁定罪责轻重，与别人不同的是我一定尽力使诉讼的事不再发生。"

孔子关注根本的问题，从根本上息讼在于明礼义，弘扬教化。《讼》卦九五"讼元吉"，意思即从根本上息讼为吉。

12.14　子张问政。子曰："居之无倦，行之以忠。"

注释

倦，《说文》：罢也，此处为疲倦的意思。

解释

子张问如何做官，孔子说："在其位不知疲倦，处理政事要有忠敬之心。"

倾心竭力，忠敬从事以为官。《诗·大雅·烝民》"夙夜匪懈"，《诗·召南·采蘩》"夙夜在公"同"居之无倦"。

12.15　子曰："博学于文，约之以礼，亦可以弗畔矣夫！"

注释

畔，同"叛"。叛《说文》：半也，即分离，背离。

解释

孔子说："广泛学习文化知识，以礼约束其行为，这样就可以不背离君子之道了。"

12.16　子曰："君子成人之美，不成人之恶。小人反是。"

注释

（1）美，美好的德行。

（2）恶，恶劣的品行。

（3）成，有"大"之意，如成县、成德、成人、成童。此处解释为增益、夸大。《穀梁·隐公元年传》"春秋成人之美，不成人之恶"，春秋即历史记载。由这句话亦可推敲"成"为"增益、夸大"之意。古语有"见人之善扬之，见人之恶掩之"，近于夫子此言。

"成人之美"传统解释为"成全别人的好事"，有帮助的意思，单独这样说意思还算通顺。如果把"成人之恶"联系在一起就不通了。"成人之恶"仍按"成全"解释，则是"君子不成全别人的坏事"，"成全"用在此处极不合语言习惯。故意成全别人的坏事，所为何？陷害？变态？所以"成"不能解释为"成全"。

解释

孔子说："君子增益别人美好的德行，不夸大别人恶劣品行，小人正好与此相反。"

韩愈《张中丞传后叙》"小人之好议论，不乐成人之美如是哉！"其中"小人之好议论"即议论是非，即"成人之恶"之意。

12.17　季康子问政于孔子。孔子对曰："政者，正也。子帅以正，孰敢不正？"

解释

季康子问孔子如何执政，孔子说："政即是正，政治无非就是正于道德礼义，正于刑政法制。率先端正自己，谁敢不端正呢？"

12.18　季康子患盗，问于孔子。孔子对曰："苟子之不欲，虽赏之不窃。"

注释

赏，奖赏，与惩罚相对。"虽赏之不窃"与"虽罚之仍窃"相对。

解释

季康子因为盗贼太多而忧虑，问孔子怎么办。孔子回答："如果您作为执政者不好利，下面的百姓自然也不好利，即使有奖赏也没有人去偷窃。"

孔子的意思是人民尚礼义则不尚财货。树立文明尚礼的风气虽奖赏人民亦不偷盗，因为重名节。执政者沉迷于物利情欲，虽惩罚不能禁盗窃淫逸。孔子说，"君子之德风，小人之德草"。《礼记·缁衣》"上有所好，下必甚焉"。

《礼记·大学》"长国家而务财用者，必自小人矣！"译文"执掌国家而追求财利者，必定是小人。"古今小人何其多也？

12.19　季康子问政于孔子曰：“如杀无道，以就有道，何如?”孔子对曰：“子为政，焉用杀？子欲善而民善矣。君子之德风，小人之德草。草上之风必偃（yan）。”

注释

（1）偃，《说文》释为仰卧，仰而倒称之为偃。

（2）杀，此处为灭除。

（3）就，为归于、趋向之意。

（4）“草上之风”为“风之草上”倒装。

解释

季康子问如何执政于孔子：“如果灭除不道义的人和事，使归于道义，怎么样呢?”孔子回答：“您执政，何必用灭除这样舍本逐末的手段呢？主动权在您自己手里，您想变好，百姓就可以变好。君子的德行如同风一样，小人的德行如同草一样，风吹到草上则草必定倒下。”

12.20　子张问：“士何如斯可谓之达矣?”子曰：“何哉，尔所谓达者?”子张对曰：“在邦必闻，在家必闻。”子曰：“是闻也，非达也。夫达也者，质直而好义，察言而观色，虑以下人。在邦必达，在家必达。夫闻也者，色取仁而行违，居之不疑。在邦必闻，在家必闻。”

注释

（1）斯，连词，同“就”。

（2）达，此处有显贵、显达的意思。

（3）闻，有声名。

（4）取，副词，表示范围，仅仅。

解释

子张问：“学问者如何就可以称之为显达呢?”孔子说：“你所谓的

达是什么意思？”子张说：“在国家有声名，在家有声望。”孔子说：“这是有声名，并非士人之达。士人之所谓通达，秉性正直而好礼，察言观色时刻考虑以谦虚待人，这样在国家从政方能通达，在家治事方能通达。务于声名的人，仅仅态度仁爱而行为违背仁义之道，自以为是，这样的人在国家有虚名，在家一定有虚名。”

“察言观色，虑以下人”，善与人交际，虚心下人，这是人情练达的表现。“质直好义”是明达于道的作风。世理人情通达方称之为“达”。

曹雪芹有一副对联“世事洞明皆学问，人情练达即文章”，说的也是“达”。

12.21　樊迟从游于舞雩（yu）之下，曰：“敢问崇德，修慝（te），辨惑。”子曰：“善哉问！先事后得，非崇德与？攻其恶，无攻人之恶（wu，诋毁），非修慝与？一朝之忿，忘其身以及其亲，非惑与？”

注释

慝，邪恶。修慝，整治、去除不德、不义。

解释

樊迟陪孔子在舞雩台下游玩，问孔子：“我冒昧地问如何提高道德修养；怎样整治不德、不义；以及如何辨别迷惑？”孔子说：“这个问题问得好，先践行礼义而后行有心得，这不就是提高道德吗？批评、抨击不德、不义本身，而没有指责人身的诽谤，这不就是整治邪恶吗？一时激愤，忘了自己的安危，不顾及亲人的感受，这不就是迷惑吗？”

这段话有因材施教的意味，看来樊迟不仅愚笨而且还莽撞，但秉性良善。

“攻其恶，无攻人之恶（wu，诋毁）”，劝教他人可以对其不德、不义之行为进行批评、指责，但不能攻击其人本身人格，这是批评的准则。《蒙》卦，“击蒙，不利为寇，利御寇。”抨击愚昧，行教者应当与被劝教者一致以不德、不义为共敌，不能以愚昧者为敌。通俗讲，批评应对事不对人。

12.22　樊迟问仁，子曰："爱人。"问知，子曰："知人"。樊迟未达，子曰："举直错诸枉，能使枉者直。"樊迟退，见子夏曰："乡也吾见于夫子而问知，子曰：'举直错诸枉，能使枉者直'，何谓也？"子夏曰："富哉言乎！舜有天下，选于众，举皋陶，不仁者远矣。汤有天下，选于众，举伊尹，不仁者远矣。"

注释

（1）错，同"措"。措《说文》：置也，放置。

（2）枉，《说文》：斜曲也，即不正直。

（3）知人，掌管民众。此处有善于治理民众之意。

（4）乡，同"向"，方才之意。

解释

樊迟问："如何为仁？"孔子说："仁就是爱人民。"樊迟又问："什么是智？"孔子说："掌管人民"。樊迟没能理解。孔子说："推举正直的人来管理不正直的人，能使不正直的人变成正直的人。"樊迟出来，见到子夏说："方才我见到老师，问：'何为智？'老师说：'举直错诸枉，能使枉者直'，这是什么意思呢？"子夏说："说得多么翔实呀！舜得天下在世人中选举人才，推举出皋陶来管理天下，不仁者就远离了。汤得到天下在众人中选举人才，推举伊尹管理天下，不仁者就远离了。"

这段话应该是谈论君王之"仁与智"，爱人民为君王之仁。管理人民乃君王之智。樊迟不明白，子夏给他讲汤舜如何利用皋陶、伊尹管理天下。即善于用人治理天下，如此为君王之智。

这句话其他注解皆不能自圆其说，不举例。

12.23　子贡问友。子曰：“忠告而善道之，不可则止，毋自辱焉。”

注释

道，通“导”，此处有开导的意思。

解释

子贡问朋友相处之道，孔子说：“衷心地劝告他，耐心地开导他，如果不听从也就适可而止，不要自讨其辱。”

12.24　曾子曰：“君子以文会友，以友辅仁。”

注释

友，《说文》：同志为友，志趣相同为友。

解释

曾子说：“君子以道德文章来结交友人，通过友人辅助自己进于仁道。”

第十三章　子路篇

13.1　子路问政。子曰："先之劳之。"请益。曰："无倦。"

注释

劳，《尔雅》：勤也，此处有尽心力之意。

解释

子路问如何从政，孔子说："自己先以身作则，而后要尽心尽力。"子路要老师再补充些。孔子说："不要懈怠。"

孔子多次强调，正人先正己的原则。尽心尽力，坚持不懈，是成功的条件。

"无倦"即夙夜在公、夙夜匪懈。

13.2　仲弓为季氏宰，问政。子曰："先有司，赦小过，举贤才。"曰："焉知贤才而举之？"子曰："举尔所知，尔所不知，人其舍诸？"

注释

有司，指官吏。

解释

仲弓作季氏的总管，问孔子如何管理官员，孔子说："自己要先以身作则为下属官员树立榜样，下属官员一些小的过失可以赦免，不要斤斤计较，从官员当中推举有贤能的人来担任重要职位。"仲弓说："如何知道有贤能的人而把他推举上来呢？"孔子说："推举你身边的，其他你不知道的自然会来找你。"

"尔所不知，人其舍诸"，孔子的意思是推举你身边知道的贤才，其他的贤才自然会找你或被推举出来。“舍”的意思是放弃。“人其舍诸”，人不会放弃被重用的机会。

这段话是孔子关于治官的论述。首要还是以身作则，上行下效。其次“赦小过”，人无完人，责全求备则无人可用，所谓小过，不涉及根本道义的过失，未造成严重后果的过失。“举贤才”，重用贤能的官员，不断充实正义的力量，奸佞不仁的人则会渐趋减少。

13.3　子路曰：“卫君待子而为政，子将奚先？”子曰：“必也正名乎？”子路曰：“有是哉，子之迂也！奚其正？”子曰：“野哉，由也！君子于其所不知，盖阙如也。名不正，则言不顺；言不顺，则事不成；事不成，则礼乐不兴；礼乐不兴，则刑罚不中（zhong）；刑罚不中，则民无所措手足。故君子名之必可言也，言之必可行也。君子于其言，无所苟而已矣。”

注释

（1）待，此处有依靠的意思。

（2）野，此处有浅陋的意思。

（3）阙如，即“如阙”，即缺省。此处为有所保留的意思。

（4）迂《说文》：避也，曲折之意思。此处解作迂远、迂阔、不切实情之意。

解释

子路说：“卫国君依靠您治理国家，您首先要干的工作是什么呢？”孔子说：“一定要先明确官与民在法制与道义上的权力与义务。简单地说就是确定人的名分。”子路说：“有这么做的吗？您这样做是迂阔之举。为何您首先要正名呢？”孔子说：“浅陋啊！子路。君子对于自己所不了解的不随便议论，而是有所保留。如果名分不正，则所说的话，发布的指令就不顺；言论、命令不顺则办事就不能成功；事情不成则礼乐就不能兴起；礼乐不兴起则刑罚就不能适中；刑罚不能适中，老百姓就会手足无措，进退失据。所以君子确立名分必须可以使其可以依据名分而正当发言，其所言必须能通行。君子对于自己所言，只是不苟且而已吧！”

从这段话中“礼乐不兴，则刑罚不中”，我们可以得知儒教治理社会以德治为根本，以法治为保障。严法不为错，前提是“礼乐兴”。

此处所谓“不中”指刑罚不能得其正义。刑罚之正义在于防范、警戒邪恶，在于处罚要适宜，为礼乐之保障。如果礼乐不兴盛则邪恶必盛行，刑罚不能行其正用。礼乐不兴而施用严法，孔子说是“不教而杀谓之虐”。

“君子于其言，无所苟而已矣。”，君子严肃对待自己的言辞，亦要求别人严肃对待之，如果没有名分则君子唯有“不在其位不谋其政。”同样普通百姓也应当有其名分，不然则“无所措手足”。百姓对自身之言词往往很“随便”，如果不以名分约束之则必乱。可见名分之于君子与小人皆不可或缺。

13.4　樊迟请学稼。子曰：“吾不如老农。”请学为圃。曰：“吾不如老圃。”樊迟出，子曰：“小人哉，樊须也！上好礼，则民莫敢不敬。上好义，则民莫敢不服。上好信，则民莫敢不用情。夫如是，则四方之民襁（qiang）负其子而至矣，焉用稼？”

注释

（1）稼，种庄稼。圃，种菜。

（2）襁《说文》：负儿衣。背负婴儿的衣物。

解释

樊迟向孔子请教种庄稼的知识，孔子说：“我不如老农。”樊迟又请教种菜的知识，孔子说：“我不如菜农。”樊迟退出后，孔子说：“樊迟就是一个凡夫俗众。执政者崇尚礼，则人民不敢不敬。执政者好道义，则人民不敢不顺服正义。执政者好诚信，则人民不敢不据实情。如果这样，四方的百姓就会用襁衣背着小孩来投奔，为政者哪用得着自己去种庄稼呢？”

樊迟这个学生看来真有点笨，问了一个学种庄稼的问题，老师说“不如老农”，然后樊迟接着又问了一个种菜的问题，找老师责骂。

儒者的职责是弘道化民，孔子关心的是社会管理。

13.5　子曰：“诵《诗》三百，授之以政，不达。使于四方，不能专对。虽多，亦奚以为？”

注释

（1）达，通达、通晓之意。

（2）专，应为“抟（tuan）”。抟《说文》：圆也，此处为圆通、灵活之意。

（3）奚以为，即“以为奚”，用来干啥？

解释

孔子说：“熟读《诗》三百篇，授之以政事，不能通达。出使四方，不能圆融应对，虽然读了很多书，又能干什么呢？”

13.6　子曰：“其身正，不令而行。其身不正，虽令不从。”

解释

孔子说：“自己品行端正，不用强制别人也会听从，自己品行不端正，强制命令别人也不会服从。”

13.7　子曰：“鲁卫之政，兄弟也。”

注释

（1）鲁国，周公之后。

（2）卫国，康叔之后。

（3）康叔，周文王第九子，周武王同母弟，封于殷朝旧都朝歌，即卫国。康叔执政有方，开创了卫国大治的局面。

（4）周公，周文王第四子，周武王同母弟。周公儿子伯禽封于鲁，鲁地多殷朝遗民。伯禽善治，使鲁国享有“礼仪之邦”的美誉。

解释

鲁与卫两国的政治基础以及行政制度都很相似，两国如同兄弟一般。

13.8　子谓卫公子荆："善居室。始有，曰：'苟合矣。'少有，曰：'苟完矣。'富有，曰：'苟美矣。'"

注释

（1）苟，有或许、尚之意。

（2）善居室，善于持家。

（3）合，全、齐备的意思。

（4）完，此处有充实、充足的意思。

（5）美，美好之意。

解释

孔子谈到卫国公子荆，说："他善于持家，家里有些财富，他便说：'或许够齐全了吧。'稍微再富裕一些，他便说：'或许够充足了吧。'等富有了，他便说：'大概够美好了吧。'"

孔子认为卫公子荆有节制。对物利人欲的节制是儒学的修行要求。

13.9　子适卫，冉有仆。子曰："庶矣哉！"冉有曰："既庶矣，又何加焉？"曰："富之。"曰："既富矣，又何加焉？"曰："教之。"

注释

（1）仆，驾马车的人。此处解作"为仆"。

（2）适，到……去。

解释

孔子到卫国去，冉有驾车，孔子说："人口众多啊。"冉有说："人多了，下一步该如何行政呢？"孔子说："让百姓富裕起来。"冉有又问："如果富裕起来又该怎么做呢？"孔子说："教化他们。"

这段话表明了孔子教化民众的科学态度。孔子认为物质文明是精神文明的基础。

13.10 子曰："苟有用我者，期月而已可也，三年有成。"

注释

期，通"稘（ji)"。稘《说文》：复其时也，即时间周而复始。期月，满一个月。期年，满一年。

解释

孔子说："如果有人用我来治理国家，一个月而已，就可以把施政基础建好，三年则教民治国有成果。"

13.11 子曰："'善人为邦百年，亦可以胜残去杀矣。'诚哉，是言也！"

注释

（1）胜，《说文》：任也，引申战胜、制服。

（2）残，《说文》：贼也，伤害之意，此处有凶暴之意。

（3）胜残，即制服残暴。

（4）去杀，即去除杀戮。

（5）亦，置句首语气词，无意。

解释

孔子说："'德智兼备的人治理国家百年左右，可以制止残暴，去除杀戮。'这句话诚实不欺啊！"

"胜残去杀"意思是去除暴戾。"善人为邦"，坚持以礼义道德为根本来治理国家，那么凶暴野蛮的习气就会遏制。

今天社会暴戾之气并未完全遏制，礼义道德亦面临危机，亦有其他诸多不尽人意之处，但国家已然解决"富之"的问题，正是进入"教之"的时机。君子者应识时务，担当起新时期儒者的使命：力行仁，扬正义，尚才艺，促和平。

13.12　子曰："如有王者，必世而后仁。"

注释

世，《说文》：三十年为一世。

解释

孔子说："如果将来有以仁道治天下的君王，也一定要历经三十年才能把仁政建立起来。"

仁爱之道的树立要历经几十年、上百年，但残暴之道的滋生、蔓延则极快。"文革"时期父子、夫妇、兄弟、朋友、师生等社会关系遭到严重伤害，几乎是一夜之间。掌国家教化者不可不慎！

13.13　子曰："苟正其身矣，于从政乎何有？不能正其身，如正人何？"

正人，即正民，教正国民，亦即从政之意。

解释

孔子说："如果能端正自己，对于从政那还有什么呀？如果不能端正自己的言行又如何能正民呢？"

13.14　冉子退朝。子曰："何晏也？"对曰："有政。"子曰："其事也。如有政，虽不吾以，吾其与闻之。"

注释

（1）晏，此处为晚、迟之意。

（2）虽不吾以，即"虽不以吾"，即虽然不用我来参与。

（3）吾其与闻之，"其"，译为应该，表示推测，即"其与吾闻之"，应该会告诉我。

解释

冉有退朝回来，孔子说："为何回来晚了？"冉有回答："有政事要处理。"孔子说："应该是一般事务吧。如果有重大政治事件，虽然不用我参与，也应该会告诉我的。"

孔子这句话乃感叹不得志之辞。

13.15　定公问：“一言而可以兴邦，有诸?”孔子对曰：“言不可以若是其几也。人之言曰：‘为君难，为臣不易。’如知为君之难也，不几乎一言而兴邦乎?”曰：“一言而丧邦，有诸?”孔子对曰：“言不可以若是其几也。人之言曰：‘予无乐乎为君，唯其言而莫予违也。’如其善而莫之违也，不亦善乎？如不善而莫之违也，不几乎一言而丧邦乎?”

注释

(1) 唯，此处为因为。

(2) 几，《尔雅》：近也，接近、达到的意思。

(3)“若是其几也”即“其几若是”，达到如此程度。“言不可以若是其几也”，一句话不能达到兴邦的作用。

解释

鲁定公问：“有没有一句话可以使国家兴盛。”孔子回答：“一句话不能达到您说的这种效果，但人们常说：‘做国君难，做臣下不容易’，如果明白做一个好的国君很难，不近乎一言可以兴邦吗?”鲁定公又问：“一言而丧邦，有这样的话吗?”孔子回答：“一句话不能达到丧国的危害程度，但人们常说：‘我不乐于事奉君长，因为他们的话我不能违抗’，如果君王的话是正确的而不违抗，不也很好吗？如果君王话是错误的而不违抗，不近乎一言而丧邦吗?”

13.16　叶公问政。子曰：“近者说，远者来。”

注释

(1) 说，《尔雅》：乐也，有悦服的意思。

(2)“近者说，远者来”，《孔子家语·辩政》“夫荆之地广而都狭，民有离心，莫安其居，故曰：‘政在悦近而来远’。”孔子针对楚国的情况而说的此番话。

解释

叶公问如何执政，孔子说："近处的百姓悦服，那么远处的百姓就会闻讯归附。"

13.17　子夏为莒（ju）父宰。问政。子曰："无欲速，无见小利。欲速，则不达；见小利，则大事不成。"

注释

莒父，鲁国地名。

解释

子夏去莒父做行政长官，问孔子如何办理政事。孔子说："不要急于速度，不要贪图小利，急于求成，往往事情不能达到预期目标，贪图小利则办不成大事。"

子夏为人小气，性格急躁，孔子这句话可谓因材施教。

13.18　叶公语孔子曰："吾党有直躬者，其父攘羊，而子证之。"孔子曰："吾党之直者异于是：父为子隐，子为父隐，直在其中（zhong）矣。"

注释

（1）躬，《尔雅》：身也，此处有身行的意思。直躬者，身行正直之人。

（2）攘，此处为偷窃的意思。

解释

叶公对孔子说："我们乡党有身行正直者，他的父亲偷了羊，而儿子亲自举证。"孔子说："我们乡党的正直不同于这个：父亲为儿子隐瞒，儿子为父亲隐瞒，正直在其中于人伦之大义啊！"

儒教的父子、君臣、兄弟、朋友四伦之中君臣出自父子，朋友出自兄弟。父子、兄弟是根本，如果父子与君臣做取舍，必舍君臣，兄弟与朋友做取舍，舍朋友。所以孔子不直言叶公所谓"直躬者"为乱伦，而婉转地说真正的“直”是君臣之义要从于父子之情。“大义灭亲”不是儒学，“君要臣死，臣不得不死”是骗词。在孔子人伦序列里，“亲亲”至上，是为社会基石，为大义。若人人都“亲亲”，社会就稳定。“孝悌仁之本也”，违背孝悌则必乱。

“父为子隐，子为父隐”，于社会讲是违法行为，然而亲亲与违法二者相比，选择亲亲仍利大于弊。“文革”中夫妻反目，父子成仇，毁坏了正常的人伦。

13.19　樊迟问仁。子曰：“居处恭，执事敬，与人忠。虽之夷狄，不可弃也。”

解释

樊迟问如何做到仁，孔子说：“平常自处常怀恭敬之心，做事要有敬慎之心，与人交往常怀忠敬之心，即使处于夷狄也不放弃这种态度。”

13.20　子贡问曰：“何如斯可谓之士矣?”子曰：“行己有耻，使于四方不辱君命，可谓士矣。”曰：“敢问其次。”曰：“宗族称孝焉，乡党称弟焉。”曰：“敢问其次。”曰：“言必信，行必果，硁（keng）硁然小人哉，抑亦可以为次矣。”曰：“今之从政者何如?”子曰：“噫！斗筲（shao）之人，何足算也?”

注释

（1）行己有耻，“行”此处解作规范、要求。要求自己要有是非观，有羞耻之心。

（2）硁，石头撞击的声音。其声短促、单调、低沉，所以引申为浅陋、鄙陋之意。《后汉书·逸民传序》“彼虽硁硁有类沽名者。”

（3）斗筲，即“斗与筲”，容量小的器具。筲《说文》：饭器，做饭的器具。

（4）算，应为“匴（suan）”，匴《说文》：渌（lu）米籔（sou）也，即用来淘米的筲箕，比斗筲大。

解释

子贡问："如何才可以称为士?"孔子说："自我要有羞耻之心。出使四方不辱没使命，可以称之为士了。"子贡又问："那稍微差一点呢?"孔子说："家族里有孝名，乡人中有敬悌之名的人。"子贡又问："那再差一点的呢?"孔子说："言而有信，行必有果，即使浅陋的平民百姓都可以算是差一等的士了。"子贡问："当今执政者怎样呢?"孔子说："咳！器量如斗筲一般大小的人，连筲箕都配不上！"

这句话歧义在"算"，多解作算作、算数。联系子贡之问"今天的从政者怎么样呢?"若孔子回答"这些人算得了什么呢?"则答非所问。

再者，"何足算也?"直译为"怎么配算作士呢?"此处"足"解作"配、称得上"，"算"如果解作"算作"亦有"足"意。可见词句不通顺。

"算"根本就没有"算作、算是"的意思，并且这种错误解释应当就来源于《论语》这句话。

13.21　子曰："不得中行（hang）而与之，必也狂狷（juan）乎？狂者进取，狷者有所不为也。"

注释

（1）中行，遵循中道与客观规则以立身处事，简言之"中行"即义理。

（2）狂狷，时世悖乱不遵从中道与常规立身处事的两类人。狂者不遵循中道与常规行事，积极追求自我之理想。狷者退避悖乱时世，内心有所坚守，行为固执一端。

《孔子家语·子路初见》泄冶谏陈灵公与夏姬私通之事，而被陈灵公杀之，孔子说："以区区之一身，欲正一国之淫昏，死而无益，可谓狷者。"泄冶于朝堂之上谏君王之淫昏，可见其之固执。

《孟子·尽心》"曾皙，孔子之所谓狂者。""春服既成，风乎舞雩，咏而归。"即曾皙之言，曾皙不从政而从其所好，此言可以形容狂者之一斑吧。

解释

孔子说："如果时世不允许依从中道与常则立身、处事，我必定做一个狂狷者。狂者从其所好，追求自我之理想。狷者坚贞不渝，固守其德。"

这一章歧解颇多，不举例。

13.22　子曰："南人有言曰：'人而无恒，不可以作巫医。'善夫。""不恒其德，或承之羞。"子曰："不占而已矣。"

解释

孔子说："南方人有句话：'人没有恒心，不可以做巫士与医生'，这句话讲得好。《易·恒》中说：'人不恒于君子之德，或流于乡愿，或流于狂狷'。"孔子说："这句话的意思是没有恒心的人连占卜都不灵验。"

13.23　子曰："君子和而不同，小人同而不和。"

解释

孔子说："君子可以与众人和合，但道德操守不同，小人德行相同，但不能与众人和合。"

君子道德高尚，明通事理人情，所以可以礼让小人，而和睦相处。小人浅陋固执，不尚道德，故不以礼让人，所以多争斗而不和。

13.24　子贡问曰："乡人皆好之，何如？"子曰："未可也。""乡人皆恶之，何如？"子曰："未可也。不如乡人之善者好之，其不善者恶之。"

解释

子贡问孔子："乡里的人们都称赞的人怎么样？"孔子说："不好。"子贡又说："乡里的人都厌恶的人怎么样？"孔子说："不好，不如乡里的好人都喜欢，乡里的坏人都厌恶。"

"皆好之"此人善于迎奉，欺骗。"皆恶之"此人不能和群。"善者好之，不善者恶之”此人行为公正，正直，为大多数人谋利益。

“皆好之，皆恶之”这两种情况现实中很多见，应审思之。

13.25　子曰：“君子易事而难说也。说之不以道，不说也。及其使人也，器之。小人难事而易说也。说之虽不以道，说也。及其使人也，求备焉。”

解释

孔子说：“君子容易侍从，但难以取悦，不以正当的方式博取君子的欢心，君子是不会喜欢的。及至君子用人一定是量才而用。小人则难以侍从，而容易取悦，以不道义的方式取悦他，他会高兴。及至用人，求全责备。”

君子可以用人“器之”，是因为君子为运筹者，所用人因其材而设其用。小人“求备”，是因为小人浅陋，不知如何运筹，只能依赖臣下之无所不能，方能解小人之忧。

《孔子家语·六本第十五》“曾子曰：夫子见人之一善而忘其百非，是夫子之易事也。”

13.26　子曰：“君子泰而不骄，小人骄而不泰。”

解释

孔子说：“君子泰然处之而不骄逸放肆。小人骄逸放肆而不能处之泰然。”

13.27　子曰：“刚，毅，木，讷近仁。”

注释

（1）刚，《说文》：强断也，引申刚强。

（2）毅，《说文》：有决也，即有决心，有毅力。

（3）木，曲直之道。此处意思为不断矫正、进步。《史记》中有“木强敦厚，可属大事”，“木强”解作积极向上，奋发图强。

（4）讷《说文》：言难也，语言迟钝。此处指慎言。

解释

孔子说："首先意志要刚强，其次行持要有毅力，不断进步，慎言语，具备这四点可渐近于仁道。"

"刚，毅，木，讷"，四者单独都不可以说"近仁"，同时具备四者方能"近仁"。

13.28　子路问曰："何如斯可谓之士矣？"子曰："切切偲偲(cai)，怡怡如也，可谓士矣。朋友切切偲偲，兄弟怡怡。"

注释

(1) 切切，恳挚、诚挚之意。

(2) 偲，《说文》：强力也，强而有力。此处指友情深厚坚实。

(3) 怡，《尔雅》：乐也，即和悦。怡怡，和悦的样子。

解释

子路问："如何可以称之为士？"孔子说："与人交诚挚笃厚，和悦亲善，可以称之为士了。朋友之情诚挚坚实，兄弟之情和悦亲善。"

13.29　子曰："善人教民七年，亦可以即戎矣。"

注释

即戎，从军作战。

解释

孔子说："有水平的人教化民众七年，就可以使他们从军作战了。"

孔子言外之意，民信，民听。能"即戎"，即以生命相听从，何患其他不从？

"七年"并非确数，表示君子施政过半之意。即君子施政过半即可"即戎"，言外之意教民有成。

13.30　子曰："以不教民战，是谓弃之。"

注释

(1) 不教民，未经教育的民众，此处为未经训练的民众。

（3）战，即争战，参与战斗。

解释

孔子说："用未经训练的民众去参加战斗，可说是遗弃民众的行为。"

套孔子这句话，即"未经以礼乐教育的民众，而以刑法处置之，则谓之虐民"，即"不教而杀谓之虐"。

第十四章　宪问篇

14.1　宪问耻。子曰："邦有道，谷。邦无道，谷，耻也。""克、伐、怨、欲不行焉，可以为仁矣？"子曰："可以为难矣，仁则吾不知也。"

注释

（1）宪，即原宪，字子思，个性狷介，一生安贫乐道，不与世俗合流。曾为孔子家臣，孔子予九百斛俸米。孔子死，原宪隐居卫国，一生清贫。

（2）克，此处有好胜的意思。

（3）伐，此处为夸耀之意。

（4）怨，抱怨。

（5）欲，贪欲。

解释

原宪问何为耻，孔子说："国家有道，可以为官取俸。国家无道，却居官拿俸，这就是耻。"原宪又问："好胜、自得、抱怨、贪欲这几种毛病都能克制可以称为仁吗？"孔子说："这样做可以说是难能可贵了，是不是仁，我就不知道了。"

14.2　子曰："士而怀居，不足以为士矣。"

注释

（1）士，《说文》：事也。从事某项工作者，此处指从事公事者。

（2）怀，《说文》：念思也，不忘之思，此处有留恋的意思。怀居，即留恋家庭生活。

解释

孔子说：“士人过于留恋家居生活，便不配称之为士人。”

儒教认为士肩负道义，有教化民众的职责，苟只安于居家则所以“不足为士”。

14.3　子曰：“邦有道，危言危行。邦无道，危行言孙。”

注释

（1）危，应为“产（wěi）”，产《说文》：屋梠也，即屋脊。引申为正直之意。

（2）孙，即“逊”，逊《说文》：遁也，引申逊让、退让。

解释

孔子说：“国家有道，便直言直行。国家无道，行为正直，但言语要逊让。”

国家无道才会因言犯罪，所以要“言孙”。

14.4　子曰：“有德者必有言，有言者不必有德。仁者必有勇，勇者不必有仁。”

解释

孔子说：“有道德的人一定有道德言论，有道德言论的人不一定有道德。仁者必定勇敢，而勇敢者未必有仁德。”

14.5　南宫适问于孔子曰：“羿（yi）善射，奡（ao）荡舟，俱不得其死然。禹稷（ji）躬稼而有天下。”夫子不答。南宫适出，子曰：“君子哉若人！尚德哉若人！”

注释

（1）羿，即后羿，善射。夏初，夏太康不理朝政，后羿发动宫廷政变，摄取夏政，后被家臣寒浞（zhuo）所杀。

（2）奡，夏朝人，大力士，其力大可只手翻船，相传为寒浞之子。传说被夏少康杀死。

(3) 南宫适，即南容。

(4) 荡舟，即毁坏舟。

(5) 禹，即大禹。

(6) 稷，舜之名臣，又名后稷。善农耕，为周族始祖。

解释

南宫适问孔子："后羿善射箭，奡力气大，可以只手翻船，然而二者都未得好死。大禹与后稷亲自下地务农桑，而都得到了天下。"孔子没有回答，南宫适出去后，孔子说："这个人真是君子呀！这人崇尚道德呀！"

后羿与奡都靠暴力夺得天下，都不可长久，最后不得好死。大禹与后稷身为民先而天下归心。君子以德服人，非以力胜人，君子尚德，小人尚力。

14.6　子曰："君子而不仁者有矣夫，未有小人而仁者也。"

注释

(1) 孔子所指"君子、小人"，有道德上的"君子、小人"，有社会身份上的"君子、小人"。社会身份为小人，道德上为君子，亦是君子。社会身份为君子，道德上为小人，亦是真小人。

解释

孔子说："君子偶尔做出不仁的事情，这种情况会有吧，但小人却永远不会做出仁义的事来。"

14.7　子曰："爱之，能勿劳乎？忠焉，能勿诲乎？"

注释

(1) 劳，劝勉、鼓励。

(2) 诲，晓教也，即教导使明白。

(3) 勿，通"无"，解作得无，表示反问。

解释

孔子说："君子爱人民能不劝勉之？君子忠其事能不教导世人？"

君子之行教化民，必“原父子之情，立君臣之义”，即从人情而言要爱民，从公义而言要忠以用事。

这句话多歧解。“爱之”即爱某某，“忠焉”为忠敬，其中“焉”为语气助词。“忠焉”不可解释为忠于某某。

14.8　子曰：“为命，裨谌（pi chen）草创之，世叔讨论之，行人子羽修饰之，东里子产润色之。”

注释

（1）为命，制定行政公文。

（2）裨谌，郑国人，善谋略。

（3）世叔，郑国大夫，子产死后，继子产为郑国宰相。

（4）行人，官名，主号令之官。

（5）子羽，郑国大夫。

（6）东里，地名，郑国大夫子产居住的地方。

（7）子产，郑国宰相，与孔子同时，为当时最负盛名的政治家，一生廉洁奉公，颇得民望。孔子亦推崇之。

解释

孔子说：“制定行政公文，先由裨谌起草。经与世叔讨论后由负责主管号令的官员子羽进行内容的修改，梳理。最后由子产作文字上的加工。”

国家的行政命令，相当于人的言语，“一言以为智，一言以为不智”，所以一定要慎重。孔子说这句话应该是针对政令草率的现象有感而发。

14.9　或问子产。子曰：“惠人也。”问子西。曰：“彼哉！彼哉！”问管仲。曰：“人也。夺伯氏骈邑三百，饭疏食，没齿无怨言。”

注释

（1）惠，《说文》：仁也。《尔雅》：爱也，引申有给予好处的意思。

此处为恩遇、惠爱的意思。

(2) 子西，与孔子同时，楚平王庶子，楚昭王之兄，楚惠王之伯父。两次辞让君王分别与昭王、惠王。一生经历两次吴楚之战，为楚复国立下汗马功劳，官至令尹，掌全国军马。子西不忍楚太子建的儿子白公胜流落吴国，因而召回白公胜。因楚国不同意为白公胜复仇，因而白心生怨恨，兵变杀死子西。

(3) 彼，《说文》：往有所加也，即在原来的基础上有所增益，引申在原来的基础上有增益、转变。

《公羊传·定公八年》阳虎叛乱未成，出逃，临时住在鲁国郊外，有人表示住在鲁国郊外太危险了，怕有追兵来袭，阳虎说："夫孺子得国而已，如丈夫何?"一会又说"彼哉，彼哉！趣驾。"刚开始阳虎轻蔑地说"小孩子掌握国家，能对我们大丈夫如何?"转念一想，国中有阳处父这样的能臣，有可能乘胜追击，所以紧张地说"不行，不能大意啊！赶紧驾车。""彼哉"在此表示对原先轻蔑态度的改变。

《坫（dian）铁论·杂论》"车孟相即周吕之列，当轴处中，括囊而去，彼哉，彼哉!"译文"车孟相位至于周公、姜太公之列。其作用如同马车的车轴，然而不轻易发表言论，真是德行有加啊！德行有加啊!"此处"彼哉"指其身居要位而又能不轻易发表言论，德行有加。

孔子说子西"彼哉，彼哉"是在子产"惠人"的基础上德行有增益。

解释

有人问如何看待子产，孔子说："他是一位惠爱民众的人。"又问子西，孔子说："子西不仅惠民而且好德，可谓德行有加啊!"又问管仲，孔子说："管仲是人才，他夺走了伯氏在骈邑三百户的土地，伯氏吃粗粮，可是伯氏到死都无怨言。"

"彼哉，彼哉"多解作"他呀，他呀"，语句不通顺。孔子对子产、管仲都做了明确的评价，唯独对子西不置可否，不合上下文逻辑。以子西的行为考之，两次让国，一次复国，终因"爱人"而致死，可谓好德之人。好德，进乎惠人之上，故孔子说“彼哉，彼哉！”孔子说子西之德有过于子产。

14.10　子曰：“贫而无怨难，富而无骄易。”

解释

孔子说：“若贫困而使人没有怨言很难，若富裕而不使有骄逸则容易。”

14.11　子曰：“孟公绰为赵、魏老则优，不可以为滕薛大夫。”

注释

（1）孟公绰，鲁国人。

（2）老，家臣称老。

（3）优，《说文》：饶也，即宽裕。

（4）滕、薛，皆诸侯小国。

解释

孔子说：“孟公绰做赵、魏的家臣则能力有余，但不可用做滕、薛小国的大夫。”

孔子说“君子使人器之”，量其才而用，孟公绰只能当家臣，不能为大夫之职。

14.12　子路问成人。子曰：“若臧武仲之知，公绰之不欲，卞庄子之勇，冉求之艺，文之以礼乐，亦可以为成人矣。”曰：“今之成人者何必然？见利思义，见危授命，久要不忘平生之言，亦可以为成人矣。”

注释

（1）成，有“大”的意思。成人，高尚的人。

（2）臧武仲，鲁大臣，善智谋。

（3）卞庄子，鲁国勇士，力可敌虎。

（4）授，《说文》：予也，给予，授命，献出生命。

(5) 久要，即“久约”，长期穷困，久不得志。

(6) 平，《尔雅》：成也，治平之意。生，此处解作教育、养育。“平生”即成就教化。“平生之志”即成就教化世人之志。

解释

子路问如何成为高尚的人，孔子说：“智慧有如臧武仲，无贪欲如同孟公绰，勇敢如同卞庄子，多才多艺如冉求，再行之以礼乐，可以说是成人了。”孔子又说：“当今高尚的人不一定要具备这些条件了，见利益能想到道义，有危难不惜舍命，长期困顿不忘弘道化民的承诺，也可以算是高尚的人了。”

孔子说乱世之中，保持大节不失即可以算“成人”了。

14.13 子问公叔文子于公明贾，曰：“信乎，夫子不言，不笑，不取乎？”公明贾对曰：“以告者过也。夫子时然后言，人不厌其言；乐然后笑，人不厌其笑；义然后取，人不厌其取。”子曰：“其然？岂其然乎？”

注释

(1) 公叔文子，卫大夫，有贤名。

(2) 公明贾，卫国人。

解释

孔子问公明贾关于公叔文子的事，说：“可信吗？公叔先生不说话，不笑，不索取财利。”公明贾说：“告诉你的有点言过其实。老先生看时机然后说话，所以人们不厌恶他的话；真正快乐之后才笑，人们不厌恶他笑；符合道义然后索取，人们不厌恶他索取。”孔子说：“是这样的吗？岂能这样？”

孔子反问表示公明贾说的不对。君子“以道事君，不可则止”，言与不言不以时机为准则，以义与不义为准则。君子与朋友交“忠告而善道之，不听则止”，虽朋友不听，君子应尽“忠告，善道”之义务，当劝则劝。何谓公叔文子之“时然”？“乐然后笑，人不厌其笑”，一人之所乐或为他人之所忧。秦皇灭六国“乐然后笑”，天下人多厌其笑。大禹三过家门而不入，大禹家人之忧成就天下人之笑。“义然后取，人不厌其取”，舍义逐利者多多，如何能“不厌其取”？此为义利之争。再如灾荒之年，民不足食，而又逢敌国来犯，国家征用民资为存国之义，然而于百姓而言储蓄资粮为存家人之义。二义相争，百姓必厌其取。此为义义之争。

14.14　子曰：“臧武仲以防求为后于鲁，虽曰不要君，吾不信也。”

注释

臧武仲，为臧文仲之孙，以多闻多智著称。臧武仲被陷害，与季武子发生冲突，逃亡国外。防邑是臧氏家族封邑，临近齐鲁边境，臧武仲逃亡后，防邑无主。臧武仲于是指挥其弟向鲁政府请求为臧氏家族立继承人，以确保臧氏家族利益。作为交换条件，臧武仲愿意流亡国外。为达到这一目的臧武仲回到防邑向鲁国政府重申他的条件。因为防邑距离齐国边境也很近，鲁国不能失去这个战略要地，于是鲁襄公册立了臧武仲之弟为臧氏家族继承人。按当时制度，卿大夫家族立后必须由国君批准和任命。国君有自主权为卿大夫家族立后，但有时因种种原因受制于家族势力，像臧氏家族靠近边境城邑以叛国要挟国君。臧武仲要求为臧氏立后的说辞谦卑，表面并无任何要挟成分，但如果鲁国政府不同意，臧氏据城叛乱也有可能，所以在这件事上孔子不客气的批评臧武仲有要君之意。

解释

孔子说：“臧武仲以防邑为条件要求鲁国为臧氏宗族立后，表面不说是要挟君主，但我不信。”

14.15　子曰：“晋文公谲（jue）而不正，齐桓公正而不谲。”

注释

（1）谲，《说文》：权诈也，即权谋欺诈。

（2）晋文公，春秋五霸之一。晋文公少年离国，游历诸侯，多年之后归国杀晋怀公自立为王。对内用贤，对外联秦合齐，保宋制郑，尊王攘楚，开创晋国长达百年霸业，文治武功卓越，与齐桓公并称“齐桓晋文”。

（3）齐桓公，春秋五霸之首。与公子纠争帝位成功，不计前嫌，重用管仲，改革齐政，使国富民强。对外“九合诸侯，一匡天下”，以“尊王攘夷”的口号号令天下，北击山戎，南伐楚国，为中原第一个霸主，受周天子赏赐。晚年昏庸，任用易牙、竖刁等人，最终饿死。

解释

孔子说：“晋文公以权谋诡诈，不以中正仁义执政，齐桓公以中正仁义，不以权谋诡诈为政。”

晋文公似秦始皇，齐桓公有仁爱之风，所以孔子是齐桓公而非晋文公。

14.16　子路曰：“桓公杀公子纠，召忽死之，管仲不死。”曰：“未仁乎？”子曰：“桓公九合诸侯，不以兵车，管仲之力也。如其仁？如其仁？”

注释

（1）公子纠，为齐桓公之兄，二人争帝位，互相谋杀。召忽和管仲追随公子纠。鲍叔牙追随齐桓公，公子纠死后，召忽自杀以表忠心，而管仲事齐桓公，所以子路问。

（2）不以兵车，即不以武力。

（3）未仁乎，召忽殉忠而管仲不以死殉忠的做法，不能算是仁义吧？

（4）“如其仁？如其仁？”比得上管仲九合诸侯，不以武力这项仁义吗？孔子反问两次表示对子路只着眼小义，不着眼大义的不满。子路先说“召忽死之，管仲不死”，话至此而止，可以想象孔子在子路未说完整句话的时候态度已经不悦。但子路毕竟率直，仍硬着头皮把“未仁乎”三个字说出来。

孔子生气是有原因的，因为子路率直与人交往“言必行，行必果”，逞一时之义气，“忘其身以及其亲”，“以及大义”。后来子路终因讲一时之义而丧命。

“如其仁？如其仁？”在我们今天看来多么像孔子在叮嘱子路要看大义，要看大义，不要逞一时之义气。这里面包含了孔子对子路的无限担忧之情。

解释

子路说：“齐桓公杀了公子纠，召忽以死殉忠，管仲没有以死殉忠。”子路又接着说：“这不能算仁义吧？”孔子说：“齐桓公九次召集各诸侯国会盟，而不以武力，这都是管仲的功劳。召忽能比得了这项仁义吗？谁能比得了这项仁义？”

“如其仁？如其仁？”与其说为管仲争道义，不如说是在诘问子路，在告诫子路“见小义则大义不成”。

14.17　子贡曰：“管仲非仁者与？桓公杀公子纠，不能死，又相之。”子曰：“管仲相桓公，霸诸侯，一匡天下，民到于今受其赐。微管仲，吾其被发左衽矣。岂若匹夫匹妇之为谅也，自经于沟渎而莫之知也？”

注释

（1）相，辅佐。

（2）霸，春秋诸侯盟主称谓，此处有称霸的意思。

（3）微《说文》：隐行也，隐蔽行踪，引申没有之意。

（4）被发左衽，不文明少数民族的装扮。被发，披散头发。左衽，衣襟向左开。意思被野蛮民族同化，我们的文明被灭亡。

（5）谅，《说文》：信也，众信曰谅，众人的信任称之为谅。

（6）经，上吊。自经，自己上吊自杀。

（7）匡，《尔雅》：正也。

（8）沟，《尔雅》：水注川曰溪，注溪曰谷，注谷曰沟，注沟曰浍，注浍曰渎。即河川之上为溪，溪之上为谷，谷之上为沟，沟之上为浍，浍之上为渎。沟渎，此处指荒远偏僻之地。

（9）匹夫，应为“鸣（pi）夫”。“鸣”即鸭子。《礼记·曲礼下》“大夫雁，士雉，庶人之贽鸣”，古人见面礼称之为贽，庶人的见面礼为鸣，所以称庶人为“鸣夫”。“鸣夫”即老百姓，浅陋而没有文采的人。“天下兴亡鸣夫有责”看来是小人执政之“求备焉”。

解释

子贡说：“管仲不是仁者吧？齐桓公杀了公子纠，他不但不殉忠，还去辅佐齐桓公。”孔子说：“管仲辅佐齐桓公，称霸诸侯，匡正天下，民众至今还在享受他带来的好处。如果没有管仲，恐怕我们都会披头散发，衣襟左开，文明被夷狄灭亡了吧！难道能像见识短浅的鸣夫鸣妇遵守他们的信用那样，自己上吊于荒远偏僻的地方而不为人知吗?”

子路与子贡问同样的问题。子贡之问，孔子解释的详尽，语气舒缓，因为孔子了解子贡的处事风格，明达事理，谨慎权衡。子贡决然不会干出子路那样的事。这句话亦表明孔子认为臣子以道事君，不是以命事君。君子志在道，不是志在为君。志在天下，而不是志在一国。

14.18　公叔文子之臣大夫僎（zhuan）与文子同升诸公。子闻之，曰：“可以为‘文’矣。”

注释

（1）臣，此处为动词，意为领导，管理。

（2）僎，人名，卫国大夫。

（3）臣大夫僎，所领导的大夫叫僎。

解释

公叔文子所领导的大夫僎与公叔文子共同升于公的级别。孔子听到了，说：“公叔文子配得上“文”的谥号啊！”

公叔文子与原来的手下共同升到一个级别，可见公叔文子其人爱惜人才，心胸宽大。中国人论资排辈的风气由来已久，孔子对此表示不赞同。

14.19　子言卫灵公之无道也，康子曰："夫如是，奚而不丧?"孔子曰："仲叔圉（yu）治宾客，祝鮀（tuo）治宗庙，王孙贾治军旅。夫如是，奚其丧?"

注释

(1) 圉，人名。仲叔圉，即孔文子，孔子说他"敏而好学，不耻下问"。

(2) 祝鮀，卫大夫，字子鱼，有口才。孔子说"不有祝鮀之佞"。

(3) 王孙贾，卫国大夫，有勇气。曾问孔子"与其媚于奥，宁媚于灶"的问题。

解释

孔子说卫灵公无道，季康子说："既然如此为何没有丧国呢?"孔子说："有仲叔圉治理外交，祝鮀管理宗庙祭祀，王孙贾统帅军队，如此这样怎么能丧国呢?"

14.20　子曰："其言之不怍（zuo），则为之也难。"

注释

(1) 怍，《说文》：惭也，即惭愧的意思。

(2) 为，此处为教化的意思。

解释

孔子说："如果说话没有惭愧之色，那么教化他很难。"

这句话是指教育学生而言。其人必须要有羞耻之心，方能教导之。如果没有惭愧之色，必无羞耻之心，教育之亦徒劳。

这句话一般翻译：如果一个人大言不惭，那么实践他的话一定是困难的。首先"言"并非是"大言"，即说大话，夸海口。其次既然是说大话，夸海口，就一定不能兑现，何谓"为之也难"？既然是说大话就应该是洋洋自得的神情，怎么会说大话还有惭愧的表情呢？语意矛盾。滥觞于朱熹！

14.21　陈成子弑简公。孔子沐浴而朝，告于哀公曰：“陈恒弑其君，请讨之。”公曰：“告夫三子！”孔子曰：“以吾从大夫之后，不敢不告也。君曰‘告夫三子’者！”之三子告，不可。孔子曰：“以吾从大夫之后，不敢不告也。”

注释

（1）陈成子，名恒，是齐国陈氏家族的首领。曾唆使齐国大夫鲍息弑杀齐悼公，立齐简公，自任齐国宰相。后发动政变弑杀齐简公，立齐平公，之后陈恒独揽大权，封邑大于齐平公管辖的地区。百余年之后，齐国国君改为陈氏子孙。孔子弟子宰予支持陈恒，在陈恒事变中被陈氏政敌杀害。

（2）讨，《说文》：治也，引申讨论、声讨。

解释

陈成子杀齐简公，孔子沐浴后冠带整齐去见鲁哀公。报告说：“陈恒杀了他的君王，请出兵讨伐他。”鲁哀公说：“你去告诉三位大夫吧。”孔子退出来说：“因为我曾经做过大夫，所以不敢不报告，而国君却说：‘告诉三位大夫’这样的话。”孔子去向三位大夫报告，依旧不同意讨伐。孔子说：“因为我做过大夫，不敢不报告。”

关于这件事，《左传·哀公十四年》有记载：孔子斋戒三日，三次请求鲁哀公讨伐齐国。哀公说：“长久以来鲁国弱于齐国，您让我拿什么去讨伐呢?”孔子说：“陈恒弑君，齐国有一半百姓不同意这种做法，以鲁全国之力，加上齐国一半的力量，可以成功。”哀公说：“你去告诉季孙吧！”孔子告退。《左传》记载与《论语》中略有不同，《左传》中记载孔子三次请求哀公伐齐，《论语》中哀公说告诉三子，即叔孙、季孙、孟孙。《左传》中哀公说告诉季孙，且《左传》并未记载孔子去报告季孙。

这段话有几个问题要详细说明。首先孔子“沐浴而朝”，显然是郑重其事，希望鲁哀公严肃慎重的考虑讨伐齐国之事。并且《左传》中孔子论述了讨伐成功的可能性。但同时孔子知道实权并不在鲁哀公手里，即便鲁哀公同意出兵伐齐，季孙不同意也无济于事。那孔子如此这般郑重其事非要鲁哀公出面组织这场讨伐不仁者的行动，用意何在？我分析孔子是在帮助鲁哀公占据道义高地，因为鲁哀公手里没有实权，如果再不占据道义，那今天的齐简公就是明天的鲁哀公。如果鲁哀公按孔子说的来做，召集三桓，商讨讨伐不仁的行为，那么会形成一种舆论氛围，对地位如同陈成子的三桓是一种无形的压制，所以在孔子看来即便不真的去讨伐齐国，对鲁哀公来说也是一次道义上的胜利，对三桓是一种约束。如果三桓中有一到两位支持鲁哀公正义的行为，那么对鲁哀公就是天大的好事，成功帮齐复国，有大功于齐，对内可以用齐制衡三桓，伐齐失利可以削弱三桓力量，可以说有利无弊。然而鲁哀公缺乏这种政治素养，竟然没有领会孔子不能明言的良苦用心，更为让孔子丧气的是鲁哀公竟然让孔子去给鲁哀公自己的政敌去汇报。鲁哀公这种把君主征伐的权力轻易予人的作法无异于授人以柄，妄自菲薄。可见鲁哀公临大义不明，不自重，所以孔子很失望地对学生们说："君曰：告夫三子者"，孔子在此用"者"表示对鲁哀公这句极没水平的话的轻视与无奈。这整句话一定是孔子说给学生听的。

如果鲁哀公不自降身份说让孔子去找三子，孔子一定不会去干这种有涉僭（jian）越的事。孔子后一句"吾从大夫之后，不敢不告也"，是说给季孙听的。言外之意，如此行事乃我本分，没有他意。

后来鲁哀公被三桓逐出鲁国客死他乡，由伐齐这件事来看，实属必然。由这件事可见孔子是真君子，凡事以阳谋胜，不用阴谋。假如曹操是孔子，一定是鼓动三桓中弱的一到两位，附和鲁哀公的正义旗号，挟裹季氏，即便伐齐失利，亦可以借机削弱三桓力量。如果成功，鲁哀公不仅占有道义，而且有大功于齐，对内用齐制衡三桓，一举两得。可以理解孔子说"君曰：'告夫三子'者"的心情一定很失望。

14.22　子路问事君。子曰："勿欺也，而犯之。"

注释

（1）欺，《说文》：诈欺也，此处有欺骗的意思。

（2）犯，《说文》：侵也，引申有触犯、违背的意思。

解释

子路问如何侍奉君主，孔子说：“不能欺骗，但可以触犯。”

孔子说君子以道事君，即用正义来辅佐君主，“不可则止”，以礼劝诫君子，不听另寻明君。后死谏者，非儒士。

14.23 子曰：“君子上达，小人下达。”

解释

孔子说：“君子通过义理教导而通达，小人通过管教才能通达。”

《礼记·表记》“事君不下达，不尚辞，非其人弗自。”《小雅》：“靖共尔位，正直是与。”其中“下达”即通过委婉、曲折之方法使君王明白义理。“不下达”即直明其义。“靖共尔位，正直是与”，恭敬于自身职位，遵守正直之道。即恪尽职守，不曲意迎逢。

14.24 子曰：“古之学者为己，今之学者为人。”

解释

孔子说：“古代的学者为自己智慧明通而学习，当今的学者为了自己有一技之能为别人服务而学。”

孔子认为“明道”是一个学者的最高追求，而在当时“学好文武艺，货卖帝王家”成为学者的目的，已然失去了为学的根本宗旨。

14.25 蘧伯玉使人于孔子。孔子与之坐而问焉，曰：“夫子何为？”对曰：“夫子欲寡其过而未能也。”使者出。子曰：“使乎！使乎！”

注释

蘧伯玉，卫国大夫，卫国有名贤人，为人十分正派，孔子在卫国曾住在他家里，与孔子交厚。一说为子贡外公。

解释

蘧伯玉派使者请教于孔子，孔子和使者坐下来问道：“先生专程让您来有什么事吗?”使者说：“先生想减少自己的过失而不能做到，所以来请教您。”使者辞去之后，孔子感叹说：“蘧伯玉之使啊，蘧伯玉之使啊!”

“蘧伯玉使人于孔子”一般解释为“蘧伯玉派使者去问候孔子”。《论语》中有“夫子问人于他邦”，如果是蘧伯玉派人问候于孔子应当写作“蘧伯玉使人问于孔子”。此处应该解作“蘧伯玉有事派使者拜访孔子”。

“夫子何为”一般解释为“先生最近忙什么呢”，如果是这种意思应该写作“夫子何事”。再以情理推敲，古代交通通讯成本很高，孔子见了使者不问正事，而是说一些套话，不符合情理，如果这样也不值得把这件事记入《论语》。所以这句话应该翻译为“先生有什么事呢”符合情理。

“夫子欲寡其过而未能也”，这句话没有歧义，但意思要仔细推敲。蘧伯玉为人正派，为公认之贤人，亦是孔子所尊敬的为数不多的人之一。于个人私德方面蘧伯玉可谓完人。“不欺暗室”的典故说蘧伯玉即使在深夜路经王宫也一定要下马行礼致敬，可见修身甚严，所以说如果私德有瑕疵，则一定可以改正，不可能“未能也”。由此推知，所谓“未能也”，指公德而不是私德，换言之蘧伯玉先生身为卫国官员，有尽君子道义的责任感，有去邪扶正的正义感，而卫灵公亲弄臣，好淫乐，怠于政务，蘧伯玉身为大夫，不能匡正，自己视为“公德”有失。《大学》“唯仁人能爱人，能恶人，见贤而不能举，举而不能先，命也；见不善不能退，退而不能远过也。”蘧伯玉先生是“不能退不善，退而不能远”，所以自责有过。

“使乎！使乎!”一般解释“好一位使者，好一位使者”。首先从这段话我们看不出使者有什么高尚的德行让孔子如此感叹。所以“使乎！使乎!”应是孔子对蘧伯玉派人来请教如何对待时下这种君子的困境这一举动表示由衷的赞叹。孔子看到了“行己有耻”，所以称扬蘧伯玉的为人，但蘧伯玉之忧何尝不是孔子之忧呢?

这则记载是“君子以友辅仁”的见证。

14.26　子曰：“不在其位，不谋其政。”曾子曰：“君子思不出其位。”

注释

谋，《说文》：虑难曰谋，考虑困难的问题。

解释

孔子说：“不在那个位置上，就不为那个位置上的事操心。”曾子说：“君子要考虑，言行不违离自己的身份与地位。”

14.27　子曰：“君子耻其言之过其行。”

解释

孔子说：“君子以言过其行为耻。”

君子言行如一，言必行，行必果。

14.28　子曰：“君子道者三，我无能焉：仁者不忧，知者不惑，勇者不惧。”子贡曰：“夫子自道也。”

注释

（1）道，此处解作行、做。

（2）自，介词，解作在。

解释

孔子说：“君子做到三点，而我都没有做到。仁者不忧，智者不惑，勇者不惧。”子贡说：“夫子在做了。”

孔子这么说当然有谦虚的意思。困于陈蔡之间，孔子抚琴而歌，不忧也；畏于匡，孔子说“天之未丧斯文，匡人其如予何”，不惧也。除了谦虚孔子还有自责的意思，这是使命感、责任感使然。

14.29　子贡方人。子曰：“赐也贤乎哉？夫我则不暇。”

注释

方，为“旡（zen）”之误，二者篆体形似。“旡”又写作“簮”，

“簪”通“谮（zen）”，谮，《说文》：愬（su）也，即说别人的坏话。

解释

子贡说别人的坏话，孔子说：“子贡你就那么好吗？我可没有闲工夫去议论别人。”

14.30 子曰：“不患人之不己知，患其不能也。”

解释

孔子说：“不要担心别人不了解你，而要担心不能使别人了解你。”

一般翻译：“不要担心别人不了解你，而要担心自己能力不足，没有本领。”首先这样上下句意思不通顺。孔子说过“不患人之不己知，求为可知也”，“不患人之不己知，患不知人也”，都是说互相了解，让人了解自己。所以这句“患其不能也”应作“不能使别人了解自己”，更为贴切。

14.31 子曰：“不逆诈，不亿不信，抑亦先觉者，是贤乎！”

注释

（1）逆，此处为揣测之意。《孟子·万章上》“以意逆志，是谓得之”。

（2）亿，通“臆”，此处为推测、猜测的意思。

（3）抑，此处为连词，表示转折，相当于不过。

解释

孔子说：“不无端猜测别人欺诈，不臆断别人不诚信，不过也能及时察觉欺诈与不实，这样的人应该是贤人吧！”

孔子说抱着良好的愿望，本着以诚待人的原则去与人交往，在交往中要谨慎，警觉，不上当不受骗。

14.32 微生亩谓孔子曰：“丘何为是栖栖者与？无乃为佞乎？”孔子曰：“非敢为佞也，疾固也。”

注释

（1）栖栖，奔劳不安的样子。

(2) 微生亩，人名，鲁国隐士。

(3) 佞，此处为才能之意。

(4) 固，顽固。

解释

微生亩对孔子说："你为什么要四处奔忙不安呢？莫非是显示你的才能?"孔子说："不敢卖弄才能，只是社会的毛病太顽固。"

这句话一般把"佞"作"多言善辩"，"固"解释为固陋，"疾固"作"痛恨固执之人"。孔子说"奢则不逊，俭则固，与其不逊宁固"，可见孔子"宁固"并非要"疾固"。

14.33　子曰："骥，不称其力，称其德也。"

注释

骥，《说文》：千里马也。

解释

孔子说："千里马，不应称赞其行千里之力，而要称赞其可载人致远之品德。"

这种话似乎有违常理，人们之所以视骥为宝马，都是因为其力气可以日行千里，而孔子说不要称赞它的力气，而要称赞它的品德。

仔细推敲，马可区分驽马、骥马。驽马、骥马的区别则是以力气为标准。若千里马不能驯顺于人，不能利人，其力气虽强大亦无所用。于君子而言，学问多少，悟性高低对于具体人来说有一个终极水平。所以比于学问终有高低之分，但君子最终以利人、利国、利道为道德衡量标准。套孔子这句话"君子不称其能，称其德"。

14.34　或曰："以德报怨，何如?"子曰："何以报德？以直报怨，以德报德。"

解释

有人说："以恩德报答怨恨，怎么样?"孔子说："那用什么报答恩德呢？应该以公正应对怨恨，用恩德报答恩德。"

“以直报怨”，坏人应对自己的行为付出代价，并让他知道正确的道理。好多宗教讲“以德报怨”，脱离了群众基础难以施行。“以直报怨”则能让施怨者知错，而后或许能改。“以德报怨”则有纵容的风险。“以直报怨”也是当今社会法律的一种准则。孔子的处事原则是一种可广泛致用的社会行为准则，而不是一种理想的道德说教。

14.35　子曰：“莫我知也夫！”子贡曰：“何为其莫知子也？”子曰：“不怨天，不尤人，下学而上达。知我者其天乎！”

解释

孔子说：“没有人可以了解我吧？”子贡说：“为何会那样没有人了解您呢？”孔子说：“我不怨上天，不责备他人，虚心学习又谨守礼义以修德，如此以立身处世，了解我的大概只有上天吧！”

“下学而上达”，“下学”即虚心求学，“上达”即克己复礼以修德。“下学而上达”即厚德。

“不怨天，不尤人，下学而上达”，这是孔子谦虚而亲切的说法。自强不息，厚德载物是孔子真实的写照。

这段话有人认为与“不患人之不己知，求为可知”“不患人之不己知，患不知人”等矛盾。首先“莫我知也夫”，意思是“没有人可以了解我”，指不存在了解我的人，所以我不被了解。也许世人看来孔子有自大之嫌，其实不然，只是一个圣人的孤独之叹而已。

子贡当时也有当今世人的困惑，夫子说过“求为可知”的话，怎么现在说“莫我知也夫”呢？于是子贡问“何为其莫知子也”，其中用了一个“其”字，这个“其”在这里意思为“那样”，代表子贡心中也在疑惑。老师说过“求为可知”的话，怎么今天又说“莫我知”呢？“不怨天，不尤人”即自强，“下学而上达”即厚德。自强厚德乃天地之德，孔子秉承天地之志，所以孔子说“知我者其天乎”。

14.36　公伯寮（liao）愬（su）子路于季孙。子服景伯以告，曰：“夫子固有惑志于公伯寮，吾力犹能肆诸市朝。”子曰：

“道之将行也与，命也。道之将废也与，命也。公伯寮其如命何！”

注释

（1）公伯寮，人名，或为孔子弟子，后因背叛孔子而被除名，与子路同做季氏家臣。

（2）子服景伯，鲁国大夫，与子贡同朝为官。

（3）愬，此处有诉告、诬告的意思。

（4）惑志，迷惑之意。

（5）肆，《说文》：陈也，此处指罪犯处死后陈尸示众。

（6）市朝，市指集市，朝，指朝廷。指名利场所，有时单指市集、朝廷.

解释

公伯寮在季孙那里诬告子路，子服景伯把这件事告诉了孔子，说：“季孙氏虽已经被公伯寮迷惑，我现在的能力还是能把公伯寮杀死陈尸街头的。”孔子说：“如果道义能够施行是天命，如果道义不能够施行也是天命，公伯寮能把天命怎么样？”

孔子把事情的成败看作是天命注定，但并非是排斥尽人事，相反孔子认天命是在尽人事之后的态度，对于成败能坦然面对。“不怨天，不尤人”、“反求诸己”、“不念旧恶”是孔子的行事风格。

14.37　子曰：“贤者辟世，其次辟地，其次辟色，其次辟言。”子曰：“作者七人矣。”

注释

（1）辟，通“避”，即避开、回避。

解释

孔子说：“乱世之中有操守的贤人不与世人同流合污，远离社会而独居；不能离开社会就选择相对好的地方居住；没有地方可以选择也要以正直的态度来立身；不能以刚正不阿的态度来立身，而要委曲求全，那也不会说不道义的话，更不会办不道义的事。”孔子又说：“这样做的有七个人。”

14.38　子路宿于石门。晨门曰：“奚自?”子路曰：“自孔氏。”曰：“是知其不可而为之者与?”

注释

（1）石门，地名，有作鲁国都城的外门。

（2）晨门，早上开石门的人。

解释

子路夜宿于石门，早上开门的人问：“从哪里来?”子路回答：“从孔子那里来。”看城门的人说：“就是知道自己的主张不能施行还要去推行的那个人吗?”

守门人问“奚自”，子路没有回答地名而是说“从孔子家来”，可见当时孔子被鲁人共知。

“石门”应不是“鲁国都城的外门”，而是曲阜城北五十华里处的石门山下的石门邑。子路夜宿石门城中，一早出城，所以守门人才问他。今天仍有石门山镇。解作“石门邑”比解作“鲁都城外门”更合情理。

14.39　子击磬于卫，有荷蒉（kui）而过孔氏之门者，曰：“有心哉，击磬乎！”既而曰：“鄙哉！硁硁（keng）乎！莫己知也，斯已而已矣，深则厉，浅则揭。”子曰：“果哉！未之难矣。”

注释

（1）磬，《说文》：乐石也，石制的乐器，以玉石制成，形如曲尺，悬挂在架上，打击奏乐。

（2）荷，负荷、担负、肩扛。

（3）蒉，《说文》：草器也，即草编的器具，草筐。

（4）硁硁，击磬声，此处指乐声低沉。

（5）“深则厉，浅则揭”出自《诗经·邶风·匏（páo）有苦叶》，

《尔雅》：揭者，揭衣也，以衣涉水为厉。

解释

孔子在卫国，有一天正在击磬，有个挑着草筐的人从孔子门口经过，听见孔子音乐的旋律说："有心事啊，由击磬来抒发自己的心声。"听了一会又说："庸俗啊！硁硁之声透露出孤独之意，应当是没有知己吧。没有就没有吧，凡事当止则止，何必太执着呢？人应该随遇而安，如同过河，水浅提起衣服趟过去，水深湿了衣服走过去。"孔子说："果然如他所说，那世界上还有什么难事呢？"

"果哉，末之难矣"，孔子说如果凡事都随遇而安，那么世界上就没难事了。

《孔子家语·大婚解第四》"哀公曰'君子何贵乎天道也？'孔子曰：'贵其不已也。'"可见孔子不会因难而退，而是要"不已"。

14.40 子张曰："《书》云：'高宗谅阴，三年不言。'何谓也？"子曰："何必高宗，古之人皆然。君薨，百官总己以听于冢宰三年。"

注释

（1）《书》，《尚书》。

（2）高宗，殷王武丁，殷之贤王。

（3）谅阴，"谅"应为"亮"，《尔雅》释"诏"和"亮"为导，有弘扬的意思。"阴"应为"喑（yin）"，"喑"《说文》：儿泣不止曰喑。"亮喑"即昭显悲伤之情。

（4）薨，《说文》：公侯卒也，古代天子死曰崩，诸侯死曰薨。

（5）冢宰，指太宰，西周时设置的官职，位次三公，为六卿之首，相当于宰相。《尚书》"冢宰掌邦治，统百官，均四海。"

（6）总，《说文》：聚束也，谓聚而缚之。总己，此处有全面自我约束之意。

解释

子张问："《尚书》中说，'高宗武丁亮暗期间，三年不谈政事是什么意思呢？'"孔子说："何止高宗，古代人全都如此。君王死了，百官自觉尽其义务、职责而听命于冢宰之命三年。"

"三年不言"，《礼记·丧服四制》"礼：斩衰之丧，唯而不对。齐衰之丧，对而不言。大功之丧，言而不议。缌，小功之丧，议而不及乐。"可见居丧并非不说话而是有节制的说话。

"总己"朱熹解作"总摄己职"，难道在君王居丧之前百官就不"总摄己职"吗？不求甚解，信口开河，为后人笑。"总己"，此处指发挥主观能动性。

14.41　子曰："上好礼，则民易使也。"

解释

孔子说："在上位的人好礼则民众就容易役使。"

14.42　子路问君子。子曰："修己以敬。"曰："如斯而已乎？"曰："修己以安人。"曰："如斯而已乎？"曰："修己以安百姓。修己以安百姓，尧舜其犹病诸？"

注释

安人，即"安仁"，安于仁道。

解释

子路问如何做君子，孔子说："修养自己心性使自己对人、对事心怀敬意。"子路说："像这样而已？"孔子说："修养自己品德而安于仁道。"子路说："像这样而已？"孔子说："修养自己的德行，安定天下的百姓，通过自己的垂范能使百姓安定，尧舜尚且做不到吧！"

"修己以敬"，是个人性情修养，用以立身。"修己以安人"，是个人品德修养，用以立德。"修己以安百姓"，是个人德行修养，用以立功。

14.43 原壤夷俟。子曰:“幼而不孙弟,长而无述焉,老而不死,是为贼。”以杖叩其胫。

注释

(1)夷,应为“侇”。侇,《说文》:行平易也。俟,应为“竢”。竢《说文》:待也。夷俟,即走走停停。

(2)述,《说文》:循也,引申效法遵守。

(3)贼,一种食苗节的害虫,蟊贼。此处比喻坏人。

解释

原壤走路,走走停停,孔子说:“小时候不逊让敬惕,长大了不守常法,没有规矩,活了很大岁数还不死,这就是坏人。”说完用拐杖敲原壤的小腿。

原壤孔子故旧,行为不合常情,举止放逸,有庄子风范。以上这段话批评不学无术、不行正道、无益于人民者。

14.44 阙党童子将命,或问之曰:“益者与?”子曰:“吾见其居于位也,见其与先生并行也。非求益者也,欲速成者也。”

注释

(1)阙党,即阙里,孔子居住的地方。

(2)童子,即未成年者,古男子二十而冠,童子年不足二十者。

(3)将,《说文》:帅也,引申有遵奉、顺从的意思。将命,此处为遵奉教导。

《礼记·王制》“命乡拣不帅教者以告”。白话:“命令乡官拣选不遵奉教导者上报”。“不帅教”即不遵守教令,与“将命”意思相反。

解释

阙里有少年遵奉教导而行,有人问:“这是个求上进的少年吧?”孔子说:“我见他坐在与成年人同样的位置上,见到他与年长者并行,这不是个要求上进的童子,是个急于求成的少年。”

“将命”朱熹解作“传宾主之言”,若如朱熹所言,不知“将命”

与“益者与”有什么关联？

这段话是孔子评价一个比较听话的少年，孔子说其为“欲速成者”而非“求益者”。孔子的方法是“视其所以，察其所安”。此少年不敬不逊，只是将命而行，所以孔子断定他不是“求益者”，而是“欲速成者”。诚敬是求学应有的基本态度，不然求学则沦为功利。为功利而学，则失去“学为己”的根本。

第十五章　卫灵公篇

15.1　卫灵公问陈于孔子。孔子对曰："俎豆之事，则尝闻之矣。军旅之事，未之学也。"明日遂行。

注释

（1）陈，应为"阵"，指军队布置格局。

（2）俎豆之事，礼仪之事，俎与豆为盛祭品的器皿。

解释

卫灵公向孔子问行军布阵的方法，孔子说："礼制方面的事，我曾学过，军旅之事，未曾学过。"第二天孔子便离开了卫国。

"道不同不相为谋"，孔子志于德治国，卫灵公欲竟于力。所以孔子"明日遂行"。

15.2　在陈绝粮，从者病，莫能兴。子路愠见曰："君子亦有穷乎？"子曰："君子固穷，小人穷斯滥矣。"

注释

（1）兴，起也。

（2）愠，《说文》：怒也。又言在心为怨，形于外为怒。

（3）穷，《说文》：极也，引申困厄。

（4）滥，《说文》：氾也，即大水漫延。引申放肆、胡作非为。

解释

孔子一行在陈国断了粮食，跟从他的弟子饿得不能站起来。子路心怀怨气，来见孔子说："君子也会至于如此穷困之地吗？"孔子说："君子可以固守穷困，小人处于穷困则胡作非为。"

15.3　子曰："赐也，女以予为多学而识之者与?"对曰："然。非与?"曰："非也，予一以贯之。"

注释

识，通"志"，意思为记住。

解释

孔子说："赐啊，你以为我是多学而强记吗?"子贡回答："对啊，难道不是吗?"孔子说："不是的，我用一个基本的精神来贯通到所有具体事物中去。"

比如治国遵循以德为本，比如修身以诚敬为本，治事以中行为本，等等。

15.4　子曰："由！知德者鲜矣。"

注释

德《说文》：外得于人，内得于已也。以自身而言即修养之所得，于外而言能惠泽于人为德。用"格物，致知，诚意，正心，修身，齐家，治国，平天下"来解释君子之德颇为贴切。"格物，致知，诚意，正心"是"内得于己"。"齐家，治国，平天下"是"外得于人"。

解释

孔子说："由啊，知道立德的人太少了。"

孔子说这句话应该是看到修身的人太少了。即便有修身的人，现实社会能以自身之所得利民的人也很少，所以孔子说"知道立德的人太少了"。

15.5　子曰："无为而治者其舜也与？夫何为哉？恭己正南面而已矣。"

解释

孔子说："能够不用烦琐的政令而能使天下太平的人大概只有舜吧！他做了些什么呢？只是诚敬地遵守一个君王应该尽的礼，在君王的位置上言行中正而已。”

“政者，正也”，上行下效，“其身正不令而行”，“子帅之以正，孰敢不正”，斯之谓也。

15.6　子张问行。子曰：“言忠信，行笃敬，虽蛮貊（mo）之邦，行矣。言不忠信，行不笃敬，虽州里，行乎哉？立则见其参（can）于前也，在舆则见其倚于衡也，夫然后行。”子张书诸绅。

注释

（1）蛮貊，蛮，南方少数民族。貊，东北方少数氏族。此处泛指边远不开化不文明的地区。

（2）参，下级晋见上级，引申有呈现的意思。

（3）倚，《说文》：依也，依靠。

（4）衡，车辕前端的横木。

（5）绅，《说文》：大带也，即束于腰的腰带。

解释

子张问一个人如何被认可，在社会中可以通行。孔子说：“言忠信，行笃敬，虽在蛮貊不开化的地方也能通行；言不忠信，行不笃敬，虽然在自己家乡，能通行吗？站着的时候‘忠信笃敬’好像在眼前。人在车上，‘忠信笃敬’好像依靠在车横木上。这样时刻提醒自己，然后无论走到哪里都能通行。”子张把这句话写在自己腰带上，以自警。

“立则见其参于前，在舆则见其倚于衡”寓意行止之间不离“忠信笃敬”。

15.7　子曰：“直哉史鱼！邦有道，如矢；邦无道，如矢。君子哉蘧伯玉！邦有道，则仕；邦无道，则可卷而怀之。”

注释

（1）史鱼，卫国大夫，临死前安排儿子在其死后用尸谏的办法劝告卫灵公要任用贤臣蘧伯玉。

（2）卷，《说文》：膝曲也，此处指盘腿而坐，引申不行。怀，《尔雅》：止也。卷而怀之，即不行而止，不可而止。

解释

孔子说："正直啊史鱼。国家有道，他的言行如同离弦之箭，直行而中的。国家无道，他坚持直行求正义。蘧伯玉真是君子啊！国家有道则出仕为官，国家无道则可以做到不可则止。"

"则可卷而怀之"，当包括"不出仕"和"出仕但不可则止"两种情况。蘧伯玉可谓"辟色，辟言"之贤人。

15.8　子曰："可与言而不与之言，失人；不可与言而与之言，失言。知者不失人，亦不失言。"

解释

孔子说："可以与之谈论而没有谈论有可能错过一个人才，不应该谈论却与之谈论就浪费自己的语言。智者不会错过人才也不会废话。"

15.9　子曰："志士仁人，无求生以害仁，有杀身以成仁。"

解释

孔子说："志士仁人不会苟且求生而干出损害仁义之事，而是宁可牺牲自己也要实现仁义。"

"志士仁人"，"志士"志于道者，"仁人"仁者。君子之责任为载道弘道，若害道则君子必不为，若可成道，虽死而不惧。

15.10　子贡问为仁，子曰："工欲善其事，必先利其器。居是邦也，事其大夫之贤者，友其士之仁者。"

解释

子贡问如何推行仁德，孔子说："工匠要想把活干好，必须把工具修整锐利。居住在这个地方，要想推行仁德，就要先事从大夫中有贤德的人，和士人中有仁德的人交朋友。"

孔子的意思是要先壮大仁德的基础，进而再求施行仁德，不然独木难支，孤掌难鸣。

15.11　颜渊问为邦。子曰："行夏之时，乘殷之辂（he），服周之冕，乐则《韶》、《舞》，放郑声，远佞人。郑声淫，佞人殆。"

注释

（1）夏之时，即夏朝的历法。

（2）辂（字典中读音为lu），古车名，多指帝王用的大车。

（3）冕，大夫以上的冠。

（4）放，《说文》：逐也，此处有去逐、禁止、排斥的意思。

解释

颜渊问如何建设一个国家，孔子说："用夏代的历法，乘坐殷代的车子，戴周代的礼帽，音乐则推崇《韶》与《舞》这样的作品，排斥郑国的乐曲，远离奸邪佞人。郑国的乐曲淫逸，小人危险。"

夏代的历法应该最适合指导农业生产，最为科学。殷代的车辆规格、行车方式最实用且合乎礼制。周代的礼帽，最能彰显礼的文采，《韶》与《舞》最合乎雅乐的标准，可陶冶人的性情。

15.12　子曰："人无远虑，必有近忧。"

解释

孔子说："如果人对事没有深远的考虑，那么临近事就会有忧虑。"

传统解释：人如果没有长远的考虑，一定会有近在眼前的忧患。不存在逻辑上的关系。孔子说的意思是"凡事预则立不预则废"，思患而预防之。

15.13　子曰："已矣乎！吾未见好德如好色者也。"

解释

孔子说："算了吧，我没见到喜爱道德如同喜爱美色那样的人。"

15.14　子曰："臧文仲其窃位者与！知柳下惠之贤而不与立也。"

注释

（1）臧文仲，鲁国卿，颇有功绩。

（2）柳下惠，在鲁国做掌管刑罚狱讼的小官，当时臧文仲把持朝政，柳下惠多次受到黜免，不被重用。孔子认为臧文仲"见贤不能举"，所以说他"窃位"。

解释

孔子说："臧文仲大概是个窃居高位的人吧？明知道柳下惠的贤能却不能给他施展才能的职位。"

孔子对举贤，让贤尤为看重。

15.15　子曰："躬自厚而薄责于人，则远怨矣。"

注释

躬，《说文》：身也，此处意为自身。

解释

孔子说："对自己严格要求，多找自己的原因，而少责备别人，这样就远离怨恨了。"

孔子说："君子求诸己，小人求诸人"，同此。

15.16　子曰："不曰'如之何，如之何'者，吾末如之何也已矣。"

注释

（1）末，通"莫"，这里是"没有什么办法"的意思。

（2）如之何，即"拿它怎么办"，简单译为"怎么办"。

解释

孔子说："不说'怎么办，怎么办'的人我拿他也不知道怎么办啊！"

"如之何，如之何"，孔子是说不思考的人不会上进，只有善思考的人才会有疑惑，有疑惑了请教老师就能明理，就会进步，此处两个“如之何”连用表示急切的寻找答案的心情，求学心切的表现，好学者的表现。

15.17　子曰：“群居终日，言不及义，好行小慧，难矣哉！”

解释

孔子说：“几个人整天在一起，说的东西不及道义，又喜欢卖弄小聪明，这样的人难以有所成就。”

君子“以友辅仁，三人行必有我师，下学上达。”

15.18　子曰：“君子义以为质，礼以行之，孙以出之，信以成之。君子哉！”

解释

孔子说：“君子立身要以义为本，言行合乎礼，态度要谦逊，表里如一，忠诚信实，这样就可以为君子了。”

15.19　子曰：“君子病无能焉，不病人之不己知也。”

注释

病，此处为担心的意思。

解释

孔子说：“君子担心自己没有足够的能力，不担心别人不知道自己。”

“不患人之不己知，患其不能也”，其中“不能”与“无能”一字之差，意思迥异。

15.20　子曰：“君子疾没世而名不称焉。”

注释

（1）疾，此处为担心的意思。

（2）没，《说文》：沉也，引申为完了，终结。没齿，没身，没世都有终身，终世的意思。

（3）称，《说文》：扬也，即称扬、赞颂。

解释

孔子说："君子担心到死而自己德行声名不被人称扬，赞颂。"

传统解释：君子憎恶这个无道的社会，声名不合乎实际。之所以这么翻译应该是为了给孔夫子老人家遮掩君子爱名的嫌疑。

孔子爱财尚且直言，"虽执鞭之士吾亦为之"，对于实至名归的声誉有何不可追求的呢？孔子此处所谓"名不称"指名实相符的实名而非虚名，也可以说为德行。孔子这句话的含义是指一个人一生没有德行，没有建树，没有利人所以不被称颂，这对君子来说是可耻的。

15.21 子曰："君子求诸己，小人求诸人。"

解释

孔子说："君子多要求自己，从自己身上找原因，找办法。小人则多要求别人，不从自己身上找原因，找办法。"

15.22 子曰："君子矜而不争，群而不党。"

注释

（1）矜，此处为矜持、庄重。

（2）争，此处为争辩、争执。

解释

孔子说："君子言语矜持庄重不与人争执，合群而不结党营私。"

15.23 子曰："君子不以言举人，不以人废言。"

注释

（1）举，此处有提拔、任用的意思。

（2）废，此处有放逐、排斥的意思。

解释

孔子说："君子不以人说的好就提拔任用他，不以人的身份低下或人有过问题就排斥他好的意见或观点。"

15.24　子贡问曰："有一言而可以终身行之者乎？"子曰："其'恕'乎！己所不欲，勿施于人。"

解释

子贡问："有一句话可以终身奉行吗？"孔子说："那应该是'恕'吧！自己不希望的事也不要强加给别人！"

爱人的原则很简单即是推己及人，己所不欲勿施于人。

15.25　子曰："吾之于人也，谁毁谁誉？如有所誉者，其有所试矣。斯民也，三代之所以直道而行也。"

注释

（1）吾，通"御"，治理、统治之意。

（2）毁，诋毁。誉，称誉。

（3）试，《说文》：用也。

（4）斯，《说文》：析也，即分开，引申分析之意。

《诗·大雅·抑》"斯言之玷，不可为也"译文"去除、剥离言语之不美，不可为也"。

《书·酒诰》"有斯明享"其中"有斯"即分析之意。"有斯明享"即分析，明察其享酒的情况。

《庄子》"斯而析之，精至于无伦"其中"斯"即分析之意。

解释

孔子说："君王之统治对于人民来说，什么被诋毁，什么被赞誉？如果治理政策有被赞誉者，应该是该政策可以为人民所使用，可以利益民众。分析民众的情况而制定实用的政策，所以夏、商、周能正于道义而行。"

这句话歧解颇多，不举例。

治理天下必须得民心，政策脱离现实不能为民所用，则被"诋毁"。

15.26　子曰：“吾犹及史之阙文也。有马者借人乘之，今亡矣夫！”

注释

（1）阙，通“缺”。“史之阙文”即记载中所缺失的文献。孔子此处不是指具体文献资料而是指流传在民众中的礼仪、风俗、故事等。“吾犹及史之阙文”即我还可以探寻到在典籍中缺失而在民间存在的古代文化。

（2）有马者借人乘之，孔子以马喻人民，以御马车为治国。《孔子家语·执辔》有详尽的解说，此处马指国民亦可指国家。“借”此处解作付与之意。“乘”此处为驾驭之意。“有马者借人乘之”，有天下者让位于有贤能的人来治理。

孔子认为让贤、让国为大德。尧、舜、泰伯、伯夷、叔齐，都有让国于贤的美德。

解释

孔子说：“我还可以在典籍之外探寻到遗留在民间的古代故事，多有让国让贤的事例，当今则没有了！”

孔子说这句话指当时执政者逐私利，而非为公利，感叹公天下不再。

15.27　子曰：“巧言乱德。小不忍，则乱大谋。”

解释

孔子说：“虚伪不实的言语祸乱道德，在小节上不能忍耐则会扰乱大的谋划。”

15.28　子曰：“众恶之，必察焉。众好之，必察焉。”

解释

孔子说：“所有人都憎恨的人或事，一定要仔细察看它的原因。所有都喜好的人或事，一定要仔细察看它的原因。”

从人性来说，违反人性则会“众恶之”，顺从人性则会“众好之”。

从事理来说，任何一件事在空间与时间上都有利害两方面，得利一方乐见其成，受害一方乐观其败。若“众好之、众恶之”必有蒙蔽。

15.29　子曰：“人能弘道，非道弘人。”

注释

（1）人，通“仁”。

（2）道，即天地人伦之正义。又解作途径、方法。

（3）非，此处解作没有、无。《史记·孔子世家》“夫子则非罪。”

（4）弘，《尔雅》：大也，有光大、扩大的意思。

解释

孔子说：“讲仁德可以弘扬道义使之光大，但没有办法弘扬仁德。”

“非道弘人”即“为仁由己，而由人乎哉”，“我欲仁，斯仁至矣”。

此句话歧解尤多。荒谬者以朱熹为甚，应攻击之。

15.30　子曰：“过而不改，是谓过矣。”

解释

孔子说：“过错不能改正，这是真正的过错了。”

15.31　子曰：“吾尝终日不食，终夜不寝以思。无益，不如学也。”

解释

孔子说：“我曾整天不吃饭，整夜不睡觉用以思考。结果无益于事，不如去踏实学习。”

可知孔子是一个孜孜以求的人。欲得道除了学习别无他途。至于其他宗教所谓“顿悟”，我看也是无稽之谈。

15.32　子曰：“君子谋道不谋食。耕也，馁（nei）在其中矣。学也，禄在其中矣。君子忧道不忧贫。”

注释

馁，《说文》：饥也。

解释

孔子说："君子谋求明道弘道，而不是一心谋求生计。即使一心务于耕种，也难免有饥馁。满足生计而后学习，则可以获禄于国家。君子所担忧的是明道弘道，而不是自己的贫困。"

孔子说这番话当指时人都务于谋利，而不上心于道义，所以孔子劝人向道。

15.33　子曰："知及之，仁不能守之，虽得之，必失之。知及之，仁能守之，不庄以莅之，则民不敬。知及之，仁能守之，庄以莅之，动之不以礼，未善也。"

注释

莅，此处有驾驭、运用的意思。

解释

孔子说："智力所及的道义，不能以仁德来持守，虽掌握了也必定会失去。智力所及且能以仁德持守，不能以庄重的态度来运用则民众亦不会崇敬。智力所及，仁德能守，庄重其事，但施用不按礼制来做，也不能算好!"

掌握了正义、真理，一定要用仁爱的力量来坚守，一定要用严肃的态度来对待，一定要用符合礼的手段来施用，这样才算是很好地把理论付诸实践。

15.34　子曰："君子不可小知而可大受也，小人不可大受而可小知也。"

注释

(1) 小知，浅近的相知、交往。

(2) 大受，深入全面的交互了解，即深交。受《说文》：相付也，即相交付之意。

《吕氏春秋·圜道》"宫商角徵羽，各处其处，音皆调均，不可以相违，此所以无不受也。"其中"受"即"应和"之意。

解释

孔子说：“君子不可肤浅的了解而要深入、全面的相互交往。小人不能深入、全面的相互交往，只能是肤浅的了解。”

“君子不可小知而可大受也”，与君子交“如入芝兰之室，久而不闻其香，即与之化矣”。

“小人不可大受而可小知也”，因为君子坦荡荡，小人则不能。

15.35　子曰：“民之于仁也，甚于水火。水火，吾见蹈而死者矣，未见蹈仁而死者也。”

解释

孔子说：“当今民众之远于仁道，比远离水火更甚。虽知水火之危害但仍有践蹈水火而死者，然而当今社会从未见到过为践行仁道而牺牲生命之人。”

“未见蹈仁而死者也”，社会远离仁道则少有仁者，至于舍生取义之大仁者则无也。

此句话乃孔子感叹仁道衰败。

社会远离仁道其责任在于掌国家教化者，根本在于掌国家者远离仁道。“君子德风，小人德草，草上之风必偃。”

15.36　子曰：“当仁，不让于师。”

解释

孔子说：“面对践行仁德的机会，不必谦让于老师。”

面对仁德可奋勇争先。

15.37　子曰：“君子贞而不谅。”

注释

（1）贞，正于道义，此处指信于道义。

（2）谅，《说文》：信也。人与人之间的信用，又说众信为谅。此处指层级低的信用。信人为下，信道为上。

解释

孔子说："君子坚守大义而不固守小信。"

15.38　子曰："事君，敬其事而后其食。"

解释

孔子说："侍奉君主，忠敬于政事，而后再食其俸禄。"

15.39　子曰："有教无类。"

注释

（1）有，此处有"为"的意思。"有教"即"为教"。

（2）类，《说文》：种类相似。"无"即"不"。"无类"即不分类别，不分愚智巧拙。

解释

孔子说："行教育人不分愚智巧拙，更不分种族国别，应同等对待。"

15.40　子曰："道不同，不相为谋。"

解释

孔子说："追求不同，不在一起共事。"

卫灵公问孔子治理军队的事，孔子第二天就离开了卫国。卫灵公谋求以力制胜，孔子谋求以德制胜，可谓"道不同"。

15.41　子曰："辞达而已矣。"

解释

孔子说："言辞只要足够表达明白意思就可以了。"

15.42　师冕见，及阶，子曰："阶也。"及席，子曰："席也。"皆坐，子告之曰："某在斯，某在斯。"师冕出。子张问曰："与师言之道与？"子曰："然。固相师之道也。"

解释

乐师冕来见孔子，走到阶前。孔子说："这是台阶。"走到席前，孔子又说："这是座席。"等大家都坐定，孔子告诉他说："某某在这里，某某在这里。"乐师冕出来，子张问："这是和盲人说话的方式吗？"孔子说："是的，这本就是辅助盲人乐师的方式。"

孔子于人情练达。

第十六章　季氏篇

16.1　季氏将伐颛臾（zhuan yu）。冉有、季路见于孔子曰：“季氏将有事于颛臾。”孔子曰：“求！无乃尔是过与？夫颛臾，昔者先王以为东蒙主，且在邦域之中矣，是社稷之臣也，何以伐为？”冉有曰：“夫子欲之，吾二臣者皆不欲也。”孔子曰：“求！周任有言曰：‘陈力就列，不能者止。’危而不持，颠而不扶，则将焉用彼相矣？且尔言过矣。虎兕（si）出于柙（xia），龟玉毁于椟中，是谁之过与？”冉有曰：“今夫颛臾，固而近于费。今不取，后世必为子孙忧。”孔子曰：“求！君子疾夫舍曰欲之而必为之辞。丘也闻有国有家者，不患寡而患不均，不患贫而患不安。盖均无贫，和无寡，安无倾，夫如是，故远人不服，则修文德以来之。既来之，则安之。今由与求也，相夫子，远人不服而不能来也，邦分崩离析而不能守也，而谋动干戈于邦内。吾恐季孙之忧，不在颛臾，而在萧墙之内也。”

注释

（1）颛臾，诸侯国。周天子指定颛臾国专门祭祀蒙山，由于颛臾国小势弱，到春秋初期就变成鲁国附庸，但终因国小力薄后被楚国所灭。

（2）东蒙主，主祭东蒙山。

（3）夫子，指季康子。

（4）周任，周时大夫，一说古之良吏，正直无私，疾恶如仇。

（5）陈力，施展自己的能力。

（6）就列，就官员之列，担任职务。

（7）兕，《说文》：如野牛而青，或为犀牛之类。

（8）柙，《说文》：圈也，即栅栏圈养牲畜，也作木笼解，用以关“虎兕”。

（9）椟，《说文》：柜也，即木柜或木匣。

（10）费，费邑，季氏的采邑。

（11）萧墙，古代宫殿当门的小墙，类似影壁，古代臣子进见国君，至此而肃然起敬，故称“萧墙”。“萧”与“肃”古代通用。

解释

季康子准备讨伐颛臾，冉有和季路去见孔子说：“季氏准备讨伐颛臾。”孔子说：“冉求，这难道不是你的过失吗？颛臾以前先王让其主祭东蒙山，而且它在鲁国疆域之内，是鲁国的附属国，为何要讨伐他呢？”冉求说：“季康子想讨伐，我们两人不想这样。”孔子说：“冉求，周任曾说过：‘施展自己能力以就其职务，如果不能履行职能就应该辞职。’危急不能支持，倾覆不能扶持，那样为何用你来辅佐呢？并且你说的也不对，虎兕出于笼子，龟甲宝玉毁坏在匣子中，是谁的过错呢？”冉有说：“当今颛臾城池坚固，且靠近季氏采邑，如果现在不夺取它，将来给子孙留下后患。”孔子说：“冉求，君子讨厌那种不说自己真实想法而必要找借口的人。我听说有国有家的人不担心财富少，而担心不均平，不担心贫穷而担心不安守本分。如果上下都认为分配满意则没有人说少，如果民心安定则国家不会倾覆。如此，哪怕远方之民众不服，则修文德使之服而来归。他们既然来了，就要想方设法使他们安定，现在仲由与冉求辅佐季康子，远方的人不信服而不能来归顺，国家分崩离析不能保全，反而想在国内大动干戈，我担心季氏的忧患不在颛臾，而在自己内部。”

16.2　孔子曰：“天下有道，则礼乐征伐自天子出。天下无道，则礼乐征伐自诸侯出。自诸侯出，盖十世希不失矣。自大夫出，五世希不失矣。陪臣执国命，三世希不失矣。天下有道，则

政不在大夫。天下有道，则庶人不议。”

注释

（1）礼乐征伐，礼乐的制定与征伐命令的发布。

（2）希，《说文》作“稀”，释为“疏”。《尔雅》释为“寡也”，即少的意思。

（3）陪臣，古代天子以诸侯为臣，诸侯以大夫为臣，大夫又自有家臣，都是隔了一层的臣，即所谓“重臣”，因之都称为“陪臣”。

解释

孔子说：“天下有道，则礼乐的制定，征伐命令的发布都出自天子。天下无道，则礼乐征伐出自诸侯。出自诸侯，大概很少能持续十代。出自大夫，很少能持续五代。陪臣执掌国家，很少三代不失国的。天下有道，则政权不在大夫手里，天下有道则老百姓不在下面议论。”

16.3　孔子曰：“禄之去公室五世矣，政逮于大夫四世矣，故夫三桓之子孙微矣。”

解释

孔子说：“国家政权不在鲁君手里已经五代了，政权被大夫执掌四代了，所以三桓的子孙也要日渐式微了。”

《礼记·中庸》“非天子不议礼，不制度，不考文”，教化民众的主要负责人应该是天子。如果天子失去了这种职能，则天子名不符实。而这种用以养民教民的权利一旦落入权臣手中难免会沦为逐利的工具。一旦公权力不为公而为私，则不能长久。

天子失政则诸侯不听于天子。诸侯失政则大夫不听于诸侯。大夫失政则天下乱矣！

16.4　孔子曰：“益者三友，损者三友。友直，友谅，友多闻，益矣。友便（pian）辟，友善柔，友便佞，损矣。”

注释

（1）谅，此处为信实的意思。

（2）便，此处为善于、擅长的意思。

（3）辟，通“嬖（bi）”。嬖，《说文》：便嬖，爱也。引申有逢迎的意思。《春秋传》“贱而获幸曰嬖。”

（4）佞，《说文》：巧谄高材也，即巧慧谄谀之高手。

（5）便佞，工于言语谄谀。

解释

孔子说：“有益的朋友有三种，有害的朋友有三种。与正直的人交朋友，与信实的人交朋友，与博闻的人交朋友是有益的。与善于逢迎的人交朋友，与油滑奸巧的人交朋友，与工于谄谀的人交朋友，是有害的。”

16.5　孔子曰：“益者三乐，损者三乐。乐节礼乐，乐道人之善，乐多贤友，益矣。乐骄乐，乐佚游，乐宴乐，损矣。”

解释

孔子说：“有益的喜好有三种，有害的喜好也有三种。喜好用礼乐调节自己的心性言行，喜好讲别人的好，喜好广交贤友，这是有益的。喜好骄奢放肆，喜好无节制的去游乐，喜好宴饮，这是有害的。”

16.6　孔子曰：“侍于君子有三愆（qian）：言未及之而言，谓之躁；言及之而不言，谓之隐；未见颜色而言，谓之瞽（gu）。”

注释

（1）愆，《说文》：过也，过错。

（2）瞽，目盲，此处指没眼力。

解释

孔子说：“侍奉君主有三种过失：不了解不明白就说称之为急躁；了解明白而不说称之为隐匿；不看别人脸色而说称之为没眼力。”

16.7　孔子曰："君子有三戒：少之时，血气未定，戒之在色；及其壮也，血气方刚，戒之在斗；及其老也，血气既衰，戒之在得。"

注释

（1）血气，生命、精力之意。

（2）得，此处有取得的意思。

解释

孔子说："君子一生有三件事应当警戒：年少时血气未定，切忌贪恋女色；到了壮年时血气方刚，切忌争强好斗；到年老时血气已经衰弱，切忌再一心谋求有得于事功。"

血气未定，戒色，不害其长。血气方刚，戒之在斗，不害其成。血气既衰，戒之在得，不害其守。

"戒之在得"传统翻译为"戒贪得无厌"。人老了应该精神内守，不汲汲营营于事功以全其生，如此解释合情理。

16.8　孔子曰："君子有三畏：畏天命，畏大人，畏圣人之言。小人不知天命而不畏也，狎（xia）大人，侮圣人之言。"

注释

狎，此处有轻慢的意思。

解释

孔子说："君子敬畏有三：敬畏天命，敬畏大人，敬畏圣人之言。小人不知道天命而不敬畏，轻慢大人，侮蔑圣人的话。"

16.9　孔子曰："生而知之者上也；学而知之者次也；困而学之，又其次也；困而不学，民斯为下矣。"

注释

民，此处作人解。

解释

孔子说："生而知之者为上等材质之人，通过主动学习而后知道的次之，遇到困难再学习知道的又其次，遇到困难仍不学习，这样的人是最下等材质了。"

孔子承认有"生而知之者"，或许孔子见过吧。孔子说，"我非生而知之者，好古，敏以求之者也。"

16.10　孔子曰："君子有九思：视思明，听思聪，色思温，貌思恭，言思忠，事思敬，疑思问，忿思难，见得思义。"

注释

思，思虑。

解释

孔子说："君子应该在九个方面思虑：看事物一定要思虑其中的道理。听人说一定要思虑其中的意思。态度要思虑时刻温和。容貌要思虑诚敬。言语要思虑忠信。行事要思虑敬慎。疑惑要思虑去问询。愤怒要思虑不良后果。见名利要思虑是否合乎道义！"

16.11　孔子曰："见善如不及，见不善如探汤。吾见其人矣，吾闻其语矣。隐居以求其志，行义以达其道。吾闻其语矣，未见其人也。"

注释

（1）探汤，手伸进开水中。汤，开水。

解释

孔子说："见到好的就学习，追求至善而永无止境。见到不好的，尽快躲避，如同手伸进开水抽回那么快。我见过这样的人，我听过这样的话。时机不对则隐居起来守节不渝，一旦有时机则因时制宜，倡行自己的道义，这样的话我听过，这样的人我没见过。"

"见善如不及，见不善如探汤"是狂狷者。"隐居以求志，行义以达其道”是中行者。孔子说这段话的意思是，能行中道者少矣。

16.12　齐景公有马千驷，死之日，民无德而称焉。伯夷、叔齐饿于首阳之下，民到于今称之。“诚不以富，亦只以异”其斯之谓与？

注释

诚不以富，亦只以异，引自《诗经·小雅·我行其野》。

解释

齐景公有四千匹马，到死之际，百姓不觉得他有什么德行可以称颂。伯夷、叔齐饿死于首阳山下，人们到今天仍称颂他们的仁义。“实在不是因为富有，仅是因为品行不同吧”，说的就是这个意思吧！

儒学崇尚公德。齐景公位居王者之位，而无利民之德行，伯夷叔齐虽为佚民，倡行仁义有利于公德，所以世人颂之。

16.13　陈亢问于伯鱼曰：“子亦有异闻乎？”对曰：“未也。尝独立，鲤趋而过庭。曰：‘学《诗》乎？’对曰：‘未也。’，‘不学《诗》无以言。’。鲤退而学《诗》。他日，又独立，鲤趋而过庭。曰：‘学礼乎？’对曰：‘未也。’，‘不学礼，无以立。’。鲤退而学礼。闻斯二者。”陈亢退而喜曰：“问一得三：闻《诗》，闻礼，又闻君子之远其子也。”

注释

陈亢，孔子学生。伯鱼，孔子儿子，即孔鲤，字伯鱼。

解释

陈亢问伯鱼：“你在老师那里听到什么特别的教导吗？”伯鱼说：“没有，有一天，父亲一个人独立中庭，我趋步过庭，他问我：‘学过《诗》吗？’我说：‘没有。’他说：‘不学《诗》不知道如何讲话。’我回去后就去学《诗》。又有一天，他又一个人站在那里，我趋步过庭，他问：‘学过《礼》吗？’我说：‘没有。’他说：‘不学《礼》无法立身。’我回去后就去学《礼》。我听到的就这两件事。”陈亢回去高兴地说：“我问了一件事，却知道了三件事，其一知道学《诗》的意义。其二知道学《礼》的意义。其三，知道了君子对自己的儿子亦无偏私。”

儒学并无秘传，有些江湖门派动辄曰“心法、秘诀、神咒”，皆不入流。

16.14　邦君之妻，君称之曰夫人，夫人自称曰小童，邦人称之曰君夫人，称诸异邦曰寡小君，异邦人称之亦曰君夫人。

解释

国君的妻子，国君称之为夫人，夫人自称为小童，国人称她为君夫人，在其他国家人面前称她为寡小君，其他国家的人称她为君夫人。

第十七章　阳货篇

17.1　阳货欲见孔子，孔子不见，归孔子豚。孔子时其亡也，而往拜之。遇诸涂。谓孔子曰："来！予与尔言。"曰："怀其宝而迷其邦，可谓仁乎？"曰："不可。""好从事而亟（jì）失时，可谓知乎？"曰："不可。""日月逝矣，岁不我与。"孔子曰："诺，吾将仕矣。"

注释

（1）归，通"馈"，赠送。

（2）豚，小猪。

（3）亟，《尔雅》：屡也，屡次，多次。

解释

阳货想要孔子来拜见他，孔子不去，阳货于是派人送去一只小猪作礼物，按礼数孔子必须回拜。孔子选了一个阳货不在家的时候去阳货家回拜，不料两人在路上碰见了，阳货对孔子说："来呀，我给你说。"说："身怀可贵的才能，却听任国家迷乱，可以称之为仁吗？"孔子说："不能。""愿意有所作为而又屡次不把握机会，这能叫智吗？"孔子说："不能。""光阴逝去，年岁无多。"孔子说："好吧，我要出来为官了。"

17.2　子曰："性相近也，习相远也。"

解释

孔子说："人的天性是相近的，后天修习差距相远。"

孔子未言性善、性恶。善恶是社会属性，以道德为标准，人性是自然属性，无善恶之分。

17.3　子曰："唯上知与下愚不移。"

注释

唯，语气词，置于句首表示肯定。

解释

孔子说："上层社会往往是明智的，下层社会往往是愚昧的，从大局来看这一点不会改变。"

孔子说的上下指社会管理层与社会被管理层，并不指具体的人或者说具体政府。有人说孔子歧视下层民众，其实一点也没有，孔子只是客观上评论而已！即使今天仍然是"上智下愚"。

普通百姓因为所接触到的信息太少、信息层级太低或者虚假信息，加之不善思考，其认识肤浅、片面，故说其愚昧。民众亦因此往往被愚弄。社会上层管理者则相反，掌握全部信息，较之下层民众善于分析，所以说其明智。退一步讲上层或许有愚昧的，但下层则永远没有明智的。孔子说"君子而不仁者有矣夫，未有小人而仁者也。"同乎此。

17.4　子之武城，闻弦歌之声。夫子莞尔而笑，曰："割鸡焉用牛刀？"子游对曰："昔者偃也闻诸夫子曰：'君子学道则爱人，小人学道则易使也。'"子曰："二三子！偃之言是也。前言戏之耳。"

注释

（1）武城，鲁邑，子游曾为宰。

（2）莞，应为"婉"，此处为简约之意，又可解作"微微"。尔，助词，词尾无意，如"子路率尔对曰"。"婉尔"即微微。"莞尔而笑"即微微一笑。

（3）割，《说文》：剥也。引申有宰杀的意思。

解释

孔子到武城，听到弹琴唱歌的声音，孔子说："杀鸡怎么用得着牛刀吗？"子游回答说："以前我听您说，'君子学习了道就能更好的惠爱百姓，百姓学习了道就更容易役使了。'”孔子说：“学生们呀，言偃的话是对的，我刚才的话不过是开个玩笑而已。”

孔子说“杀鸡用牛刀”，意思是指子游治理武城“诗、礼、乐”等方法全部用了。孔子听到“弦歌之声”，知道弟子用“诗、礼、乐”来教化百姓，虽然有“大往”之嫌，但毕竟于教民有益，所以孔子又说“偃之言是也，前言戏之耳”。

17.5　公山弗扰以费畔，召，子欲往。子路不说，曰：“末之也，已，何必公山氏之之也？”子曰：“夫召我者，而岂徒哉？如有用我者，吾其为东周乎？”

注释

（1）公山弗扰，季氏家臣。

（2）费，费邑，季氏采邑。

（3）畔，通“叛”，叛离、反叛。

（4）末，通“莫”，为“没有”的意思。

解释

公山弗扰据费邑发动叛乱，叫孔子去，孔子准备前往，子路不高兴说：“没有地方去就算了，何必要去公山氏那里呢？”孔子说：“既然来召我，难道会让我白白的跑一趟？一定要用我的主张。如果用我呢，我可以在东方复兴周朝的礼义之道。”

公山弗扰何年召孔子？《左传》记载公山弗扰在定公十二年率费人攻打鲁国，孔子指挥乐颀等反击并打败费人，并成功毁弃费邑，公山弗扰逃亡到齐国。《左传》又记载定公八年，公山弗扰等不得志于三桓，故“因于阳虎”，阳虎于定公八年发动叛乱欲诛杀季桓子而未成功，后逃亡至齐。阳虎出逃后，孔子在鲁国被起用，并于定公十二年时堕三都。故可知孔子任鲁国大司寇当在定公九年至定公十二年之间，那么公山弗扰召孔子或在定公八年。彼时公山弗扰与阳虎同时叛乱。

为什么要从公山弗扰之召呢？公山弗扰则据有费邑，费邑在鲁国东南沂蒙山区近夷族未开化地区，民风质朴，或许孔子对公山弗扰的为人亦多少有所了解。这可能是客观原因。孔子从公山弗扰之召冒着身败名裂的风险，孔子依然愿往，可见孔子对鲁国不抱希望。这是主观原因。

17.6　子张问仁于孔子。孔子曰："能行五者于天下，为仁矣。""请问之。"曰："恭、宽、信、敏、惠。恭则不侮，宽则得众，信则人任焉，敏则有功，惠则足以使人。"

解释

子张问孔子如何做才能称之为仁，孔子说："能够在天下实行五种品行便是仁。"子张问哪五种。孔子说："恭敬、宽厚、守信、勤勉、惠爱。恭敬则不被侮辱，宽厚则广得众，守信则人多信任，勤勉则会有功绩，惠爱于人则能更好地使人顺从于自己。"

17.7　佛肸（bixi）召，子欲往。子路曰："昔者由也闻诸夫子曰：'亲于其身为不善者，君子不入也。'佛肸以中牟畔，子之往也，如之何?"子曰："然。有是言也。不曰坚乎，磨而不磷。不曰白乎，涅（nie）而不缁（zi）。吾岂匏瓜也哉？焉能系而不食?"

注释

（1）佛肸，晋大夫赵简子氏的家臣，为中牟的县宰。

（2）中牟，地名，在今河北邢台与邯郸之间。

（3）磷，应为"䗲（lin）"，䗲《说文》：头少发，引申为减少。

（4）涅，《说文》：黑土在水中者也，有曰：以之染布所谓泥青者也。

（5）缁，《说文》：帛黑色也。

解释

佛肸召请孔子，孔子准备前往，子路说："过去我曾听您说过：'亲身做坏事人，君子不交。'佛肸占据中牟发动叛乱，您却要去，怎么解释呢?"孔子说："对，我说过这样的话，但不是说坚硬的东西磨而不小吗？极白的东西即使用涅去染也不会像缁那样黑吗？我难道是个葫芦吗，只能挂起来不能吃吗？”

子路的质问似乎很有力，“以子之矛攻子之盾”，但孔子说那句话是给德行未成的学生们讲的。中心有定，坚贞不失的君子则“无可无不可”。“磨而不磷”即坚贞不失。

17.8　子曰：“由也！女闻六言六蔽矣乎？”对曰：“未也。”“居！吾语女。好仁不好学，其蔽也愚；好知不好学，其蔽也荡；好信不好学，其蔽也贼；好直不好学，其蔽也绞；好勇不好学，其蔽也乱；好刚不好学，其蔽也狂。”

注释

（1）六言六蔽，关于六种弊病的六种说法。

（2）居，此处为坐下。

（3）愚，此处为欺骗、被欺骗的意思。

（4）荡，此处为肤浅的意思。

（5）贼，《说文》：害也，此处有自我伤害的意思。

（6）绞，此处指言行不条理、绞结。

解释

孔子说：“由啊，你听说过关于六种弊病的说法吗？”子路说：“没有。”孔子说：“坐下，我告诉你。好仁德而不学习其弊端是容易被愚弄欺骗；好智慧而不学习其弊端是失于肤浅；好信用而不学习其弊端是有害于权变；好正直而不学习其弊端是言行不条理；好勇敢而不学习其弊端是失于为乱；好刚强而不学习其弊端是失于狂妄。”

17.9　子曰：“小子何莫学夫《诗》？《诗》可以兴，可以观，可以群，可以怨。迩之事父，远之事君。多识于鸟兽草木之名。”

解释

孔子说：“学生们何不学《诗》呢？《诗》可以是学问的启蒙，可以观人情、世情，可以言志而能聚合朋友，可以抒发心中的不满之情。用在近处可以侍奉父母，远处可以待奉君王。还可以多识鸟兽与花草树木的名字。”

17.10　子谓伯鱼曰：“女为《周南》、《召南》矣乎？人而不为《周南》、《召南》，其犹正墙面而立也与？”

注释

（1）为，此处为学习之意。

（2）《周南》、《召南》，为《诗经》开始两章，主要内容在阐明人伦之常。

解释

孔子对伯鱼说：“你学《周南》与《召南》了吗？人如果不学《周南》与《召南》就好像正面对墙面站着，无法举足行进。”

“正墙面而立”即不得门路，不能行进。孔子说《周南》与《召南》是人伦的基本常识，犹如进入社会的两扇门。

17.11　子曰：“礼云礼云，玉帛云乎哉？乐云乐云，钟鼓云乎哉？”

解释

孔子说：“礼呀礼呀，难道只是玉帛之类的礼器吗？乐呀乐呀，难道只是钟鼓之类的乐器吗？”

孔子当是指彼时人们的礼乐多流于形式而不追求其根本。礼乐不兴这是道义衰败的开始。

17.12　子曰：“色厉而内荏（ren），譬诸小人，其犹穿窬（yu）之盗也与？”

注释

（1）荏，通“栠（ren）”，栠《说文》：弱儿。柔弱的样子。色厉而内荏，态度强横而内心怯懦。

（2）窬，《说文》：穿栌（lu）也，即在大门上开一个小门。

（3）穿窬之盗，不敢强取，见不得人的小偷。

解释

孔子说："态度强硬而内心怯弱，以小人做比喻，就像是走小门见不得人的小偷吧？"

17.13 子曰："乡愿，德之贼也。"

注释

乡愿，不讲原则不求道理，人言亦言，随波逐流。

解释

孔子说："乡愿为道德之害也！"

17.14 子曰："道听而涂说，德之弃也。"

解释

孔子说："在路上听别人说的自己也不经考虑，就在路上散播，这是道德所应唾弃的行为。"

17.15 子曰："鄙夫可与事君也与哉？其未得之也，患得之。既得之，患失之。苟患失之，无所不至矣。"

注释

（1）鄙夫，浅陋的人。

（2）与，此处为准许、允许的意思。

（3）至，通"窒"，不通，阻塞。

解释

孔子说："难道浅陋的人可以允许其服务君王吗？在事情未得成的时候，担心不能得成。既然得成，又担心丧失其所得。如果如此担心丧失所得，那没有什么是可通行的。"

《孔子家语·在厄》"君子之修行也，其未得之，则乐其意。既得之，则乐其治。小人则不然，其未得也，患弗得之。既得之，又恐失之。是以有终身之忧，无一日之乐。"

“苟患失之，无所不至矣”，因为任何事情都没有必成的把握，都有失败的可能。如果畏畏缩缩那到处是困难阻塞，什么都不能行通。乐观、勇敢方能通达。

事君必须能助其成事，此为臣辅之义务。如果臣辅畏畏缩缩、患得患失则必不能成事，所以鄙夫不可“事君”。

17.16　子曰：“古者民有三疾，今也或是之亡也。古之狂也肆，今之狂也荡。古之矜也廉，今之矜也忿戾。古之愚也直，今之愚也诈而已矣。”

注释

戾，此处为凶狠之意。

解释

孔子说：“古代老百姓有三种毛病，今天或许这个也没有了吧？古代的人所谓狂是恣意不拘小节，当今的人所谓狂则是肤浅，无所顾忌。古代的人严肃刻板是方正而有个性，今天的人严肃则是愤怒、凶狠。古之人无知往往直接表现，今人之无知往往用欺诈的手段掩盖。”

17.17　子曰：“巧言令色，鲜矣仁。”

解释

孔子说：“巧言令色者很少是有仁德之人。”

17.18　子曰：“恶紫之夺朱也，恶郑声之乱雅乐也，恶利口之覆邦家者。”

解释

孔子说：“我厌恶用紫色侵夺红色，厌恶郑国的淫声惑乱雅乐，厌恶那些花言巧语颠倒是非而致使国家倾覆者。”

孔子说的“紫、郑声、利口”皆是非礼、非义。

17.19 子曰：“予欲无言。”子贡曰：“子如不言，则小子何述焉？”子曰：“天何言哉？四时行焉，百物生焉。天何言哉？”

解释

孔子说：“我不想再说了。”子贡说：“您如果不说，那我们学生遵循什么呢？”孔子说：“天可曾说呀？四时流行，百物生生不息，天说什么了？”

天道不言，顺之则生，违之则亡。人伦社会合乎道义则兴盛，反之则必消亡。圣人言之乃正世人于不义，挽其危亡，愚昧不听者则任由之。

17.20 孺悲欲见孔子，孔子辞以疾。将命者出户，取瑟而歌，使之闻之。

注释

（1）孺悲，鲁人，鲁哀公派孺悲向孔子学礼，而孺悲轻慢于孔子，“不由介绍，故孔子辞以疾。”。大概古人欲师从于人学习某项技艺当请人为中间人代为引荐，方能成礼。孔子嫌其无礼故意不见，而又使其知之。

（2）将命，传话的人。

解释

孺悲想见孔子，孔子推辞说有疾病。传话的人刚出门，孔子取瑟而歌之，故意使孺悲知道，“吾非有疾，汝有失礼”。

《孔子家语·致思第八》“子路曰：由闻之，士不中间见，女嫁无媒，君子不以交，礼也。”

17.21 宰我问：“三年之丧，期已久矣。君子三年不为礼，礼必坏。三年不为乐，乐必崩。旧谷既没，新谷既升，钻燧（sui）改火，期可已矣。”子曰：“食夫稻，衣夫锦，于女安乎？”曰：“安。”“女安，则为之。夫君子之居丧，食旨不甘，闻乐不

乐，居处不安，故不为也。今女安，则为之！”宰我出。子曰：“予之不仁也！子生三年，然后免于父母之怀。夫三年之丧，天下之通丧也。予也有三年之爱于其父母乎？”

注释

（1）期已久矣，期限太久了。已，解作太、甚。

（2）坏，《尔雅》：毁也，有毁坏、败坏的意思。

（3）崩，《说文》：山坏也，引申有毁灭、败坏的意思。

（4）没，此处为“完了、终了”的意思。

（5）升，为长成之意。

（6）钻燧改火，古代钻木取火，按季节改变取火用的木头，一年轮换一遍。

（7）期可已矣，满一年就可以终止了。

（8）旨，美味。

（9）免，离开之意。

解释

宰我说：“子女为父母守丧三年，时间太长了。君子三年不讲礼，礼道一定会毁坏。三年不演习音乐，乐道一定会毁坏。陈谷子已经用完了，新谷子已经长成，钻燧改火也一个轮回了，所以为父母守丧满一年就可以终止了。”孔子说：“服丧期间吃米饭，穿锦缎你心安吗？”宰我说：“我心安。”孔子说：“你心安你就这么做吧！君子居丧守孝，吃美味不觉香甜，听音乐不觉快乐，住在家里也不觉得安逸，所以君子不吃美味，不听音乐，不居安逸，而今你觉得心安，你就这样做吧！”宰我出来，孔子说：“宰我真是不仁呀！儿女出生三年才能离开父母的怀抱。父母死了，守孝三年是天下通行的做法，宰我难道没有从他父母那里得到三年的疼爱吗？”

“三年之丧”是子女为父母守丧的期限，是最长的丧期。其实所谓三年只有二十五个月而已，跨越三年。宰我认为：大自然的生物一年一周期，社会人文生产亦是以一年为周期，所以守父母丧也应该以一年为期。孔子认为人有别于自然界之生物，所以多守一年以别其他，亦是对父母之恩尤为尊敬的表现，所以孔子极力推三年之丧，以彰显父母恩重，亦表现孝子诚心。

今天商业社会法定丧假为三天，根本谈不上守丧。人们不停地忙于追逐利益，追求进步，淡漠了亲情、友情，殊为可叹！

17.22　子曰："饱食终日，无所用心，难矣哉！不有博弈者乎？为之，犹贤乎已。"

注释

（1）博，通"簙（bo）"，簙，《说文》：局戏也。一种棋类游戏。

（2）弈，《说文》：围棋也。

解释

孔子说："整天吃饱了无所事事，这样的人要进步太难了。不是有博弈那样的游戏吗？干那些都比什么都不干好！"

孔子认为人应当发明其智慧，"无所用心"就是消极懈怠，哪怕游戏都要智慧。发明智慧或许有淫巧奸诈，如果人人呆若木鸡，那社会一定会走向覆灭。

《孔子家语·五仪解第七》"哀公问于孔子曰：吾闻君子不博，有之乎？孔子曰：有之。公曰：何为？对曰：为其二乘。公曰：有二乘，则何为不博？子曰：为其兼行恶道也。哀公惧。"大意是君子不博，因为二人侵凌争胜，是恶道，有违君子仁爱之风。

17.23　子路曰："君子尚勇乎！"子曰："君子义以为上。君子有勇而无义为乱，小人有勇而无义为盗。"

注释

盗，反抗统治者的人，即反贼、叛民。

解释

子路问："君子崇尚勇吗？"孔子说："君子应该以讲义为上，君子如果只是勇敢而不讲道义则会作乱，小人勇而无义则会成为叛民。"

孔子因材施教。

17.24　子贡曰："君子亦有恶乎！"子曰："有恶：恶称人之恶者，恶居下流而讪（shan）上者，恶勇而不礼者，恶果敢而窒者。"曰："赐也亦有恶乎？""恶徼（jiao）以为知者，恶不孙以为勇者，恶讦（jie）以为直者。"

注释

（1）讪，《说文》谤也，有曰：对人道其恶曰谤。谤有别于诽，诽则言非其实有诬告的意思。

（2）窒，《说文》：塞也。堵塞，此处指不通事理。

（3）徼，《说文》：循也。循，行顺也，即按次序行走。此处有因循、模仿、抄袭的意思。

（4）讦，《说文》：面相斥罪，相告讦也。当面指责别人，向上级告发别人。

解释

子贡问："君子也有所厌恶吗？"孔子说："有所厌恶：厌恶传播别人的不好，厌恶身份低下而诽谤在上位的人，厌恶勇敢而无礼的人，厌恶果敢但不通晓事理的人。"孔子又说："赐呀，你有厌恶的吗？"子贡说："我厌恶模仿别人却自以为聪明的人，厌恶不谦逊却自以为是勇敢的人，厌恶当面斥责别人或向上级告发别人自以为正直的人。"

17.25　子曰："唯女子与小人为难养也，近之则不孙，远之则怨。"

注释

（1）唯，语气词，表示确定。

（2）为，助词，用于句中帮助宾语前置。

（3）“唯女子与小人为难养也”即“难养女子与小人也”。

（4）养，此处为保养的意思。

（5）女子，指妻妾。

（6）小人，指未学之人，普通百姓。

（7）孙，通“逊”，为恭顺之意。

解释

孔子说：“妻妾和小人的关系难以保养，关系太亲近他们就会有失恭顺，太疏远他们就心生怨尤。”

关于这句话争议很大，首先是女子与小人的定义。在古代社会关系中涉及成年女子的无外乎母辈、姐妹、妻妾，而家族之外的女性关系几乎没有，即便有也不存在“可近可远”的关系。家族内母辈、姐妹等女性关系亦不存在“可近可远”的说法，即便有亲疏之别也只是亲情远近之分，也不能用“恭逊怨尤”来形容。所以此处说的女子指与男子有男女之爱的女人，当指妻妾。

“小人”指未学之人，被君子所管教的普通民众。

君子与妻妾太亲密了，以至于妻妾舍弃夫妇之礼节不顾，失于简。

“小人”浅陋知礼甚少，君子与之太亲近，他们就无所顾忌，失于慢。

《孔子家语·好生第十》“曾子曰：狎甚则相简，庄甚则不亲，是故君子之狎足以交欢，其庄足以成礼。孔子闻斯言也，曰：二三子志之，孰谓参也不知礼乎？”

“狎”，亲近。“简”，简慢。以上这段话意思近于孔子说的这句话。孔子只是指出在女子与小人身上表现尤甚。由曾子这句话我们可以知道孔子这句话是从“女子、小人”持礼、行礼的角度来说的，并不是对女人与小人有贬低的意思。

17.26 子曰："年四十而见恶焉，其终也已。"

解释

孔子说："人到了四十岁再被人憎恶，他的为人也就这样终了了。"

孔子说四十不惑，大概无论君子、小人到了四十岁都有一定的人生阅历了。四十岁的人其言行被众人所厌恶，那此人的思想观念一定有问题，这时候再修正他的价值观、世界观、人生观大概很难了吧。"其终也已"，大概他的一生就这样了结了。

第十八章　微子篇

18.1　微子去之，箕子为之奴，比干谏而死。孔子曰：“殷有三仁焉。”

注释

微子，商纣王之兄。箕子、比干，商纣王之叔父。

三人都反对商纣的行政方式。微子离商纣而去，箕子为保全性命佯装疯癫，仍被囚为奴隶。比干正谏被杀。以上三人的故事都是正史的说法，至于在殷朝末期有没有兄弟、叔侄争权夺利的斗争，我们今天已不得而知了。但商纣王的无道，倒是有待商榷。殷商末年，诸侯势力庞大，少数民族虎视眈眈，觊觎中原，加之国内党争，如此情况之下，商纣王对内施以严厉的镇压，对外部敌对民族施行讨伐，也是情理之举。在我看来商纣的武功与秦始皇类同，对内行政手段也近似，从历史看来商纣只不过是诸多用权力消灭异己的无数皇帝之一而已，李世民、赵匡胤、朱元璋、雍正等，其手段狠辣较之商纣有过之无不及，只不过商纣离礼义治国的时代太近了，所以商纣恶名尤著。子贡看到了这一点也曾为商纣正名，对此孔子不可能不知道这其中的曲折。

孔子在《孔子家语·子路初见》中说：比干之于纣王，以亲情来说是叔父，以君臣来说是少师，忠诚报效之心在家族宗庙。所以以死诤之，希望身死之后，商纣反思悔悟。比干的根本目的在于存国、存宗祀，其志在杀身成仁。但如果不是比干之于商纣这种情况，死谏君王只能称之为狷。在此处孔子认定其行为为仁行，并无认定其人为仁者。

周人攻破朝歌，微子持祭器造于武王军门，肉袒面缚，左牵羊，右把茅，膝行而前。“肉袒面缚”即脱去衣服表示愿受责罚，两手反绑面对胜利者，表示放弃抵抗。又拿祭器，带着祭品，表示放弃自己的祭祀，从于周王的祭祀。一个意思，就是背弃自己的祖宗与祖国。微子的这种嘴脸决不是一个泱泱大国王子的形象，更不是仁德之举。彼时微子五六十岁了，不以灭了国家宗祀为耻，行径与比干、箕子相背，如何称其为仁？

有意思的是，周武王并没有给微子封地，而是把纣的儿子封在宋，使其不绝宗祀。后来纣的儿子复仇失败被周公杀死，之后才把封地转让给微子，可见微子并不被周人看重。我认为微子其人品德败坏，所谓声誉皆是周人造作。“微子之去”应该是另有原因，并非孔子所谓仁行。孔子或有不察之失吧！

箕子不愿做周人的臣子远去朝鲜。周人答应箕子可用天子之礼，对周室不行君臣之礼。箕子远去周国，为仁行。

孔子向来很少认定仁人。孔子说“三仁”当指能守道、守贞节之行为而言，并非指三人为仁人，而是言三人有仁德之行。

解释

因为商纣不行礼义以治国，微子弃官归隐，箕子贬为奴隶，比干因正谏而死。孔子说：“殷朝有三个人践行仁义。”

18.2　柳下惠为士师，三黜（chu）。人曰：“子未可以去乎？”曰：“直道而事人，焉往而不三黜？枉道而事人，何必去父母之邦？”

注释

（1）士师，管理监狱的小官。

（2）黜，《说文》：贬下也。贬退之意。

解释

柳下惠做狱官被三次贬退。有人说：“你难道不可以离开这个国家去别的地方做官吗？”柳下惠说：“按照正直的方式事于人，去哪里不会被三次贬退呢？如果用不正直的方式来事于人，何必要离开自己的祖国呢？”

18.3　齐景公待孔子曰：“若季氏，则吾不能；以季、孟之间待之。”曰：“吾老矣，不能用也。”孔子行。

注释

待，对待、任用之意。

解释

齐景公在关于如何任用孔子一事上说：“像鲁君重用季氏那样则我不能，以季氏与孟氏之间的位置任用尚可。”又说：“我老了，不能任用你了。”孔子便离开了。

齐景公亲政之初颇有建树，使本来混乱的齐国政治焕然一新，国力在十多年内得到较大提升。国情好转之后，贪图享乐，厚赋重刑，为了与晋国争夺霸主的虚名致使民怨载道。“齐景公有马千驷，死之日民无德而称焉”这是对他的定论吧。

18.4　齐人归女乐，季桓子受之，三日不朝，孔子行。

注释

（1）归，赠送。

（2）女乐，女子乐队。

解释

齐国人送给季氏美女乐队，季桓子接受后，多日不上朝理事，孔子便因此离开了鲁国。

18.5　楚狂接舆歌而过孔子曰：“凤兮凤兮！何德之衰？往者不可谏，来者犹可追。已而！已而！今之从政者殆而！”孔子下，欲与之言。趋而辟之，不得与之言。

注释

（1）楚狂，楚国的狂人。

（2）接舆，人名。

（3）凤，《说文》：神鸟也，雄曰凤，雌曰凰。凤现则天下大安宁，多用以比喻盛德之人。

解释

楚国的狂人接舆唱着歌从孔子车前经过，他唱道："凤啊，凤啊，你的品德为何衰败了？过去的已不可挽回，未来的还可以改变啊！停止吧，停止吧，当今的执政者危险啊！"孔子下车想和他说话，接舆赶紧走几步避开了，孔子没有和他说成话。

首先孔子"知其不可而为之"是狂人的举止，与接舆之狂有共通之处。接舆也是惺惺相惜才劝孔子"停止吧"。接舆以凤喻孔子，是对孔子品德高尚的赞美，但对孔子的一些权宜之举又觉得有损德行，所以说"何德之衰"。接舆不懂孔子之中庸。

狂狷者可以全私德而不能行公德。中行者私德未必完美，然志在公德，求大而不拘小节，为公而不计私，是以身殉道，杀身成仁之精神，为大成者。孔子欲下车与接舆说话应该是要解释"何德之衰"。接舆"趋而辟之"，大概是狂人的作风，不与世俗之人为谋。

18.6　长沮（ju）、桀溺（jieni）耦（ou）而耕，孔子过之，使子路问津焉。长沮曰："夫执舆者为谁？"子路曰："为孔丘。"曰："是鲁孔丘与？"曰："是也。"曰："是知津矣。"问于桀溺。桀溺曰："子为谁？"曰："为仲由。"曰："是鲁孔丘之徒与？"对曰："然。"曰："滔滔者天下皆是也，而谁以易之？且而与其从辟人之士也，岂若从辟世之士哉？"耰（you）而不辍。子路行以告。夫子怃（wu）然曰："鸟兽不可与同群，吾非斯人之徒与而谁与？天下有道，丘不与易也。"

注释

（1）长沮，桀溺，隐士。

（2）耦，《说文》：耜广五寸为伐，二伐为耦。耜（si），耕地工具。

（3）津，《说文》：水渡也，即河流的渡口。

（4）滔，应为“謟（tao）”。謟，《尔雅》：疑也，迷惑的意思。滔滔者，糊里糊涂的人，浑浑噩噩的人。

（5）怃，《说文》：不动也，怅然失意的样子。

（6）徒与，党徒和相与，即同类之人。《荀子·尧问》“徒与不众光辉不博也”。

（7）耰，《说文》：摩田器，类似锄头，播种后用来平土盖上种子。

（8）斯人，指当今人民，可作斯民。《孟子·万章上》“予将以斯道觉斯民”。

解释

长沮与桀溺用耦耕种，孔子路过，让子路去问询河的渡口在哪里，长沮说：“你为谁赶车呢?”子路说：“为孔丘。”又问：“是鲁国的孔丘吗?”子路说：“是的。”长沮又说：“孔丘哪是知道渡口在哪里的人啊！”子路又问桀溺。桀溺说：“你是谁啊?”子路答：“我是仲由。”桀溺问：“是鲁国孔丘的党与吗?”子路答：“是的。”桀溺说：“浑浑噩噩的人天下皆是，而有谁改变了他们呢？你与其追随一个避人的人，何如追随避世的人呢?”一边说一边不停地往种子上覆土。子路回来以后把这些告诉了孔子。孔子怅然若失的说：“不愿与他们一样隐居山林与鸟兽同群，我不做当前人民的党徒又能与谁在一起呢？如果天下有道，我就不会参与改革了。”

“滔滔者”传统解释“不道德就像泛滥的洪水一样”。“者”多用于动词、形容词后，指代人或事物。“滔滔”即“水流盛大的样子”，“滔滔者”只能翻译为“水流盛大的情况”，可见如此解释于上下文不通顺。

“而谁以易之”其中“以”为助词无意。

“吾非斯人之徒与而谁与?”，“谁与”即“与谁”。“徒与”为一词，解作党朋、相与。

“丘不与易也”传统解释“我就不会和你们一起来进行变革工作了”。首先孔子“怃然曰”，是若有所思的自言自语，而不是专门回复子路说的话。再者如果“与”作“和你们在一起”解，应写作“吾不与尔等以易也”。此处用“丘”就是指明此乃孔子自己的行为，所以“不与”作“不参与”解。

18.7　子路从而后，遇丈人，以杖荷篠（diao）。子路问曰：“子见夫子乎?”丈人曰：“四体不勤，五谷不分，孰为夫子?”植其杖而芸。子路拱而立。止子路宿，杀鸡为黍而食之，见其二子焉。明日，子路行以告。子曰：“隐者也。”使子路反见之。至，则行矣。子路曰：“不仕无义。长幼之节，不可废也。君臣之义，如之何其废之？欲洁其身，而乱大伦。君子之仕也，行其义也。道之不行，已知之矣。”

注释

（1）丈人，老人。

（2）篠（现在读 xiao），古代除草用具。

（3）四体，指双足双手。

（4）五谷，麻、黍、稷、麦、菽。麻子可以榨油，茎皮经沤制可以做绳、麻衣等。黍，俗称黄米。稷，俗称小米。麦，俗称小麦。菽，俗称大豆。

（5）四体不勤，五谷不分，是老人对当时士大夫的讽刺，讥讽士大夫脱离人民，不务民事。

（6）芸，《说文》作“秐”，除苗间杂草。

（7）杀鸡为黍，杀鸡做米饭。

解释

子路随从孔子，落在了后面，遇到一位老者用拐杖挑着除草的工具。子路为：“您看见我的老师孔夫子了吗?”老人说：“四体不勤，五谷不分谁是孔夫子啊?”说完把拐杖插在地上除草去了。子路拱手立在一旁。老者留子路到他家住宿，杀鸡做米饭给他吃，并让两个儿子出来和子路相见。第二天子路见到孔子告诉孔子这件事，孔子说：“这是位隐士。”让子路返回去看看老者。子路到了老人家，但老者已经出门去了。子路说：“有道德的人不出来做官教化世人是不合乎道义的，既然长幼之间的礼节不可废弃，君臣之间的大义怎么能废弃呢？欲洁身自好而乱了君臣大伦！君子之所以出仕就是为了倡行道义，至于道义之不行则是早已知道的。”

18.8　逸民：伯夷、叔齐、虞仲、夷逸、朱张、柳下惠、少连。子曰：“不降其志，不辱其身，伯夷、叔齐与！”谓“柳下惠、少连，降志辱身矣，言中伦，行中虑，其斯而已矣。”谓“虞仲、夷逸，隐居放言，身中清，废中权。我则异于是，无可无不可。”

注释

（1）逸，《说文》：佚也。佚，《说文》：佚民也，隐遁的人。此处指隐遁在社会下层的人。柳下惠为“士师”是下层小官，所以说逸民不见得是不做官。

（2）伦，伦理、道理。

（3）虑，思考、谋虑。

（4）放言，不谈政治。

解释

隐遁在社会中的人有：伯夷、叔齐、虞仲、夷逸、朱张、柳下惠、少连。孔子说：“不降低志趣，不辱没身份的就是伯夷、叔齐吧！”又说：“柳下惠、少连，降低志趣辱没身份但言语中于伦理，行为经过思考，也就如此而已。”又说：“虞仲，夷逸，过着隐居的生活，不谈世事，自身行为清高，即便隐居废弃人伦但合乎处世权变之道。我则与这些人的做法不同，没有什么行与不行的。”

“无可无不可”，孔子可学伯夷、叔齐，亦可以学柳下惠等，甚至可以“隐居放言”。根据情势决定进退，没有固定的处世准则，无论以何种姿态立身，只要“义之与比”即可。

18.9　大师挚适齐，亚饭干适楚，三饭缭适蔡，四饭缺适秦，鼓方叔入于河，播鼗（tao）武入于汉，少师阳、击磬襄入于海。

注释

（1）大师，即太师，掌管音乐的官。

（2）亚饭、三饭、四饭，古时天子诸侯每餐都奏乐，乐章各异，各有乐师。“亚、三、四”是用餐的次序。

（3）播鼗，摇拨浪鼓。

（4）少师，应该也是掌管音乐的官员，次于太师。

解释

太师挚到了齐国，亚饭干到了楚国，三饭缭去了蔡国，四饭缺到了秦国，打鼓的方叔到漠河一带去了，摇小鼓的武到了汉水一带，少师阳与击磬的襄去了海滨一带。

礼乐崩坏，荡然无存，乃君王无道所致。

18.10　周公谓鲁公曰：“君子不施其亲，不使大臣怨乎不以。故旧无大故，则不弃也。无求备于一人！”

注释

（1）周公，即周公旦。

（2）鲁公，当是周公之子伯禽，鲁国开国国君。

（3）施，此处有恩惠，予以好处的意思。《左传·僖公二十八年》“楚有三施，我有三怨。”

（4）以，《说文》：用也，此处为任用的意思。

解释

周公对鲁公说：“君子不单独惠爱亲近的人，不使大臣怨恨得不到任用，原来的臣子没有大的过错则不可遗弃，不要对一个人责全求备。”

传统解释认为“施”为“弛”，解作“放弃、丢开”。《礼记·坊记》“君子弛其亲之过而敬其美”，“弛”准确的解释应为“不计较、忽略”。如果此处解作“不遗弃，不怠慢亲族”于文字当作“人不施其亲”，何独“君子不施其亲”？不合情理。其次周公对即将上任的儿子也不应该讲这些齐家之道，而应讲治国之道。

分析整句话都是在讲为官之道，用人之道。周公讲为君之道：第一，不私亲近之臣。第二，不专权。第三，对故旧仁爱。第四，用人不责全求备，用其专长。

18.11　周有八士：伯达、伯适、仲突、仲忽、叔夜、叔夏、季随、季騧（gua）。

注释

八士，八位贤士，身世不详，传说一母所生四对双胞胎。周初盛时有这八位贤士，伯达通达义理，伯适大度能容，仲突有御难之才，仲忽有综理之才，叔夜柔顺不迫，叔夏刚明不屈，季随有应顺之才能，季騧德同良马。

我认为关于这八位贤士的德行应该是后人根据名字的意思附会的，根本没有历史依据，由此可见先儒们能力之一斑。信口开河者天下皆是！

解释

周朝有八个贤士：伯达，伯适，仲突，仲忽，叔夜，叔夏，季随，季騧。

八个贤士为东周、西周已不可知，但八位贤士按伯、仲、叔、季排列，似是家族兄弟，如果一个家族出八位名士，可见非一般家族，应该是显赫之家，书香门第。

第十九章　子张篇

19.1　子张曰："士见危致命，见得思义，祭思敬，丧思哀，其可已矣。"

注释

致，《说文》：送诣，送而必至其处。"致命"此处为献出生命之意。

解释

子张说："士在国家危难关头可以献出生命，在财利名誉面前考虑是否合于道义，祭祀时考虑是否做到恭敬，居丧时考虑是否做到心有哀戚，这样做就可以了。"

19.2　子张曰："执德不弘，信道不笃，焉能为有？焉能为亡？"

注释

（1）执德，施行道德。

（2）弘《尔雅》：大也，引申为广大。

（3）笃《尔雅》：淳、厚也。诚信、敦厚的意思。

（4）亡，通"无"，没有之意。

解释

子张说："施行道德不能广大，相信道义而不能笃厚，能么能说是有德呢？又怎么能说是没有怀疑呢？"

"执德不弘"，不能在所有社会生活中践行道德。即道德未全面。如此不能称之为有德。

“信道不笃”，信道未能坚实，就是在道义与现实之间有疑虑，有怀疑。所以子张说“怎么能说是没有怀疑呢?”

19.3　子夏之门人问交于子张。子张曰：“子夏云何?”对曰：“子夏曰：‘可者与之，其不可者拒之。’”子张曰：“异乎吾所闻：君子尊贤而容众，嘉善而矜不能。我之大贤与，于人何所不容?我之不贤与，人将拒我，如之何其拒人也?”

注释

（1）嘉，《说文》：美也，赞美、赞赏。

（2）矜，《尔雅》：抚掩之也，即安慰体恤之意。此处有鼓励、劝勉之意味。

解释

子夏的学生向子张请教交友之道。子张问：“子夏是如何说的?”子夏的学生说：“子夏说：‘认为可以的就与之交往，认为不可以的就拒绝。’”子张说：“和我听到的不一样。君子尊重贤人又能包容众人，能赞美其优点且要体恤其不足。我如果是大贤人，对别人有什么不能包容的呢?我如果不贤，别人将会拒绝我，怎么能谈得上拒绝别人呢?”

“善”与“不能”解释为“优点”与“不足”，称赞人的优点，体恤人的不足之处，这正是君子与人交往的态度。

鲍叔牙与管仲一起经商，管仲经常多分财利，鲍叔牙不认为管仲贪财而是由于生活贫困。曾为鲍叔牙办事不力，鲍叔牙不认为管仲愚笨，而是时机不利，管仲多次临阵脱逃，鲍叔牙不认为他胆小而是家有老母，管仲不为公子纠守节，鲍叔牙不认为他不知耻，而是不拘小节。鲍叔牙能看到管仲的本质，知道他的优点，又能体恤管仲的不足。

19.4　子夏曰：“虽小道，必有可观者焉。致远恐泥，是以君子不为也。”

注释

（1）小道，非大道。致用广大，意义深远者为大道。子路之“不忮不求”是小道，孔子说不足以为善。

（2）观，《尔雅》：示也，即显示之意。“可观者”此处为“可学习的地方”，即有价值。

（3）致，《说文》：造诣，送而必至其处。“致远”，到达高远之处。此处指达到高深的修养水平。

（4）泥，此处有阻滞、不能通达之意。

解释

子夏说：“虽小道，也一定有其价值，但要借此达到高深的修养水平或者成大功用则恐怕不能通达，所以君子不事从小道。”

19.5　子夏曰：“日知其所亡，月无忘其所能，可谓好学也已矣。”

解释

子夏说：“每天学习到所不知道的知识，经月而不忘记已经掌握的知识，这可以称之为好学了吧！”

19.6　子夏曰：“博学而笃志，切问而近思，仁在其中矣。”

注释

（1）切，此处有恳切、诚恳的意思。问，探讨、研究、学习之意。切问，诚恳的研究、学习。

（2）近，此处为追求之意。

（3）思，应为“悳（de）”之误，二者篆体形近。“悳”即道德之“德”之本字。“德”本意为“升”，“悳”今均写作“德”。近思，追求道德。

解释

子夏说：“广泛的学习各种知识而且要志向坚定。诚恳的研究学问而追求道德，这样做仁就在其中了。”

《礼记·中庸》子曰：“好学近乎智，力行近乎仁。”“博学、笃志、切问、近德”可谓“力行”，故如此作为可得仁德。

19.7　子夏曰："百工居肆以成其事，君子学以致其道。"

注释

（1）肆，作坊。

（2）致，到达、得到之意。

解释

子夏说："各行业工匠在他们的作坊中完成他们的工作，君子通过学习得到君子之道。"

工匠利用作坊完成其工作，其成果是所制作的器物。君子通过学习完成其修习，其成就是道德。

19.8　子夏曰："小人之过也必文。"

注释

文，此处有掩饰之意。《荀子·荣辱》"饰邪说，文奸言。"

解释

子夏说："小人对于自己的过错一定加以掩饰。"

19.9　子夏曰："君子有三变：望之俨然，即之也温，听其言也厉。"

注释

（1）俨《尔雅》：敬也。俨然，矜庄、庄重的样子。

（2）厉，严厉。

解释

子夏说："与君子接触感觉上有三步变化：看君子的仪容感觉庄重的样子，接近君子感觉态度温和，听君子的言论感觉口气严厉。"

19.10　子夏曰："君子信而后劳其民，未信则以为厉己也。信而后谏，未信则以为谤己也。"

注释

（1）劳，劳动、役使之意。

(2) 厉，有残害的意思。

解释

子夏说："君子先取信于民，而后再役使他们，没有取信于百姓而役使他们，他们就以为是残害他们。要先取得尊长的信任，而后来劝谏，若不能取信则以为是诽谤他自己呢!"

19.11　子夏曰："大德不逾闲，小德出入可也。"

注释

闲，《说文》：门遮也，即栅栏。引申为界限、规则。

解释

子夏说："在道德的大节上是不可违反原则的，在小节上有些出入是可以的。"

19.12　子游曰："子夏之门人小子，当洒扫应对进退则可矣，抑末也。本之则无，如之何？"子夏闻之，曰："噫！言游过矣！君子之道，孰先传焉，孰后传焉？譬诸草木，区以别矣。君子之道，焉可诬也？有始有卒者，其惟圣人乎！"

注释

(1) 洒扫，即家庭生活基本技能。《礼记·内则》中所记载诸多生活常识。

(2) 应对，即与人言谈交接的基本常识。

(3) 进退，即与人往来的礼节。

(4) 言游，即子游。

(5) 诬，《说文》：加也，即诬告、诽谤，此处有妄作评论的意思。

(6) 卒，终也。

(7) 别，此处为明辨之意。

解释

子游说："子夏的门人弟子，做些洒扫的内务，与人言谈交接，与人往来交际还可以，不过都是末节，根本的学问则没有，还能干什么呢？”子夏听到了说：“噫，言游错了，君子的学问什么先传授，什么后传授，要根据学生的资质，如同花草与树木，材质不同，一定要区分之，明辨之。君子修习之道怎么可以妄作评论呢？从最简单的学问开始，修习到最终的明道境界，所有学问无所不知，无所不能的大概只有圣人吧！”

子游说洒扫、应对是末节，子夏不以为然，子夏认为一个人修习什么当根据自身的资质，具备栋梁才质的人可以由“洒扫应对”以至于“诗、礼、乐”全部学习之。凡夫俗子学好“洒扫、应对”已属不易，再学习其他高深的学问亦不会有成就。譬如樊迟，孔子评论终为“小人哉”。譬如子路，不能“成于乐”。孔子说“子路弹的瑟是跟我学的吗？”终不入孔子之室。譬如公西赤终生之愿望为演礼。“立于礼”对公西赤来说已属终生之成就了。子夏讲的就是孔子说的因材施教。

“有始有卒者，其惟圣人乎”，“始”即学问之始。“卒”即学问之终。贯通所有君子之学，无所不知，无所不能。始学于最易，而成于最高，由“洒扫应对”至于仁的境界，大概就可以称之为圣人了。

19.13　子夏曰：“仕而优则学（xiao），学而优则仕。”

注释

（1）仕，《说文》：学也。学，为教、教导之意。“仕”多指教导国民，引申为为官之意。

（2）学，与“教”古代同义，后专制“教”字而“学”专“觉悟、学习”之意。《书·兑命》“学学半”即“教学半”，教学相长之意，“半”通“伴”。《礼记·文王世子》“凡学世子及学士必时。”其中“学”皆为“教”。

（3）优，《说文》：饶也，即宽裕。引申为优良、优胜。

解释

子夏说：“为官教导百姓而优良者则可以教学。为师而教学优良者则可以为官教化百姓。”

《礼记·文王世子》“君子曰德，德成而教尊，教尊而官正，官正而国治。”《礼记·学记》“君子欲化民成俗，其必由学乎!? 古之王者建国君民，教学为先。”可见古人以政与教为一。

这句话的传统解释为“做官做的好了有余力就应该学习，学习好了就去做官”。

首先儒学认为政亦是教，王与师的职责相同，都为化民教民。所以为官即是为百姓之师，为王即是为天下人民之师。

欲为官必须具备为人师之德养，如果说做官优良后再去学习则是因果颠倒了。其次学习优良不见得做官，亦可以为人师。天下官职有限，而待化之民无限，何必非要为官呢? 孔子自己曾说过“孝乎惟孝，友于兄弟，施于有政”，即学优不必在朝为官。子夏为孔子高足，不会错会老师的精神而发此种言论。

19.14　子夏曰：“丧致乎哀而止。”

解释

子夏说：“临丧致哀就可以了。”

子夏的意思，临丧的要义在于内心哀伤，如果内心哀伤，那么临丧其他形式都不重要。孔子说“丧与其易宁戚”。

19.15　子游曰：“吾友张也为难能也，然而未仁。”

注释

（1）难，《尔雅》：艰也，不容易。

（2）能，此处为“及、到”的意思。

（3）难能，即难以企及。

解释

子游说：“我的友人子张德行也是很多人难以企及的，然而并未达到仁的境界。”

“难能”，一般解释为“难得的人才”，还有解释为“难能可贵”。

“能”可以解释为贤能的人，但“难”只作“不易，艰难”解。“难”本身没有“得”的意思。所以“难能”解释为“难得的人才”，是凭空在中间加了一个“得”字。所以这种解释太不严谨了。

“难能可贵”出自苏轼《荀卿论》“子路之勇，子贡之辩，冉有之智，才三子者，皆天下之所谓难能而可贵者也”。在苏轼这句话中“难能”与“可贵”为并列关系，首先是难以做到，再者确实宝贵，所以在此处解释为“难能可贵”，相当于没有解释“难能”，凭空加了“可贵”的意思。

子游与子夏被孔子列为“文学”科的高才生。由子游“洒扫应对”的故事来看，其见识水平在子夏之下。子游直言子张“未仁”，可见子游其人个人修养水准不高。《论语》中多次问孔子某某仁否的问题，孔子一般说“未知其仁”，因为仁与不仁完全在一个人心里，不是可以轻易评说的。所以子游评论子张德行的言论，并不具有很高的价值。《论语》中关于子张的记载很多，“士见危致命”，“尊贤容容”，“执德而弘，信道而笃”，“书‘忠信’于绅”。孔子曾说“师也辟”算是对子张的评语，说子张性格偏激，今天说即是有个性。子张的德行应在子游、子夏之上。

19.16　曾子曰：“堂堂乎张也，难与并为仁矣。”

注释

堂，应为“闣（tang）”。闣，《说文》：闣闣，盛儿。盛大的样子。此处有气宇轩昂、气象威严的意思。

解释

曾子说：“子张道貌凛然，但很难跟他在一起进修仁德。”

曾子不说“未仁”，而是说不能在一起进修仁德，言外之意仍是说子张个性，即“师也辟”，缺少孔子“即之也温”的特点。

19.17 曾子曰："吾闻诸夫子：人未有自致者也，必也亲丧乎！"

注释

自致，应为"致自"。自致，全部投身于。这里指放下自己其他所有的意念使自己投入到哀伤亲人当中。

解释

曾子说："我听夫子说，'平时人们不能尽情地表达一种情感，只有在丧失亲人的时候才会完全的忘乎所以的释放其悲伤。'"

19.18 曾子曰："吾闻诸夫子：孟庄子之孝也，其他可能也，其不改父之臣与父之政，是难能也。"

注释

孟庄子，鲁国孟孙氏等六代宗主。

解释

曾子说："我听夫子说，'孟庄子的孝行，其他方面别人可以做到，但是没有更换父亲的故旧，没有改变父亲的施政方略，这是难以做到的'"。

孟庄子的孝行是有前提的，即父辈的故旧不能有大的过失，父辈的施政方略不能有错误。不符合这个条件而愚昧生硬的为"不改"而"不改"，不仅不能称之为孝，反而是不孝。

《孔子家语·六本第十五》"君无诤臣，父无诤子，兄无诤弟，士无诤友，无其过者，未之有也。故曰：'君失之，臣得之，父失之，子得之，兄失之，弟得之，己失之，友得之。是以国无危亡之兆，家无悖乱之恶。'"其中"父失之，子得之"就是说要改正父亲的过失，并不是无原则的顺从才为孝。

19.19　孟氏使阳肤为士师，问于曾子。曾子曰："上失其道，民散久矣。如得其情则哀矜而勿喜！"

注释

士师，狱官。

解释

孟孙氏任命阳肤为狱官，阳肤问于曾子如何执其事。曾子说："当政者失于道义，民心涣散已久了，你如果了解了老百姓犯罪的根本原因，应当怜悯他们的境遇，不要以能治其罪而居功自喜。"

政法者都应该思考这句话。应当从社会角度思考其犯罪的原因，有时他们未尝不是受害者。

19.20　子贡曰："纣之不善，不如是之甚也。是以君子恶居下流，天下之恶皆归焉。"

注释

下流，指道德舆论的下流，并非身份的下流。

解释

子贡说："商纣王的恶行并没有传说的这么严重，所以君子不愿处于道德舆论的下流，一旦置于那种境地，天下的一切坏事都会加到你头上。"

当今有俗语"墙倒众人推"。社会永远"上智下愚不移"，"乡愿"永远有其市场，所以孔子说"道听而途说，德之弃也！"

古今多少"商纣"承受了"莫须有"的罪名？又有多少个蒙蔽了人民的眼睛而享有盛名的"伟人"呢？

19.21　子贡曰："君子之过也，如日月之食焉；过也，人皆见之；更也，人皆仰之。"

解释

子贡说："君子的过错，如同日食与月食，过错人都能看得到，改正则人人都会敬仰你。”

孔子说“过而不改，是为过矣”，“过而能改，善莫大焉”。

19.22 卫公孙朝问于子贡曰：“仲尼焉学？”子贡曰：“文武之道，未坠于地，在人。贤者识其大者，不贤者识其小者。莫不有文武之道焉。夫子焉不学？而亦何常师之有？”

注释

坠，《尔雅》：落也。“未坠于地”，言外之意仍在流传。

解释

卫国的公孙朝问子贡：“孔子的学问从哪里学的呢？”子贡说：“周文王、周武王的治国教民之道，并未被遗弃在地，而在人民身上，在生活中流传着。贤能的人能看到其中的大义，不贤能的人能看到其中的小德，文武之道在人间无处不在，夫子哪里不能学呢？而又何必有固定的老师呢？”

今天我们说在生活中学习，在人民中学习，意思同于子贡这番话。

19.23 叔孙武叔语大夫于朝，曰：“子贡贤于仲尼。”子服景伯以告子贡。子贡曰：“譬之宫墙，赐之墙也及肩，窥见室家之好。夫子之墙数仞，不得其门而入，不见宗庙之美，百官之富。得其门者或寡矣。夫子之云，不亦宜乎！”

注释

（1）叔孙武叔，鲁国大夫。

（2）仞，古代长度单位，八尺为一仞。

（3）宗庙，祭祀之所。

（4）美，美好之意。

（5）百官，各种官署。

（6）富，数量多。

解释

叔孙武叔在朝廷上给大夫们说："子贡贤于仲尼。"子服景伯把这话告诉了子贡，子贡说："以房屋的围墙做比喻。我的围墙很低，只到人的肩膀位置，外面的人可以穿过围墙看到里面的庭院、房舍的美好。夫子的城墙高数仞，如果不从门中走进去，不会见到里面宗庙之美，官署之多。能够找到门的人或许很少。所以叔孙武叔那样说，不也是很正常吗?"

19.24　叔孙武叔毁仲尼。子贡曰："无以为也！仲尼不可毁也。他人之贤者，丘陵也，犹可逾也。仲尼，日月也，无得而逾焉。人虽欲自绝，其何伤于日月乎？多见其不知量也。"

注释

（1）毁，诋毁。

（2）逾，《说文》：越进也，超越而前进。

（3）自绝，自行断绝。此处指诋毁圣人无异于自甘堕落于愚昧，自甘居于下流，自寻断绝于高尚。

解释

叔孙武叔诋毁仲尼，子贡说："不用管他，让他随便说吧，仲尼是诋毁不了的。别人的贤德如同丘陵，还可以超越。仲尼贤德之高犹如日月，没有人能超越。有人虽想自绝于高尚，那对日月有什么伤害呢？只能是说明其人自不量力罢了。"

"无以为也"传统解释"不要这样做"，可是与"人虽欲自绝，其何伤于日月乎"表达的意思就矛盾了。子贡的意思显然是人不自量力这么干也不会对孔子造成任何坏的影响，反而是自寻死路。

"无"在此处解作"不"。"以"在此处解作"用"。"为"在此处解作"作为"，具体到句子中作"管他，搭理他"的意思解。"无以为也"即"不用搭理他"。这样语气和谐，意思连贯。叔孙武叔多次对孔子说三道四，以至于子贡极其蔑视地说"不用搭理他"。

“无得而逾焉”，此处“得”解作“能”，“而”助词无义即“不能逾焉”。

19.25　陈子禽谓子贡曰：“子为恭也，仲尼岂贤于子乎？”子贡曰：“君子一言以为知，一言以为不知，言不可不慎也。夫子之不可及也，犹天之不可阶而升也。夫子之得邦家者，所谓立之斯立，道之斯行，绥之斯来，动之斯和。其生也荣，其死也哀。如之何其可及也？”

注释

（1）为，做。此处指侍从孔子。

（2）得邦家，此处指得到施展政治抱负的机会。

（3）道，通“导”，引导之意。

（4）绥，《尔雅》：安也，安抚、安定之意。

（5）动，此处为行动的意思。具体到这句话可以解释为管理国家、人民。

解释

陈子禽对子贡说：“您侍从仲尼恭敬，难道仲尼贤于您吗？”子贡说：“君子一句话可以显示自己明智，一句话也可以显示自己不明智，所以说话不可不谨慎。夫子贤德不可企及，犹如天不可通过台阶而登上去一样。夫子若有机会施展抱负于家国，可谓其所欲树立者则必能树立，其所欲教导者必行其教，安定国家则远民能来归附，管教、役使民众则民众能应和、顺从。夫子活着有尊荣，夫子死了是国家的悲哀，怎么能赶得上夫子呢？”

陈子禽为人“贼”，他曾问伯鱼“子有异闻乎”，他怀疑老师对他有隐瞒。

孔子之执政“敬事而信，节用而爱人，使民以时”，所以能“立之斯立，道之斯行，绥之斯来，动之斯和。其生也荣，其死也哀”。

第二十章　尧曰篇

20.1　尧曰：“咨！尔舜。天之历数在尔躬，允执其中。四海困穷，天禄永终。”舜亦以命禹，曰：“予小子履，敢用玄牡，敢昭告于皇皇后帝：有罪不敢赦。帝臣不蔽，简在帝心。朕躬有罪，无以万方。万方有罪，罪在朕躬。”

“周有大赉（lai），善人是富。虽有周亲，不如仁人。百姓有过，在予一人。”

谨权量，审法度，脩废官，四方之政行焉。兴灭国，继绝世，举逸民，天下之民归心焉。

所重：民、食、丧、祭。

宽则得众，信则民任焉，敏则有功，公则说。

注释

（1）咨，《尔雅》：嗟也，感叹词、招呼词，表示谈话开始与结束的语词，有“来”、“就这样”的意思。

（2）尔，有两种说法：其一，古代尊长对年幼者以“尔、汝”相称。其二，彼此以“尔、汝”相称表示亲昵。“尔某某”这种用法不多见，大概是中古人的习惯，我推测应该是尊长对卑幼者的称呼。《尚书·舜典》中有“汝舜”的称呼。应同于此处“尔舜”的用法。“尔躬”即“你、你的身上”。

（3）天之历数，“历”有按序排列的意思。历数，按序排列的数次。天之历数，上天排列帝王的数次。

（4）允，《说文》：信也。允执其中，信守中道。小子履，商汤的自称。履，商汤的名字。

（5）玄牡，黑色公牛。用以祭祀，商朝人尚黑色。

（6）皇皇，光明的样子。

（7）后帝，后，亦即君王的意思。后帝，即天帝。

（8）帝臣，商汤对上帝的自称，相当于臣子。

（9）蔽，蒙蔽、欺骗。

（10）朕，古人自称之词，自秦王而后为帝王专词。

（11）万方，“万”为众多，“方”指方国。万方，即天下诸国，同“万国”。

（12）简，此处解作“实情”。

（13）赉，《说文》：赐也，即赐予。

（14）权，计重标准。

（15）量，计容积标准。

（16）度，计量长度的标准。

（17）谨权量，谨慎掌握行政分寸。

（18）审法度，审核法制的宽严。

解释

尧说：“来，舜，按上天的安排帝位该由你来继承，你要信守中道，否则天下将陷入困穷。上天给人民的福佑就永远终结了。”舜再禅让给禹的时候说了以上同样的话。商汤在祭祀上天时说：“我臣子履，敢用黑色的公牛祭祀，敢明告于光明的上帝：我自己有罪不敢私自赦免自己，我亦不能蒙蔽上帝，实情都在上帝心中，我若有罪不要牵连天下诸国，诸国有罪，罪在我一人。”

周王说：“周朝之受上天之大赐，在于使善人众多。虽然我有周室宗亲，但不如有仁德之人才。百姓有过错，责任在我一人。”

谨慎的把握行政分寸，审核法制的宽严，修整废弃的官职，天下的政治就清明，顺畅了。复兴要灭亡的国家，接续要断绝的氏族，推举隐遁的贤人为官，天下百姓就会诚心归附了。

所应重视的：百姓、衣食、丧事、祭祀。

做人宽厚就会得到更多人拥护，诚信则民众会信任，勤则有功绩，公正则民众喜悦。

这段话分两部分。第一部分是历代帝王的执政善言。第二部分讲治天下的方法及注意事项。

20.2 子张问于孔子曰："何如斯可以从政矣？"子曰："尊五美，屏四恶，斯可以从政矣。"子张曰："何谓五美？"子曰："君子惠而不费，劳而不怨，欲而不贪，泰而不骄，威而不猛。"子张曰："何谓惠而不费？"子曰："因民之所利而利之，斯不亦惠而不费乎？择可劳而劳之，又谁怨？欲仁而得仁，又焉贪？君子无众寡，无小大，无敢慢，斯不亦泰而不骄乎？君子正其衣冠，尊其瞻视，俨然人望而畏之，斯不亦威而不猛乎？"子张曰："何谓四恶？"子曰："不教而杀谓之虐；不戒视成谓之暴；慢令致期谓之贼；犹之与人也，出纳之吝谓之有司。"

注释

（1）屏，《说文》：屏蔽也，摒弃、排除的意思。

（2）惠，《说文》：爱也，此处有恩遇、惠爱的意思。

（3）费，《说文》：散财用也。多用财物，引申为耗费。

（4）泰，此处指神态安舒。泰，内心笃定而气定神闲的样子。

（5）骄，有傲慢的意思。

（6）俨然，庄重的样子。

（7）威，威严。

（8）猛，严厉，有凶狠的意味。

（9）纳，应为"内"。"出纳"，此处指传达上级的命令，反映下面的情况。《后汉书·陈蕃传》"辅弼先帝，出纳累年。"

（10）瞻视，此处指人仪容神态。

（11）司，此处应作"私"，私，《说文》：奸邪也，引申为自私。

韩非子说“自营为私”。有私，即有私心。

解释

子张问孔子说：“如何做就可以从政了？”孔子说：“尊崇五种美德，摒除四种恶行，就可以了。”子张说：“什么是五种美德呢？”孔子说：“君子惠爱百姓而又不过多的耗费财用，使人民劳动而又不怨恨，有欲望但并不贪得无厌，与人民交接神情安泰而不骄横。”子张说：“什么是惠而不费呢？”孔子说：“根据百姓所需而利益他们，这不就是又惠爱他们又不多用财用吗？选择可以劳动的人在合适的时间劳动又有谁会怨尤呢？欲望符合仁义让他们得到满足，就是践行了仁义之道，又怎么会贪得无厌呢？君子无论人多人少，无论小事大事不敢轻慢，这样不就是安泰而不骄横吗？君子端正衣冠，注重容貌神情，庄重严肃的样子，使人望而有敬畏之情，这样不就有威严而不严厉吗？”子张说：“何谓四恶呢？”孔子说：“不事先教育而待其犯错就杀，即是虐民；不事先警戒，看着过错铸成，即是暴民；平时管理不严，以致到最终大错造就，即是贼民；如同与人交往，上下欺瞒称之有私。”

“慢令致期”传统解释“很晚下命令，却限期完成”，望文生义，甚不可取。“慢令”即政令轻慢，引申为管理亵慢。“致期”即到了最终坏的结果。

“有司”一般解作“小吏或小吏做派”，与“出纳”意思无法联系。“出纳之吝”即今天说的上下欺瞒。对上不报忧，对下不报善，从中渔利，岂不是“有私”？“出纳之吝”与“犹之与人”的关联在于与人交朋友不能坦诚相待，有所保留。身为官吏，上不忠于君，下不惠于民，所图一定为自利。

20.3　孔子曰：“不知命，无以为君子也；不知礼，无以立也；不知言，无以知人也。”

注释

(1) 命，即天命。

（2）以，此处为用、凭借的意思。

解释

孔子说："不知道天命，就不能成为君子。不了解礼，就没有立身的凭借。不知道善用语言，就没有用以了解人的方法。"

孔子年表

孔子生

公元前551年（鲁襄公二十二年）孔子9月28日生于鲁国陬邑昌平乡（今山东曲阜城东南）。关于孔子出生年月有两种记载，相差一年，今从《史记·孔子世家》说。

孔子两岁

公元前550年（鲁襄公二十三年）孔子在鲁。

孔子三岁

公元前549年（鲁襄公二十四年）其父叔梁纥卒，葬于防山（今曲阜东25里处）。孔母颜征在携子移居曲阜阙里，生活艰难。

孔子四岁

公元前548年（鲁襄公二十五年）孔子在鲁。

孔子五岁

公元前547年（鲁襄公二十六年）孔子弟子秦商生。商字不慈，鲁国人。

孔子六岁

公元前546年（鲁襄公二十七年）弟子曾点生，点字皙，曾参之父。

孔子七岁

公元前545年（鲁襄公二十八年）弟子颜繇生，繇又名无繇，字季路，颜渊之父。

孔子八岁

公元前544年（鲁襄公二十九年）弟子冉耕生，字伯牛，鲁国人。

孔子九岁

公元前543年（鲁襄公三十年）孔子在鲁。这一年，郑国子产执政。后来孔子对子产的政绩评价很高。

孔子十岁

公元前542年（鲁襄公三十一年）弟子仲由生，字子路，卞人。是年鲁襄公死，其子继位，是为昭公。

孔子十一岁

公元前541年（鲁昭公元年）孔子在鲁。

孔子十二岁

公元前540年（鲁昭公二年）弟子漆雕开生，字子若，蔡人。

孔子十三岁

公元前539年（鲁昭公三年）孔子在鲁。

孔子十五岁

公元前537年（鲁昭公五年）孔子在鲁

孔子十六岁

公元前536年（鲁昭公六年）郑铸刑鼎。弟子闽损生，字子骞，鲁国人。

孔子十七岁

公元前535年（鲁昭公七年）孔母颜征在卒。是年季氏宴请士一级贵族，孔子去赴宴，被季氏家臣阳虎拒之门外。

孔子十九岁

公元前533年（鲁昭公九年）孔子娶宋人亓官氏之女为妻。

孔子二十岁

公元前532年（鲁昭公十年）亓官氏生子。据传此时正好赶上鲁昭公赐鲤鱼于孔子，故给其子起名为鲤，字伯鱼。是年孔子开始为委吏，管理仓库。

孔子二十一岁

公元前531年（鲁昭公十一年）是年孔子改作乘田，管理畜牧。

孔子二十七岁

公元前525年（鲁昭公十七年）郯子朝鲁，孔子向郯子询问郯国古代官制。孔子开办私人学校，当在此前后。

孔子三十岁

公元前522年（鲁昭公二十年）是年齐景公与晏婴来鲁国访问。齐景公会见孔子，与孔子讨论秦穆公何以称霸的问题。

孔子三十一岁

公元前521年（鲁昭公二十一年）弟子巫马施、高柴、宓不齐生。施字子期，陈国人；柴字子高，齐国人；不齐字子贱，鲁国人。

孔子三十二岁

公元前520年（鲁昭公二十二年）弟子端木赐生，赐字子贡，卫国人。

孔子三十四岁

公元前518年（鲁昭公二十四年）孟懿子和南宫敬叔学礼于孔子。相传孔子与南宫敬叔适周问礼于老聃，问乐于苌弘。

孔子三十五岁

公元前517年（鲁昭公二十五年）鲁国发生内乱。

孔子三十六岁

公元前516年（鲁昭公二十六年）齐景公问政于孔子，孔子对曰："君君、臣臣、父父、子子"。孔子得到齐景公的赏识，景公欲以尼溪之田封孔子，被晏子阻止。孔子在齐闻《韶》乐，如醉如痴，三月不知肉味。

孔子三十七岁

公元前515年（鲁昭公二十七年）齐大夫欲害孔子，孔子由齐返鲁。吴公子季札聘齐，其子死，葬于瀛、博之间。孔子往，观其葬礼。弟子樊须、原宪生。须字子迟，鲁国人。宪字子思，宋国人。

孔子三十八岁

公元前514年（鲁昭公二十八年）晋魏献子执政，举贤才不论亲疏。孔子认为这是义举，云：“近不失亲，远不失举，可谓义矣。”

孔子三十九岁

公元前 513 年（鲁昭公二十九年）是年冬天晋铸刑鼎，孔子曰“晋其亡乎，失其度矣。”

孔子四十岁

公元前 512 年（鲁昭公三十年）弟子澹台灭明生。灭明字子羽，鲁国人。

孔子四十一岁

公元前 511 年（鲁昭公三十一年）弟子陈亢生。亢字子禽，陈国人。

孔子四十二岁

公元前 510 年（鲁昭公三十二年）昭公卒，定公立。

孔子四十三岁

公元前 509 年（鲁定公元年）弟子公西赤生。赤字华，鲁国人。

孔子四十五岁

公元前 507 年（鲁定公三年）弟子卜商生。商字子夏，卫国人。

孔子四十六岁

公元前 506 年（鲁定公四年）弟子言偃生。偃字子游，吴国人。

孔子四十七岁

公元前 505 年（鲁定公五年）弟子曾参、颜幸生。参字子舆，鲁国人。幸字子柳，鲁国人。

孔子四十八岁

公元前 504 年（鲁定公六年）季氏家臣阳虎擅权日重。孔子称之为“陪臣执国命”。《史记·孔子世家》云：“陪臣执国政故孔子不仕，退而修《诗》、《书》、《礼》、《乐》，弟子弥众，至自远方，莫不受业焉。”阳虎欲见孔子，孔子不想见，后二人在路上相遇，阳虎劝孔子出仕。此事当在鲁定公五年或鲁定公六年。

孔子四十九岁

公元前 503 年（鲁定公七年）弟子颛孙师生。师字子张，陈国人。

孔子五十岁

公元前 502 年（鲁定公八年）公山不狃以费叛季氏，使人召孔子，孔子欲往。

孔子五十一岁

公元前 501 年（鲁定公九年）孔子为中都宰，治理中都一年，卓有政绩，四方则之。弟子冉鲁、曹玲、伯虔、颜高、叔仲会生。鲁字子鲁，鲁国人。玲字子循，蔡国人。虔字子析，鲁国人。高字子骄，鲁国人。会字子期，鲁国人。

孔子五十二岁

公元前 500 年（鲁定公十年）孔子由中都宰升小司空，后升大司寇，摄相事。夏天随定公与齐侯相会于夹谷。孔子事先对齐国邀鲁君会于夹谷有所警惕和准备，故不仅使齐国劫持定公的阴谋未能得逞，而且逼迫齐国答应归还侵占鲁国的郓、讙、龟阴等土地。

孔子五十三岁

公元前 499 年（鲁定公十一年）孔子为鲁司寇，鲁国大治。

孔子五十四岁

公元前 498 年（鲁定公十二年）孔子为鲁司寇。为削弱三桓，采取堕三都的措施。叔孙氏与季孙氏为削弱家臣的势力，支持孔子的这一主张，但此一行动受孟孙氏家臣公敛处父的抵制，孟孙氏暗中支持公敛处父。堕三都的行动半途而废。弟子公孙龙生。龙字子石，楚国人。

孔子五十五岁

公元前 497 年（鲁定公十三年）春，齐国送 80 名美女到鲁国。季桓子接受了女乐，多日不理朝政。孔子与季氏出现不和。孔子离开鲁国到了卫国。十月，孔子受谗言之害，离开卫国前往陈国。路经匡地，被围困。后经蒲地，遇公叔氏叛卫，孔子与弟子又被围困。后又返回卫都。

孔子五十六岁

公元前 496 年（鲁定公十四年）孔子在卫国被卫灵公夫人南子

召见。

孔子五十七岁

公元前495年（鲁定公十五年）孔子去卫居鲁。夏五月鲁定公卒，鲁哀公立。

孔子五十八岁

公元前494年（鲁哀公元年）孔子居鲁。

孔子五十九岁

公元前493年（鲁哀公二年）孔子由鲁至卫。卫灵公问阵于孔子，孔子婉言拒绝了卫灵公。孔子在卫国住不下去，去卫西行。经过曹国到宋国

孔子六十岁

公元前492年（鲁哀公三年）孔子过郑到陈国，在郑国都城与弟子失散独自在东门等候弟子来寻找，被人嘲笑，称之为“若丧家之犬”。孔子欣然笑曰：“然哉，然哉！”

孔子六十一岁

公元前491年（鲁哀公四年）孔子离陈往蔡。

孔子六十二岁

公元前490年（鲁哀公五年）孔子自蔡到叶。叶公问政于孔子，并与孔子讨论有关正直的问题。

孔子六十三岁

公元前489年（鲁哀公六年）孔子与弟子在陈蔡之间被困绝粮，许多弟子因困饿而病，后被楚人相救。由楚返卫。

孔子六十四岁

公元前488年（鲁哀公七年）孔子在卫。主张在卫国为政先要正名。

孔子六十五岁

公元前487年（鲁哀公八年）孔子在卫。是年吴伐鲁，战败。孔子的弟子有若参战有功。

孔子六十六岁

公元前486年（鲁哀公九年）孔子在卫。

孔子六十七岁

公元前485年（鲁哀公十年）孔子在卫。孔子夫人亓官氏卒。

孔子六十八岁

公元前484年（鲁哀公十一年）是年齐师伐鲁，孔子弟子冉有帅鲁师与齐战，获胜。季康子问冉有指挥才能从何而来？冉有答曰“学之于孔子”。季康子派人以币迎孔子归鲁。孔子周游列国十四年，至此结束。季康子欲行田赋，孔子反对。

孔子六十九岁

公元前483年（鲁哀公十二年）孔子仍有心从政，然不被用。孔子继续从事教育及整理文献工作。孔子的儿子孔鲤卒。

孔子七十岁

公元前482年（鲁哀公十三年）颜回卒，孔子十分悲伤。

孔子七十一岁

公元前481年（鲁哀公十四年）是年春，狩猎获麟。孔子认为这不是好征兆，说：“吾道穷矣”。于是停止修《春秋》。六月齐国陈恒弑齐简公，孔子见鲁哀公及三桓，请求鲁国出兵讨伐陈桓，没有得到支持。

孔子七十二岁

公元前480年（鲁哀公十五年）卫国政变，子路死。

孔子七十三岁

公元前479年（鲁哀公十六年）四月，孔子患病，不愈而卒。葬于鲁城北。弟子为之守墓三年，子贡为之守墓六年。弟子及鲁人从墓而家者上百家，得名孔里。孔子的故居改为庙堂。

孔子弟子

1. 颜回，鲁人，字子渊。少孔子三十岁，年二十九而发白，年三十一，早死。孔子曰："自吾有回，门人日益。"回以德行著名，孔子称其仁焉。

2. 闵损，鲁人，字子骞。少孔子五十岁，以德行著名，孔子称其孝焉。

3. 冉有，鲁人，字伯牛。以德著名，有恶疾。孔子曰："命也夫！"

4. 冉雍，字仲弓，伯牛之宗族。生于不肖之父，以德行著名。

5. 宰予，字子我，鲁人。有口才，以言语著名。仕齐，为临淄大夫，与田常为乱，夷其三族。孔子耻之曰："不在利病，其在宰予。"

6. 端木赐，字子贡，卫人。少孔子三十一岁，有口才著名，孔子每诎其辩。家富累千金，常结驷连骑，以造原宪。宪居蒿庐蓬户之中，与之言先王之义，原宪衣弊衣冠，并日蔬食，衎然有自得之志。子贡曰："甚矣！子如何之病也。"原宪曰："吾闻无财者谓之贫，学道不能行者谓之病。吾贫也，非病也。"子贡惭。终身耻其言之过。子贡好贩，与时转货，历相鲁、卫而终齐。

7. 冉求，字子有，仲弓之宗族。少孔子二十九岁，有才艺，以政事著名。仕为季氏宰，进则理其官职，退则受教圣师，为性多谦退。故子曰："求也退，故进之。"

8. 仲由，卞（鲁邑）人，字子路，一字季路。少孔子九岁，有勇力才艺，以政事著名。为人果烈而刚直，性鄙而不达于变通，仕卫为大夫，遇蒯聩与其子辄争国，子路遂死辄难。孔子痛之曰："自吾有由，而恶言不入于耳。"

9. 言偃，鲁人，字子游。少孔子三十五岁，时习于《礼》，以文学著名。仕为武城宰，尝从孔子适卫，与将军子兰相善，使之受学于夫子。

10. 卜商，卫人，字子夏。少孔子四十四岁，习于《诗》，能通其义，以文学著名。为人性不弘，好论精微，时人无以尚之。尝返卫，见读史志者云："晋师伐秦，三豕渡河。"子夏曰："非也，己亥耳。"读史志曰问诸晋史，果曰己亥。于是卫以子夏为圣。孔子卒后，教于西河之上。魏文侯师事之，而谘国政焉。

11. 颛孙师，陈人，字子张。少孔子四十八岁，为人有容貌资质，宽冲博接，从容自务，居不务立于仁义之行。孔子门人友之而弗敬。

12. 曾参，南武城人，字子与。少孔子四十六岁，志存孝道，故孔子因之以作《孝经》。齐尝聘，欲以为卿而不就。曰："吾父母老，食人之禄，则忧人之事。故吾不忍远亲而为人役。"参后母遇之无恩，而供养不衰。及其妻以藜烝不熟，因出之。人曰："非七出也。"荅曰："藜烝小物耳。吾欲使熟，而不用吾命。况大事乎？"遂出之，终身不娶妻。其子元请焉，告其子曰："高宗以后妻杀孝己，尹吉甫以后妻放伯奇。吾上不及高宗，中不比吉甫，庸知其得免于非乎？"

13. 澹台灭明，武城人，字子羽。少孔子四十九岁，有君子之资，孔子尝以容貌望其才，其才不充孔子之望。然其为人公正无私，以取与去就以诺为名。仕鲁为大夫。

14. 高柴，齐人，高氏之别族，字子羔。少孔子四十岁，长不过六尺，状貌甚恶，为人笃孝而有法正。少居鲁，见知名于孔子之门，仕为武城宰。

15. 密不齐，鲁人，字子贱。少孔子四十岁，仕为单父宰，有才智，仁爱，百姓不忍欺。孔子美之。

16. 樊须，鲁人，字子迟。少孔子四十六岁，弱仕于季氏。

17. 有若，鲁人，字子有。少孔子三十六岁，为人强识，好古道。

18. 公西赤，鲁人，字子华。少孔子四十二岁，束带立于朝，闲宾主之仪。

19. 原宪，宋人，字子思。少孔子三十六岁，清净守节，贫而乐道。孔子为鲁司寇，原宪尝为孔子宰。孔子卒后，原宪退隐，居于卫。

20. 公冶长，鲁人，字子长。为人能忍耻，孔子以女妻之。

21. 南宫韬，鲁人，字子容。以智自将，世清不废，世浊不污。孔子以兄子妻之。

22. 公析哀，齐人，字季沉。鄙天下多仕于大夫家者，是故未尝屈节人臣。孔子特叹贵之。

23. 曾点，曾参父，字子晳。疾时礼教不行，欲修之。孔子善焉，《论语》所谓“浴乎沂，风乎舞雩之下。”

24. 颜由，颜回父，字季路。孔子始教学于阙里，而受学，少孔子六岁。

25. 商瞿，鲁人，字子木。少孔子二十九岁，特好《易》，孔子传之，志焉。

26. 漆雕开，蔡人，字子若。少孔子十一岁，习《尚书》，不乐仕。孔子曰：“子之齿可以仕矣。”时将过，子若报其书曰：“吾斯之未能信。”孔子悦焉。

27. 公良孺，陈人，字子正。贤而有勇。孔子周行，常以家车五乘从。

28. 秦商，鲁人，字不慈。少孔子四岁，其父堇（jin）父，与孔子父叔梁纥俱以力闻。

29. 颜刻，鲁人，字子骄。少孔子五十岁，孔子适卫，子骄为仆。卫灵公与夫人南子同车出，而令宦者雍渠参乘，使孔子为次乘，游过市，孔子耻之。颜刻曰：“夫子何耻之?”孔子曰：“《诗》云：‘觏（gou）尔新婚，以慰我心。’”乃叹曰：“吾未见好德如好色者也。”

30. 司马耕，宋人，字子牛。牛为性躁，好言语，见兄桓魋行恶，牛常忧之。

31. 巫马施，陈人，字子期。少孔子三十岁，孔子将近行，命从者皆持盖。已而果雨，巫马期问曰："旦无云，既日出，而夫子命持雨具。敢问何以知之？"孔子曰："昨暮月宿于毕。《诗》不云乎？'月离于毕，俾滂沱矣。'以此知之。"

32. 梁鳣（zhan），齐人，字叔鱼。少孔子三十九岁，年三十，未有子，欲出其妻。商瞿谓曰："子未也。昔吾年三十八无子，吾母为吾更取室。夫子使吾之齐，母欲请留吾。夫子曰：'无忧也。瞿过四十，当有五丈夫。'今果然。吾恐子自晚生耳，未必妻之过。"从之，二年而有子。

33. 琴牢，卫人，字子开，一字张。与宗鲁友，闻宗鲁死，欲往吊焉。孔子弗许，曰："非义也。"

34. 冉孺，鲁人，字子鱼。少孔子五十岁。

35. 颜幸，鲁人，字子柳。少孔子四十六岁。

36. 伯虔，字揩。少孔子五十岁。

37. 公孙龙，卫人，字子石。少孔子五十三岁。

38. 曹恤，少孔子五十岁。

39. 陈亢，陈人，字子元，一字子禽。少孔子四十岁。

40. 叔仲会，鲁人，字子期。少孔子五十岁，与孔璇年相比，每孺子之。执笔记事于夫子，二人迭侍左右。孟武伯见孔子而问曰："此二孺子之幼也于学，岂能识于壮哉？"孔子曰："然。少成则若性也，习惯若自然也。"

41. 秦祖，字子南。

42. 奚箴，字子楷。

43. 公祖兹，字子之。

44. 廉洁，字子曹。

45. 公西与，字子上。

46. 宰父黑，字子索。

47. 公西减，字子尚。

48. 穰驷赤，字子从。

49. 冉季，字子产。
50. 薛邦，字子从。
51. 石处，字子里。
52. 悬亶，字子象。
53. 左郢，字子行。
54. 狄黑，字哲之。
55. 商泽，字子秀。
56. 任不齐，字子选。
57. 荣祈，字子祺。
58. 颜哙，字子声。
59. 原抗，字子藉。
60. 公宾，字子仲。
61. 秦非，字子之。
62. 漆雕从，字子文。
63. 燕伋，字子思。
64. 公夏守，字子乘。
65. 勾井疆，字子疆。
66. 步叔乘，字子车。
67. 右子蜀，字子明。
68. 邦巽，字子敛。
69. 施之常，字子恒。
70. 申党，字子周。
71. 乐欣，字子声。
72. 颜之仆，字子叔。
73. 孔忠，字子蔑。
74. 漆雕哆（chi），字子敛。
75. 悬成，字子横。
76. 颜相，字子襄。